監修者の紹介

ハンメス　トーマス (Dr. phil. Thomas Hammes)

1961 年ドイツ中西部モーゼル川流域 Zell-Merl 生まれ。ボン大学在学中に早稲田大学に留学、東京大学に研究員として在籍。 1990 年 (社) 日本外交協会、外務省主催の国際問題論文コンクールにおいて、最優秀賞にあたる外務大臣賞を受賞。NHK 教育番組にパネラーとして出演。1992 年 Dr. クライナー教授（ボン大学日本研究所所長）のもと、哲学博士号取得。1993 年日独両国の架け橋となるべく、日本に (株) ドクター・ハンメス・ドイツ学院を設立。2000 年、事業領域の拡大により株式会社ドイツセンターと社名変更。日独両国のメディアから日本語、日本全般について各種取材を受ける。2005 年より東京横浜ドイツ学園（www.dsty.jp）の理事を務める。

主な著作：

1992 年「日本の南太平洋地域への経済的進出」(Holos Verlag 社)
1995 年「Japanisch im Sauseschritt」シリーズ（詳細は www.mai.tv）
2004 年「そのまま使えるドイツ語会話」・「通じる！かんたんドイツ語会話」（大創出版）

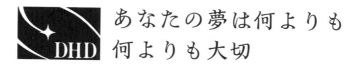

Für alle, die unvoreingenommen
Zugang zu einer anderen Kultur suchen
und neue Freunde gewinnen möchten

あなたの夢は何よりも
何よりも大切

── この本もヨーロッパと日本の間の長い架け橋の小さな一石となりますように ──

Associaton for Japanese-Language Teaching

Japanisch im Sauseschritt

Band 2 B
Obere Mittelstufe

コミュニケーションのための日本語 2B

Modernes Lehr- und Übungsbuch

Doitsu Center Ltd.

コミュニケーションのための日本語 2B

Herausgegeben von: Doitsu Center Ltd.
Silk Ebisu Bldg. 5F, 1-15-9 Ebisu, Shibuya-ku, Tōkyō 150-0081, Japan
Tel: 03-3444-4666, Fax: 03-3448-1508
E-mail: dhd@gol.com   http://www.sauseschritt.com

Kontakt in Deutschland: Doitsu Center Ltd.
Hauptstr. 38, 56856 Zell/Mosel, Tel: 06542-961414, Fax: -961415
E-mail: kontakt@sauseschritt.com

Published by arrangement with Kōdansha International Ltd.

Titel der englischen Ausgabe: Japanese for Busy People II (Textbook and Workbook, Chapter 11-20), published by Kōdansha International, Ltd.; Copyright © 1994 (textbook), © 1996 (workbook) by the Association for Japanese-Language Teaching.

Satz: Ebizuka Naomi
Druck: Köllen Druck & Verlag GmbH, Bonn
Printed in Germany

ISBN 978-4-902456-01-1

Inhalt

Vorwort

Unser Hauptanliegen bei der Ausarbeitung des Textmaterials des vorliegenden Lehrbuchs war es, die existierenden Lehrmaterialien zu überprüfen und die sprachliche Kompetenz und die Ziele der Lernenden neu zu bewerten. Die herrschende Meinung ist, dass Geschäftsleute, Diplomaten, Techniker oder Gelehrte, für die das Japanische eine Fremdsprache ist, ihre Sprachkenntnisse erst auf einem fortgeschrittenen Niveau für ihren Beruf nutzbar machen können. Allerdings ist - aufgrund des hohen Spezialisierungsgrads und des Bezugs auf ein Fachgebiet - sowohl die gesprochene als auch die geschriebene Sprache der Wissenschaften und des Geschäftslebens deutlicher in ihrem Umfang begrenzt als die Sprache der Literatur oder selbst die des Alltags. Darüber hinaus trägt das Fachwissen in einem bestimmten Gebiet viel zum Verstehen bei, während man bei unbekannten Themen naturgemäß mit größeren Verständnisschwierigkeiten konfrontiert ist. Daher ist es für Lernende mit der entsprechenden Motivation durchaus möglich, nach Abschluss der Oberstufe (Niveau nach Durcharbeiten von Band 3) zu spezialisierten Programmen ihrer Wahl überzugehen, indem sie ihren Wortschatz durch das Erlernen einzelner Kanji bzw. Kanji-Komposita aus ihrem Fachgebiet erweitern.

Wie in den anderen Bänden repräsentieren das Vokabular und die Situationen die Alltagssprache und das Alltagsleben der erwachsenen Japaner. Einige Lektionen behandeln Aspekte des Geschäftslebens, andere Alltagsprobleme wie das Verlieren von Gegenständen oder das Reservieren von Hotelzimmern. Außerdem werden bestimmte Facetten der japanischen Kultur vorgestellt und durch Japaner und Nichtjapaner kommentiert. Diese dürften nicht nur für Geschäftsleute, sondern auch für diejenigen von Interesse sein, die gerne als Touristen nach Japan reisen oder dort längere Zeit leben möchten. Unser Ziel ist, das Interesse des erwachsenen Lernenden an Japan zu stimulieren.

Der vorliegende Band 2B (Obere Mittelstufe) ist die Fortsetzung von Band 2A (Untere Mittelstufe). Auch in diesem Band liegt die Betonung auf der Sprache als Mittel der Kommunikation, wenn es um Erklärungen, Bitten, überzeugende Darlegungen oder Behauptungen gegenüber anderen Personen geht. Dies ist ein wesentlicher Unterschied gegenüber vielen anderen Lehrbüchern für Anfänger, die sich darauf konzentrieren, dem Lernenden möglichst viele Kanji als Prüfungsvorbereitung zu vermitteln. Wenn Sie nebenher rasch viele Kanji lernen möchten, verwenden Sie bitte die Lektionstexte im Anhang.

Das vorliegende Lehrbuch setzt die Kenntnis der Grammatik und des Vokabulars der vorhergehenden Bände voraus. Falls Ihnen das Verständnis der ersten Lektionen in diesem Band Schwierigkeiten bereitet, sollten Sie die entsprechenden Teile in Band 1 oder Band 2A (Untere Mittelstufe) wiederholen, bevor Sie fortgeschritteneres Material in Angriff nehmen.

Die Beherrschung der Hiragana- und Katakana-Silbenschrift wird vorausgesetzt, da es sich meist ungünstig auf die Aussprache auswirkt, wenn man sich ausschließlich auf die lateinische Umschrift japanischer Texte stützt.

CD-Set

Besonders fürs Sebststudium empfehlen wir begleitend zu den Lehrbüchern 2A und 2B das CD-Set zu Band 2. Damit können Sie sich die Lektionstexte und Übungen bequem von jüngeren und älteren Sprechern "vorlesen" lassen. Ziel der Hörverständnisübungen soll sein, dass Sie nicht nur den Lehrer in Ihrem Kurs verstehen, sondern möglichst alle Japaner.

Dank

An erster Stelle möchte ich mich bei Ihnen, liebe Leser, ganz herzlich dafür bedanken, dass Sie „Japanisch im Sauseschritt" ausgewählt haben.

Mein besonderer Dank gilt auch Herrn Paul Kuhn und der Firma Deutsche Telekom K. K., Tōkyō die die Produktion des allerersten Bandes 1995 unterstützten - so konnte das ganze erst einmal gewagt werden. Wesentlichen Anteil am Zustandekommen von Band 2 B hatten unsere Mitarbeiter Hisao Ushiyama (Gesamtproduktion) und Elke Hayashi sowie die Fußballprofis Pierre Littbarski und Frank Ordenewitz. Am Manuskript wirkten ebenfalls mit: Ebizuka Naomi, Imafuku Emiko, Daniel Kern, Peter Kiefer, Nishimiya Kimie, Ulrike Parnitzke, Sagara Tomomi, Saotome Ai und Ueno Yui.

Leider ist es bei typischen Lehrbüchern meist so, dass man nach dem Durcharbeiten am Ende zwar die Fremdsprache mehr oder weniger beherrscht, aber ansonsten nur weiß, dass das Krokodil grün ist und die Maus grau. Bei „Japanisch im Sauseschritt" wurde dagegen der Versuch unternommen, so viel wie möglich an nützlichen Informationen über Land und Leute zu vermitteln. Nochmals herzlichen Dank an Sie, liebe Leser, insbesondere auch für Ihre zahlreichen Briefe und Anregungen, die uns helfen, „Japanisch im Sauseschritt" immer wieder zu verbessern. Als Lehrer und Lernende sind Sie unsere Mitautoren, und Ihren Anregungen und Verbesserungsvorschlägen haben wir es zu verdanken, dass sich Japanisch im Sauseschritt an vielen deutschen, österreichischen und schweizerischen Schulen, Volkshochschulen und Universitäten bis hin zur Deutschen Botschaft in Tokyo und der Deutschen Schule Tokyo-Yokohama (www.dsty.jp) als Standardwerk zum Erlernen der japanischen Sprache etabliert hat. Bitte helfen Sie uns auch weiter mit Anregungen und Kritik per E-Mail (siehe auch www.sauseschritt.com). Im Voraus schon mal vielen Dank.

Klopfen Sie sich doch bitte selbst einmal auf die Schulter, weil Sie im Japanisch-Studium schon bis zu diesem Band vorgedrungen sind. Nun sind Sie schon fast über'n Berg. Auch mit Band 2 B wünsche ich viel Erfolg und viel Spaß!

Dr. phil. Thomas Hammes

Einleitung

Mit Ausnahme der Lesetextwiederholungen bestehen alle Lektionen aus den nachstehend aufgeführten Teilen.

Eröffnungstext

Unabhängig von ihrem Inhalt - z. B. die Reservierung von Hotelzimmern oder Erörterungen bestimmter Themen - sind die Dialoge so natürlich wie möglich gehalten. Es ist äußerst wichtig, Redewendungen/Ausdrücke im Kontext zu lernen: daher sollten Sie die Texte immer wieder lesen oder sich anhand der CDs vorlesen lassen, um den situationsgemäßen Kontext völlig zu verstehen. Einige ungewöhnliche Ausdrücke wie „Sakura zensen" oder „Dohyō oder beispielsweise die unter Verkäufern üblichen Redewendungen brauchen zwar nicht auswendig gelernt zu werden, sollten jedoch jederzeit wiedererkannt werden. Ein neues Merkmal dieses Bandes ist die allmähliche Einführung von Kanji. Bei seinem ersten Auftreten in der Lektion wird das Kanji von der sogenannten Furigana begleitet (der kontextuellen Lesung des Schriftzeichens in Hiragana-Schrift über dem Kanji). Wenn Ihr besonderes Interesse der japanischen Schriftsprache gilt, verwenden Sie die Eröffnungstexte in Kana/Kanji-Schrift am Ende des Buches.

Übersetzung ins Deutsche

Die deutsche Wiedergabe der Texte ist nicht wortwörtlich, sondern sinngemäß in möglichst natürlicher Sprache. Von Fall zu Fall werden auch Wort-für-Wort-Übersetzungen angegeben, um bestimmte Nuancen im Japanischen deutlich zu machen.

Neues Vokabular

Die Vokabellisten sind in der gleichen Weise zusammengestellt worden, wobei jeweils zunächst die kontextuelle Bedeutung angegeben wird und die Grundbedeutung nur dann, wenn sie davon abweicht. Existieren weitere gebräuchliche Bedeutungen, so werden diese ebenfalls weitmöglichst aufgeführt. Dies soll dem Lernenden helfen, nicht in die Gewohnheit zu verfallen, jedes japanische Wort nur mit einem einzigen deutschen Äquivalent zu verbinden, während die Mehrzahl der Wörter eine bestimmte Flexibilität erfordert.

Grammatik und Lernziele

In diesem Teil werden neue Satzmuster und -elemente aus der Lektion erklärt. Dies geschieht jedoch nicht jedesmal in umfassender Weise, da dieselben Konstruktionen bereits auf früherer Stufe behandelt worden sind bzw. noch auf fortgeschrittenerer Stufe behandelt werden, so dass grammatikalische Erklärungen in gewissem Grad wiederholt werden können. Falls angebracht, enthalten die Erklärungen auch verwandte Konstruktionen oder Muster.

Die japanische Grammatik wird in deutscher Terminologie erläutert. Diese eignet sich jedoch für diesen Zweck nur beschränkt, da Japanisch und Deutsch zwei völlig verschiedenen Sprachfamilien angehören, so dass sie sich naturgemäß auch in ihrer grammatikalischen Terminologie unterscheiden.

Anmerkungen

Hier finden sich zahlreiche Hinweise auf den kulturellen Hintergrund und Kommentare über die kontextuelle Anwendung der Satzmuster und einzelner Vokabeln. [Damit Sie nicht nur wie ein wandelndes Wörterbuch, sondern wie eine wandelnde Enzyklopädie in Japan ankommen]

Einfache Satzstrukturen zum Einprägen

Die im Eröffnungsdialog eingeführten wichtigsten Satzstrukturen werden hier in ihrer einfachstmöglichen Form aufgeführt. Alle grundlegenden Satzstrukturen, die gewöhnlich in den Anfängerkursen erlernt werden, erscheinen als Schlüsselsätze in den Bänden der Reihe „Japanisch im Sauseschritt".

Übungen Teil A

Hier finden sich Sprechübungen mit dem grammatikalischen Stoff und den Ausdrücken, die in der Lektion eingeführt worden sind, und zwar in der Reihenfolge von einfacheren zu komplizierteren Mustern. Viele Übungen sind in der Form von Dialogen mit praktischen Anwendungen gehalten, so dass durch systematische ung eine flüssige Ausdrucksweise gewährleistet wird.

Kurze Dialoge

Da das Auswendiglernen der Eröffnungsdialoge in ihrer Gesamtheit nicht leicht ist, bieten die Kurzdialoge eine einfachere Alternative und außerdem auch Varianten für ihre Anwendung in vielen verschiedenen Situationen. Die Dialoge bestehen aus folgenden Elementen:

1. Idiomatische Ausdrücke mit unterschiedlichen Funktionen wie das Vorbringen von Bitten und Entschuldigungen, die Bekundung von Dankbarkeit oder Komplimenten und die dazu passenden Erwiderungen.
2. Verwandte Ausdrücke, die beispielsweise beim Anknüpfen von Gesprächen oder der Pflege persönlicher Beziehungen von Nutzen sind.
3. Einige informelle Ausdrücke zur Wiedererkennung.

Übungen Teil B

Diese Art von Übungen eignet sich für den Unterricht in der Klasse oder das Selbststudium zu Hause und bietet die Möglichkeit für zusätzliche Sprechübungen. Damit ein genaues Verständnis sichergestellt ist, sollten die Antworten auch niedergeschrieben werden.

Zum Aufwärmen

Kurze Übungen zur Wiederholung, bevor im darauffolgenden Kapitel die Satzmuster intensiv trainiert werden.

Satzmuster 1, Anwendung der Satzmuster 1 (Satzmuster 2, Anwendung der Satzmuster 2 usw.)

Hier findet der Leser eine große Auswahl an Übungen zur Vertiefung der unter „Grammatik und Lernziele" vorgestellten Strukturen.

Für Wagemutige

Wie schon der Name sagt, finden sich hier Übungen auf etwas höherem Niveau und weitere Lesetexte mit Kanji. Wenn diese Übungen für den Lernenden zu schwierig sein sollten, können sie zunächst übersprungen werden. Diese Übungen können dann an späterer Stelle zu Wiederholungszwecken eingesetzt werden.

Kanji

Das moderne Japanisch wird hauptsächlich mit drei Arten von Schriftzeichen geschrieben: Kanji, Hiragana und Katakana. Bei Bedarf werden auch die arabischen Ziffern und die Buchstaben des englischen Alphabets (Rōmaji) verwendet. Japanische Texte sind daher vor allem eine Mischung aus Kanji- und Hiragana-Zeichen, wobei allerdings die Zahl der Wörter mit Katakana-Zeichen zunimmt. Die Katakana-Zeichen dienen u. a. zur Wiedergabe von Fremd- und Lehnwörtern, zur Schreibung der Namen von nichtjapanischen Personen und Orten sowie von Pflanzen und Tieren.

Die Eröffnungsdialoge in Band 1 (Standardausgabe) sind ausschließlich in Hiragana wiedergegeben. Im Anhang zu Band 1 werden einige Kanji eingeführt, aber die eigentliche systematische Einführung der Schriftzeichen beginnt mit Lektion 1 von Band 2 A. Während in der phonetischen Hiragana-Schrift jedes Zeichen einen bestimmten Laut wiedergibt, handelt es sich bei den Kanji um ideographische Zeichen, die Begriffe darstellen. Jedes dieser Schriftzeichen hat seine eigene Bedeutung, und oft genügt ein Blick auf die Kanji in einem Drucktext zur Erfassung der Bedeutung eines ganzen Paragraphen. Das Erlernen der Kanji ist ein wesentliches Element beim Studium der japanischen Sprache.

Insgesamt gibt es mehr als 50.000 einzelne Kanji, wobei allerdings im täglichen Leben nur 2.500 bis 3.000 gebräuchlich sind. Viele Zeitungen, Illustrierten und Lehrbücher beschränken sich auf 1.945 Kanji (die sogenannten „Jōyō Kanji"), die im Jahr 1981 von den japanischen Behörden zur Schreibung des Japanischen festgelegt wurden. Nach einer Untersuchung des „National Language Research Institute" bestehen ca. 80% der in den heutigen Tageszeitungen und Illustrierten erscheinenden Texte aus 500 dieser „Jōyō Kanji". Alle Eröffnungsdialoge des Lehrbuchs werden in der Mischschrift aus Kanji und Kana-Zeichen wiedergegeben, wobei die Kanji gewählt wurden, die laut der obengenannten Untersuchung die größte Häufigkeit aufweisen.

Um den Lernenden nicht zu überfordern, werden pro Lektion nur wenige Kanji eingeführt (siehe Anhang). In den Eröffnungsdialogen wird die Lesung aller zum erstenmal auftretenden Kanji, aller Kanji mit neuer Lesung und aller bereits erlernten Kanji durch Furigana (Lesung in der phonetischen Hiragana-Schrift) angegeben. Bei erneutem Auftreten eines Kanji in derselben Lektion unterbleibt die Furigana-Angabe. Allerdings werden die Furigana-Zeichen erneut angegeben, wenn das Kanji in einer späteren Lektion wieder auftaucht, um den Lernenden an die richtige Lesung zu erinnern.

Die japanischen Kanji haben in den meisten Fällen eine sogenannte On- und eine Kun-Lesung. Die On-Lesung (auch sinojapanische Lesung genannt) ist die japanische Version der chinesischen Aussprache des jeweiligen Schriftzeichens, die zusammen mit diesem in Japan eingeführt wurde. Dabei waren die ursprünglichen chinesischen Lesungen je nach der Epoche und der Region ihres Ursprungs unterschiedlich, so dass eine Reihe von Kanji heute zwei oder drei

On-Lesungen aufweist. Allerdings ist in den meisten Fällen nur eine On-Lesung wirklich allgemein gebräuchlich. Kun-Lesungen (Lesung nach der Bedeutung) geben jeweils die rein japanische Aussprache der Kanji und damit ihre eigentliche Bedeutung wieder. Manche Kanji haben mehrere Kun-Lesungen, andere dagegen überhaupt keine. Es existiert auch eine Reihe von sogenannten Kokuji, d. h. in Japan geschaffene Kanji, von denen die meisten naturgemäß keine On-Lesung aufweisen. In den üblichen japanischen Kanji-Wörterbüchern mit Furigana erscheinen die On-Lesungen i.A. in Katakana- und die Kun-Lesungen in Hiragana-Schrift. Den Kanji-Kombinationen bzw. Komposita, den sogenannten Jukugo, sind in der Regel entweder nur On- oder nur Kun-Lesungen zugeordnet. Es gibt jedoch auch einige Jukugo mit On-Kun-Mischlesung.

Die neuen Kanji, die am Ende jeder Lektion erscheinen, werden in der folgenden Form dargestellt:

1. 電話

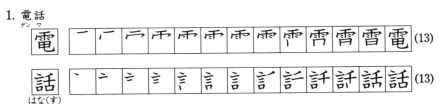

Sowohl „den" (電) als auch „wa" (話) sind On-Lesungen, weswegen die zugehörigen Furigana-Zeichen in Katakana als デンワ geschrieben werden. Da das Zeichen 電 keine Kun-Lesung hat, werden neben den Kästchen, die die Strichfolge veranschaulichen, keine Furigana angegeben. Das Kanji 話 hat auch die Kun-Lesung „hanasu", die darunter in Hiragana angegeben ist. Da es sich bei „hanasu" um ein Verb handelt, erscheint das Verbalsuffix in runden Klammern.

In Band 2 wird die vollständige Strichfolge für ca. 6 Kanji pro Lektion nacheinander Strich für Strich in den Kästchen gezeigt, wobei die Gesamtzahl der Striche in Klammern rechts außen erscheint. In Band 3 wird bei den Kanji, deren Elemente bereits behandelt wurden, häufig die Strichfolge ausgelassen. Die Strichfolge ist wichtig sowohl für die richtige Schreibung eines Kanji als auch die Zählung seiner Striche. Beim Nachschlagen im Kanji-Wörterbuch lassen sich unbekannte Zeichen anhand des Strichzahlindices auffinden und damit lässt sich auch ihre Bedeutung bestimmen.

Erscheint ein Kanji im Eröffnungsdialog mit einer anderen Lesung als in der vorhergehenden Lektion, so werden sowohl die vorhergehenden als auch die neuen Lesungen angegeben. Die Kanji „zum Wiedererkennen" sind solche, denen man häufig in Eigennamen begegnet und die man nicht aktiv schreiben, sondern nur passiv lesen können muss. Die Kanji unter der Rubrik „verwandte Kanji" sind wichtige Zeichen, die zwar nicht in den Eröffnungsdialogen auftreten, aber in einer engen Beziehung zu diesen stehen. Falls beispielsweise nur 東 (Osten), 西 (Westen) und 南 (Süden) im Eröffnungsdialog auftreten, so wird das Zeichen 北 (Norden) ebenfalls in diesen Abschnitt aufgenommen. Wenn ebenso nur ein Kanji eines Paars mit gegensätzlicher Bedeutung im Eröffnungsdialog erscheint, so wird das Antonym mit Doppelpfeil (↔) dargestellt. Die deutsche Bedeutung für alle „verwandten Kanji" wird ebenfalls angegeben.

Auflösungen zu den Übungen

An dieser Stelle sollen mögliche Lösungen für die Übungen und Übersetzungen vieler Lesetexte und Dialoge in diesem Lehrbuch aufgeführt werden. Beim Übersetzen wurde versucht, einen Mittelweg zu finden zwischen einer wörtlichen Übersetzung und einer, die die Idiomatik des Japanischen reflektiert. Nach Möglichkeit sollte die Struktur des japanischen Ausgangstextes wiedergegeben werden, ohne auf den natürlichen Stil des Deutschen zu verzichten.

In Klammern gesetzte Übersetzungen dienen zum exakteren Verständnis des japanischen Ausgangstextes. Jeder japanische Text, der in Klammern eingefügt wurde, kann ebensogut ausgelassen werden, ohne dass sich daraus Bedeutungsunterschiede ergäben. Sind mehrere Möglichkeiten denkbar, so ist dies mit einem Schrägstrich (/) kenntlich gemacht.

Texte in Rōmaji

Eigentlich setzt dieses Buch die Beherrschung der Hiragana- und Katakana-Silbenschrift voraus. Auf Wunsch vieler Lernenden haben wir aber nur zur Sicherheit" auch die Rōmaji-Umschrift (lateinische Umschrift) der Lektionstexte, der Satzstrukturen zum Einprägen und wichtiger Übungstexte aufgeführt.

Kanji-Tafel

Zum Nachschlagen werden sämtliche in diesem Lehrbuch verwendeten Kanji in der Reihenfolge ihres Auftretens aufgeführt. Alle in diesem Lehrbuch verwendeten Kanji gehören zu den Jōyō Kanji".

Kana/Kanji-Lektionstexte in vertikaler Schreibrichtung als Ergänzung

Hier erscheinen die Texte der Eröffnungsdialoge in der in Japan üblichen Form, in vertikaler Schriftrichtung, wobei alle üblichen Kanji-Schreibungen ohne Furigana angegeben werden (normales japanisches Schriftbild). Falls bereits ausreichende Lesekenntnisse vorhanden sind, sollten diese Texte als Haupttexte oder zumindest zum Nachschlagen dienen. Auch ohne Lesekenntnisse dürfte dieser Abschnitt sowohl für das Kanji-Studium als auch zum Vertrautwerden mit den japanischen Schreibkonventionen von Nutzen sein. Nach dem Durcharbeiten einer Lektion kann der Ergänzungstext mit dem Eröffnungsdialog oder dem Lesetext verglichen werden.

Wörterverzeichnis Japanisch-Deutsch

Wörterverzeichnis aller bisher eingeführten Vokabeln, also Band 1, 2A und 2B in einem Verzeichnis.

In diesem Buch verwendete Abkürzungen:

aff., pos.	positiv (affirmativ)	Bsp.	Beispiel
neg.	negativ	-i-Adj.	-i-Adjektiv
Aa:	Antwort, affirmativ (positiv)	-na-Adj.	-na-Adjektiv
An:	Antwort, negativ	†	nicht mehr gebräuchlicher Ausdruck

HIRAGANA

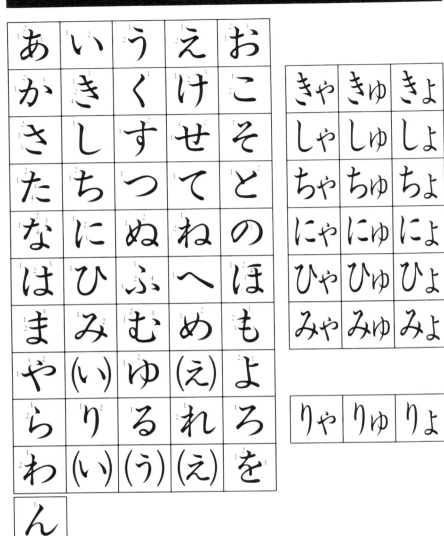

あ	い	う	え	お
か	き	く	け	こ
さ	し	す	せ	そ
た	ち	つ	て	と
な	に	ぬ	ね	の
は	ひ	ふ	へ	ほ
ま	み	む	め	も
や	(い)	ゆ	(え)	よ
ら	り	る	れ	ろ
わ	(い)	(う)	(え)	を
ん				

きゃ	きゅ	きょ
しゃ	しゅ	しょ
ちゃ	ちゅ	ちょ
にゃ	にゅ	にょ
ひゃ	ひゅ	ひょ
みゃ	みゅ	みょ

りゃ	りゅ	りょ

が	ぎ	ぐ	げ	ご
ざ	じ	ず	ぜ	ぞ
だ	ぢ	づ	で	ど
ば	び	ぶ	べ	ぼ
ぱ	ぴ	ぷ	ぺ	ぽ

ぎゃ	ぎゅ	ぎょ
じゃ	じゅ	じょ

びゃ	びゅ	びょ
ぴゃ	ぴゅ	ぴょ

KATAKANA

ア	イ	ウ	エ	オ
カ	キ	ク	ケ	コ
サ	シ	ス	セ	ソ
タ	チ	ツ	テ	ト
ナ	ニ	ヌ	ネ	ノ
ハ	ヒ	フ	ヘ	ホ
マ	ミ	ム	メ	モ
ヤ	(イ)	ユ	(エ)	ヨ
ラ	リ	ル	レ	ロ
ワ	(イ)	(ウ)	(エ)	ヲ
ン				

キャ	キュ	キョ
シャ	シュ	ショ
チャ	チュ	チョ
ニャ	ニュ	ニョ
ヒャ	ヒュ	ヒョ
ミャ	ミュ	ミョ

リャ	リュ	リョ

ガ	ギ	グ	ゲ	ゴ
ザ	ジ	ズ	ゼ	ゾ
ダ	ヂ	ヅ	デ	ド
バ	ビ	ブ	ベ	ボ
パ	ピ	プ	ペ	ポ

ギャ	ギュ	ギョ
ジャ	ジュ	ジョ

ビャ	ビュ	ビョ
ピャ	ピュ	ピョ

JAPAN

JAPANISCHES MEER

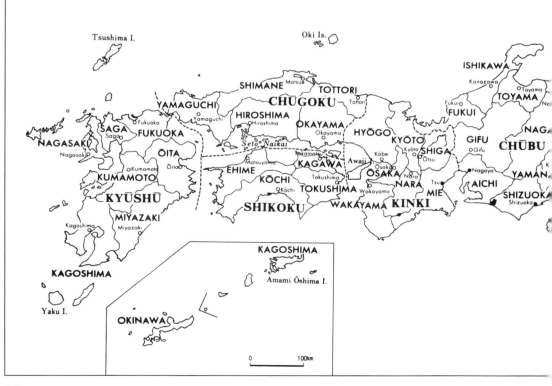

Tsushima I.

Oki Is.

ISHIKAWA
Kanazawa

SHIMANE   Matsue   TOTTORI
Toyama
CHŪGOKU   Tottori   TOYAMA

YAMAGUCHI   Fukui   FUKUI

HIROSHIMA
Yamaguchi   Hiroshima   OKAYAMA
Fukuoka   Okayama   HYŌGO   KYŌTO   GIFU   CHŪBU
SAGA   FUKUOKA   Gifu
Saga   Setō-Naikai   Kōbe   Kyōto   SHIGA   NAG
NAGASAKI   ŌITA   KAGAWA   Awaji   Ōtsu   Nagoya   YAMAN
Nagasaki   Matsuyama   Ōsaka   AICHI
Kumamoto   Ōita   EHIME   Tsu   MIE   SHIZUOKA
KUMAMOTO   KŌCHI   TOKUSHIMA   NARA   Shizuoka
Tokushima   Wakayama
KYŪSHŪ   Kōchi   NARA   MIE
MIYAZAKI   SHIKOKU   WAKAYAMA   KINKI
Kagoshima   Miyazaki

KAGOSHIMA
Yaku I.

KAGOSHIMA
Amami Ōshima I.

OKINAWA
Naha

0   100km

16

OCHOTSKISCHES MEER

Rishiri I.

HOKKAIDŌ

○ Sapporo

HOKKAIDŌ

Shikotan I.

Tsugaru Straße

Aomori

AOMORI

Sado I.

○ Akita

AKITA

○ Morioka

IWATE

TŌHOKU

YAMAGATA

○ Niigata

Yamagata ○

MIYAGI

Sendai ○

NIIGATA

○ Fukushima

FUKUSHIMA

MMA

TOCHIGI

aebashi

Utsunomiya

KANTŌ

TAMA

Mito ○

IBARAKI

Urawa ○

OKYO

○ Tokyo

A

○ Chiba

A

CHIBA

Yokohama ○

PAZIFISCHER OZEAN

s.

| 0 | 40 | 80 | 120 | 160 | 200km |

17

EINFÜRUNG DER VORKOMMENDEN PERSONEN

Im Folgenden sollen die einzelnen in diesem Lehrwerk vorkommenden Personen
vorgestellt werden.

メーナー（43 才）
メーナー夫人（41 才）

　　メーナーさんは　ABCの　べんごしです。3年前に　おくさんと
日本に　来ました。二人は　でんとうてきな　日本の　文化に
きょうみが　あります。

ブラウン（35 才）
ブラウン夫人（36 才）

　　ブラウンさんは　2年前に　日本に　来ました。ブラウンさんも
ABCの　べんごしです。ブラウンふじんは　日本のれきしに　きょ
うみが　あります。ブラウンさんは　うきよえが　好きです。ブラ
ウンさんは　ときどき　日本語で　手紙を　かきます。

林（45 才）
林 夫人（38 才）

　　林 さんは　ABCの　ぶちょうです。時々　ジョギングを　します。
たまに　山に　のぼります。林夫人は　りょうりが　上手です。そ
して、かんきょうもんだいに　ねっしんです。

かとう（37 才）
かとう夫人（36 才）

　　かとうさんは　ABCの　かちょうです。仕事は　とても　いそがし
いです。かとうさんは　前に　北海道に　住んでいました。

チャン（男　28 才）

　　チャンさんも　ABCに　つとめています。先月　ホンコンししゃ
から　きました。チャンさんは　英語と　中国語が　できます。
おんがくが　好きです。

すずき（25才）
すずき夫人（25才）

　　すずきさんも　ABCの　社員です。2年前に　けっこんしました。
すずきさんは　おもしろい　人ですが、ときどき　しっぱいし
ます。

ゾンターク（男　26才）

　　ゾンタークさんは　ABCの　ロンドンじむしょに　つとめていま
した。今年　東京ほんしゃに　てんきんしました。ゾンターク
さんは　明るい　人です。東京の　生活を　たのしんでいます。

なかむら（女　26才）

　　なかむらさんは　おととし　大学を　そつぎょうして、しょうしゃ
に　つとめていました。しかし、せんもんの　仕事が　できません
でしたから　やめました。そして　ABCに　入りました。

ほかに、わたなべさん（女）、きむらさん（男）、さとうさん（男）
などが　ABCで　はたらいています。

たなか（51才）
たなか夫人（47才）

　　田中さんは　東京電気の　ぶちょうです。東京電気は　ABCの
とりひきさきです。田中さんの　かぞくは　メーナーさんや　ブ
ラウンさんの　かぞくと　とても　したしいです。

たなか　けいこ（女　18才）

　　けいこさんは　田中さんの　むすめです。今年　高校を　そつぎ
ょうしました。けいこさんと　ゾンタークさんは　友だちです。

だいすけ（男　19才）

　　だいすけさんは　チャンさんの　友だちです。大学生です。チャ
ンさんの　うちの　近くに　住んでいます。

ビジーさんは　JBPの　*社員です。去年　サンフランシスコから
日本に　来ました。ビジーさんの　うちは　*めぐろに　あります。
JRで　たまちの　JBP東京ししゃに　*つうきんしています。うちか
ら　会社まで　30分ぐらい　かかります。ビジーさんは　*独身です。
そして、*セイリングと　ゴルフが　好きです。

*トーマスさんは　JBPの　*ししゃちょうです。4年前に　フラン
クフルトから　日本に　きました。あざぶに　住んでいます。トー
マスさんの　うちから　会社まで　バスで　20分ぐらいです。トー
マスさんは　10年前に　けっこんしました。そして、子供が　二人
あります。トーマスさんは　おんがくが　好きですから、おくさん
と　よく　*コンサートに　行きます。

小林さんは　アメリカの　大学で　コンピューターの　べんきょう
を　しました。小林さんも　JBPの　社員です。小林さんは　*ひろ
おに　すんでいます。*バイクが　好きですから、毎日　バイクで
つうきんしています。うちから　会社まで　10分ぐらいです。小林
さんは　英語と　フランスごが　とても　上手です。

さとうさんは　日本の　大学で　けいざいの　べんきょうを　しまし
た。去年まで　日本の　ぎんこうに　つとめていましたが、今年の
4月に　JBPに　*入りました。さとうさんは　*横浜の　*アパートに
住んでいますから、うちから　会社まで　1時間　かかります。さと
うさんは　絵が　上手です。

吉田さんは　日本の　電気会社に　つとめていましたが、4年前から
JBPに　つとめています。吉田さんは　横浜の　大きい　うちに　住
んでいます。こどもが　3人　あります。吉田さんは　うたが　上手
です。

ほかに、メーナー夫人の　友だちの　リンダさん（女）や　Mせっ
けいじむしょの　やまかわさん（男）も　とうじょうします。

JBPは　*コンピューターの　会社です。　*フランクフルトに　*本
社が　あります。そして、*サンフランシスコと　*ホンコンと　東

京_{きょう}に ししゃが あります。東京_{とうきょう}ししゃは *たまちの えきの
近_{ちか}くに あります。

Herr Mähner (43 Jahre)
Frau Mähner (41 Jahre)

Herr Mähner ist Rechtsanwalt bei ABC. Er kam vor drei Jahren mit seiner Frau nach Japan. Beide interessieren sich für traditionelle japanische Kultur.

Herr Braun (35 Jahre)
Frau Braun (36 Jahre)

Die Brauns kamen vor zwei Jahren nach Japan. Herr Braun ist ebenfalls Anwalt bei ABC. Frau Braun interessiert sich für japanische Geschichte. Herr Braun mag japanische ukiyo-e Holzschnitte. Manchmal schreibt er Briefe auf Japanisch.

Herr Hayashi (45 Jahre)
Frau Hayashi (38 Jahre)

Herr Hayashi ist Abteilungsleiter bei ABC. Manchmal joggt er. Manchmal geht er auch Bergsteigen. Frau Hayashi kocht gut. Sie engagiert sich in Umweltfragen.

Herr Katō (37 Jahre)
Frau Katō (36 Jahre)

Herr Katō ist Unterabteilungsleiter bei ABC. Er hat dort sehr viel zu tun. Früher hat er in Hokkaidō gewohnt.

Herr Chang (28 Jahre)

Auch Herr Chang arbeitet für ABC. Er wurde letzten Monat von der Niederlassung in Hongkong nach Tōkyō versetzt. Er spricht Englisch und Chinesisch. Er mag Musik.

Herr Suzuki (25 Jahre)
Frau Suzuki (25 Jahre)

Herr Suzuki ist ebenfalls Angestellter bei ABC. Er hat vor zwei Jahren geheiratet. Er scherzt viel, aber manchmal unterlaufen ihm Fehler bei seiner Arbeit.

Herr Sonntag (26 Jahre)

Herr Sonntag hat vorher bei ABC in London gearbeitet. Er wurde dieses Jahr in die Zentrale nach Tōkyō versetzt. Er ist ein aufgeschlossener Mensch. Er genießt das Leben in Tōkyō .

Frau Nakamura (26 Jahre)

Frau Nakamura hat vorletztes Jahr ihr Studium abgeschlossen und bei einer Handelsfirma gearbeitet. Sie hat jedoch dort gekündigt, da sie bei ihrer Arbeit ihre Fachkenntnisse nicht nutzen konnte. Danach hat sie bei ABC angefangen.

Weitere Angestellte von ABC sind Frau Watanabe, Herr Kimura und Herr Sat

Herr Tanaka (51 Jahre)
Frau Tanaka (47 Jahre)
Herr Tanaka ist Abteilungsleiter bei Tōkyō Electric. Tōkyō Electric ist ein Klient von ABC. Tanakas sind gute Freunde der Mähners und der Brauns.

Keiko Tanaka (18 Jahre)
Keiko ist die Tochter von Herrn und Frau Tanaka. In diesem Jahr schließt sie die höhere Schule ab. Keiko ist eine Freundin von Herrn Sonntag.

Daisuke (19 Jahre)
Daisuke ist ein Freund von Herrn Chang. Er ist Student. Er wohnt in der Nähe von Herrn Chang.

Herr Sausewind (Mr. Busy)
Herr Sausewind ist ein Mitarbeiter von JBP. Er wurde letztes Jahr von San Francisco nach Japan versetzt. Er wohnt in Meguro und pendelt mit der JR (= Eisenbahngesellschaft Japan Rail) zur Filiale Tōkyō in Tamachi. Er braucht ungefähr 30 Minuten von seiner Wohnung zum Büro. Herr Sausewind ist Single, er segelt gerne und spielt gern Golf.

Herr Thomas
Herr Thomas ist der Leiter der Filiale in Tōkyō . Vor vier Jahren wurde er von Frankfurt nach Japan versetzt. Er lebt in Azabu. Es sind ungefähr 20 Minuten mit dem Bus von Herrn Thomas' Wohnung zum Büro. Herr Thomas ist seit 10 Jahren verheiratet und hat zwei Kinder. Herr Thomas hört gerne Musik und geht oft mit seiner Frau in Konzerte.

Frau Kobayashi
Frau Kobayashi hat in Amerika Informatik studiert. Frau Kobayashi ist ebenfalls bei JBP Computers angestellt. Sie lebt in Hiroo. Sie fährt gerne Motorrad, deshalb fährt sie auch ins Büro mit dem Motorrad. Sie braucht ungefähr 10 Minuten zum Büro. Frau Kobayashi spricht fließend Englisch und Französisch.

Herr Satō
Herr Satō hat Wirtschaft an einer japanischen Universität studiert. Bis letztes Jahr hat er bei einer japanischen Bank gearbeitet, und letztes Jahr im April ist er zu JBP gewechselt. Herr Satō lebt in einer Mietwohnung in Yokohama. Er braucht eine Stunde bis ins Büro. Herr Satō kann gut malen.

Herr Yoshida

Herr Yoshida hat früher für einen Elektrokonzern gearbeitet, seit vier Jahren arbeitet er nun bei JBP Computers. Er wohnt in einem großen Haus in Yokohama. Er hat drei Kinder. Herr Yoshida kann gut singen.

Weiter in diesem Band auftretende Personen sind Linda, eine Freundin von Frau Mähner und Herr Yamakawa vom Designerbüro M Design.

JBP ist eine Computerfirma mit Sitz in Frankfurt und Filialen in San Francisco, Hongkong und Tōkyō. Die Filiale in Tōkyō befindet sich in der Nähe des Bahnhofs Tamachi.

Neues Vokabular

夫人 （ふじん）	Frau
前に （まえ）	vor (zeitlich u. örtlich)
でんとうてき （な）	traditionell (-na-Adj.)
〜に　きょうみが あります	an ... interessiert sein
うきよえ	Ukiyoe (Holzschnitte)
ぶちょう	Abteilungsleiter
たまに	gelegentlich
のぼります	klettern, steigen
かんきょう	Umwelt
もんだい	Problem, Angelegenheit
ねっしん （な）	eifrig, enthusiastisch
かちょう	(Unter)Abteilungsleiter
社員 （しゃいん）	(Firmen)Angestellter
しっぱいします	keinen Erfolg haben; fehlschlagen; etw. falsch machen
本社 （ほんしゃ）	(Firmen)Zentrale, Hauptgeschäftsstelle
てんきんします	versetzt werden, wechseln
せいかつ	Leben
たのしみます	sich (auf etw.) freuen, etw. genießen
大学 （だいがく）	Universität
そつぎょうします	(Schule, Univ.) beenden, graduieren
しょうしゃ	Handelsfirma
しかし	aber
せんもん	Spezialisierung, Hauptfach
やめます	aufhören
ほかに	außerdem, neben.

はたらきます	arbeiten
とりひきさき	Geschäftspartner, Kunde
したしい	befreundet, nahe stehen (jdm.)
高校	Oberschule
大学生	Student
とうじょうします	erscheinen, auftreten
コンピューター	Computer
フランクフルト	Frankfurt
サンフランシスコ	San Francisco
ホンコン	Hongkong
たまち	Tamachi
めぐろ	Meguro
つうきんします	zur Arbeit fahren
どくしん	ledig, nicht verheiratet
セイリング	Segeln
トーマス	Herr Thomas (Name)
ししゃちょう	Leiter der Filiale
コンサート	Konzert
ひろお	Hiroo (Stadtteil von Tōkyō)
バイク	Motorrad
入ります	eintreten, Mitglied werden
アパート	Wohnung, Apartement
横浜	(Stadt) Yokohama

Nishimiya Yaeko: Bachrauschen

LEKTION **11** EIN VORSTELLUNGSGESPRÄCH

Herr Hayashi überfliegt beim Interview den Lebenslauf von Fräulein Naka-mura.

はやし：中村さんは 一昨年 大学を そつぎょうしたんですか。

中村： はい。そつぎょうしてから 商社に つとめていました。

はやし：なぜ 辞めたんですか。

中村： 私の 専門の 仕事が できませんでしたから、おもしろ
くなかったんです。

はやし：どうして この 会社を えらんだんですか。

中村： こちらでは コンピューターを 使う 仕事が 多いと 聞
いたからです。私は 大学で コンピューターサイエンスを
べんきょうしていました。この 会社では 私の 好きな
仕事が できると 思ったんです。

はやし：会社に 入ってから 1か月 研修しなければ
ならない ことを 知っていますか。

中村： ええ、知っています。

はやし：それに 外国に 出張する ことも 多いですよ。

中村： はい、大丈夫です。

はやし：そうですか。では けっかは 後で 連絡します。

Ein Vorstellungsgespräch

Hayashi: Frau Nakamura, Sie haben also letztes Jahr die Universität abgeschlos-
sen?
Nakamura: Ja, nach meinem Abschluss war ich bei einer Handelsfirma tätig.
Hayashi: Und warum haben Sie dort aufgehört?
Nakamura: Meine Arbeit dort hatte nichts mit meinem Fachgebiet zu tun und hat
mich deshalb nicht so interessiert.
Hayashi: Und warum haben Sie dann unsere Firma ausgewählt?
Nakamura: Ich habe gehört, dass hier viel mit Computern gearbeitet wird. Und ich
habe an der Uni Informatik studiert. Ich denke, dass ich hier Arbeit
hätte, die mir zusagt.
Hayashi: Hier werden Sie einen Monat lang angelernt, wissen Sie das?
Nakamura: Ja, das weiß ich.

Hayashi: Außerdem werden Sie häufig Geschäftsreisen ins Ausland machen.
Nakamura:Das macht mir nichts aus.
Hayashi: Gut. Das Ergebnis teilen wir Ihnen später mit.

Neues Vokabular

一昨年	vorletztes Jahr
～んです（か）	Es ist (nämlich) so, dass...
商社	Handelsfirma
なぜ	warum?
辞める	aufhören
専門	Hauptfach, Fachgebiet
コンピューター	Computer
サイエンス	Wissenschaft („science")
研修する	lernen, trainieren
研修	Training, Praktikum
こと	Ding, Sache
それに	darüber hinaus
出張する	eine Geschäftsreise machen
連絡する	kontaktieren; informieren
連絡	Kontakt

GRAMMATIK UND LERNZIELE

● ん です

In der gesprochenen Sprache wird in der Regel ん です, in der Schriftsprache und in formalen Reden の です verwendet. Bereits eingeführt
wurden かいぎ なん です und しずか なん です (vgl. Anhang A)
Im Lektionstext hat Herr Hayashi den Lebenslauf von Frau Nakamura vor
sich liegen und stellt ihr dazu einige Fragen. Natürlich fragt er nicht „Haben
Sie dann und dann die Uni abgeschlossen?" denn diese Information hat er
schließlich schriftlich vorliegen. Es ist eher eine Gesprächseinleitung, wie z.B.:
„Sie haben also die Uni dann und dann abgeschlossen." In dieser Bedeutung
wird ん です sehr häufig verwendet. Oft ist der Unterschied zwischen -ます
und ん です sehr schwer zu erklären. Deshalb soll der Gebrauch hier anhand
einiger Beispiele erläutert werden.

1. (Zu einem Mitarbeiter, der mit einer großen Aktentasche in der Hand das
   Büro verlässt.) どこに行くんですか。 Wo geht's hin?
2. (Im Schaufenster einer Metzgerei liegt Schlangenfleisch aus.) へびを食べ
   るんですか。 Isst man (hier) Schlangen? ええ. Ja.
   本当に食べるんですか。 Isst man die wirklich?
3. かいひを払ってください。Würden Sie den Beitrag bitte gleich bezahlen.

明日<ruby>明日<rt>あした</rt></ruby>でもいいですか。<ruby>今<rt>いま</rt></ruby>お<ruby>金<rt>かね</rt></ruby>がないんです。　Geht es vielleicht auch morgen? Ich habe gerade kein Geld dabei.

4. (Zu einer Mitbewohnerin, die bereits am frühen Abend einen Schlafanzug angezogen hat.) もう<ruby>寝<rt>ね</rt></ruby>るんですか。　Gehst du schon schlafen?

えぇ。<ruby>明日<rt>あした</rt></ruby>は４<ruby>時<rt>じ</rt></ruby>に<ruby>起<rt>お</rt></ruby>きるんです。Ja, ich muss morgen schon um vier Uhr aufstehen.

Im Vergleich dazu die Frage, die man stellt, wenn man lediglich wissen will, um wieviel Uhr der andere am nächsten Morgen aufsteht.

<ruby>明日<rt>あした</rt></ruby><ruby>何時<rt>なんじ</rt></ruby>に<ruby>起<rt>お</rt></ruby>きますか。　Um wieviel Uhr stehst du morgen auf?

６<ruby>時<rt>じ</rt></ruby>に<ruby>起<rt>お</rt></ruby>きます。　Um sechs.

ANMERKUNGEN

1. <ruby>大学<rt>だいがく</rt></ruby>をそつぎょうしたんですか。

Hier wird die Partikel を gebraucht, obwohl das Substantiv davor kein direktes Objekt im eigentlichen Sinne ist. Weitere Verben, die ebenfalls mit を , jedoch ohne direktes Objekt gebraucht werden: <ruby>出<rt>で</rt></ruby>る , <ruby>出発<rt>しゅっぱつ</rt></ruby>する und おりる .

2. １ヶ<ruby>月<rt>かげつ</rt></ruby><ruby>研修<rt>けんしゅう</rt></ruby>しなければならないことを<ruby>知<rt>し</rt></ruby>っていますか。

Vor こと steht, wie bereits in Lektion 7 erläutert, die normal-höfliche Form (Plain Style).

Beispiel: <ruby>彼<rt>かれ</rt></ruby>が<ruby>昨日<rt>きのう</rt></ruby>この<ruby>本<rt>ほん</rt></ruby>を<ruby>持<rt>も</rt></ruby>ってきたことは<ruby>秘密<rt>ひみつ</rt></ruby>です。

Dass er gestern dieses Buch mitgebracht hat, ist ein Geheimnis.

3. <ruby>中村<rt>なかむら</rt></ruby>さん (Fräulein Nakamura)

In Japan ist es bis heute so, dass die meisten Frauen nach der Hochzeit nicht weiter als Vollzeitkraft arbeiten. Von Firmenseite wird dies in der Regel erwartet, und Frauen, die trotzdem Vollzeit weiterarbeiten, werden nicht selten durch sozialen Druck innerhalb der Firma dazu gezwungen, ihre Vollzeitstelle aufzugeben. Wollen sie dennoch dazuverdienen, so müssen sie dies unter den schlechten Bedingungen einer Teilzeitkraft tun.

EINFACHE SATZSTRUKTUREN ZUM EINPRÄGEN

1. <ruby>明日<rt>あした</rt></ruby>　かいぎが　ありますから、<ruby>今<rt>いま</rt></ruby>　しりょうを　コピーしているんです。

2. ブラウンさんが<ruby>九州<rt>きゅうしゅう</rt></ruby>へ<ruby>旅行<rt>りょこう</rt></ruby>に<ruby>行<rt>い</rt></ruby>った ことを<ruby>知<rt>し</rt></ruby>っていますか。

1. Morgen haben wir eine Konferenz. Deshalb kopiere ich jetzt die Unterlagen.
2. Wissen Sie schon, dass die Brauns auf Kyūshū waren?

ÜBUNGEN TEIL A

I.　Üben Sie die folgenden Satzmuster.

A: <ruby>行<rt>い</rt></ruby>きます→　<ruby>行<rt>い</rt></ruby>くんです　　<ruby>行<rt>い</rt></ruby>かないんです

<ruby>行<rt>い</rt></ruby>ったんです　<ruby>行<rt>い</rt></ruby>かなかったんです

1. 泳ぎます　　6. あいます　　11. 住んでいます
2. よみます　　7. 言います　　12. あげます
3. あそびます　8. できます　　13. 見ます
4. 消します　　9. あります　　14. きます
5. まちます　　10. います　　15. そうだんします

B:　　安いです→安いんです　　安くないんです
　　　　　　　　安かったんです　安くなかったんです

1. おいしいです　　　　6. 頭がいいです
2. 危ないです　　　　　7. 都合が　わるいです
3. むずかしいです　　　8. 水が　ほしいです
4. 高いです　　　　　　9. 休みたいです
5. 冷たいです

C:　　好きです→ 好きなんです　　　好きでは　ないんです
　　　　　　　　　好きだったんです　好きでは　なかったんです

1. 上手です　　4. 安全です　　　　7. 病気です
2. ひまです　　5. かいぎです　　　8. 研修です
3. べんりです　6. 仕事です

II. Bilden Sie Dialoge, indem Sie die unterstrichenen Satzteile ersetzen.

A.　F: 明日　ゴルフに　行きませんか。
　　A: ざんねんですが、ちょっと　明日は　忙しいんです。

1. かいぎが　あります
2. 病院に　行かなければ　なりません
3. ともだちと　会う　やくそくを　しました
4. 国から　母が　来ています
5. 明日から　出張です
6. かないが　びょうきです
7. ゴルフは　あまり　好きでは　ありません
8. ちょっと　体の　具合が　よくないです

B.　F: 昨日　パーティーに　きませんでしたね。
　　A: ええ、忙しかったんです。

1. ちょっと　用事が　ありました
2. 招待状を　もらいませんでした
3. 急に　都合が　悪く　なりました
4. パーティーが　ある　ことを　知りませんでした

5. 子供が びょうきでした

C. **F:** 明日　ストライキが　ある　ことを　知っていますか。

   A: そうですか。知りませんでした。

    1. 中村さんが　こんやくしました
    2. 明日　こなくても　いいです
    3. ジョーンズさんが　こちらに　きています
    4. 鈴木さんの　お母さまが　亡くなりました

D. **A:** いつから　ジョギングを　はじめましたか。

   B: けっこんしてから　はじめました。

   A: どうして　やめたんですか。

   B: けがを　したからです。

    1. ピアノ、小学校に　入ります、きょうみが　なくなりました
    2. 英会話、だいがくを　そつぎょうします、いそがしく　なりました
    3. 山登り、会社に　入ります、子供が　うまれました

Neues Vokabular

危ない	gefährlich
冷たい	kühl, kalt
安全（な）	sicher (な -Adj.)
体の具合	das Befinden, Gesundheit
体	Körper
具合	Zustand, das Befinden
招待状	Einladungskarte
招待	Einladung
～状	Brief (Suffix)
急に	plötzlich
ストライキ	Streik
こんやくする	sich verloben
こんやく	Verlobung
ジョーンズ	Jones (Name)
お母さま	die Mutter (eines anderen)
亡くなる	sterben, verschwinden
ピアノ	Klavier
小学校	Grundschule
英会話	Englische Konversation
会話	Konversation

| 山登り | Bergsteigen |
| うまれる | geboren werden |

KURZE DIALOGE

1. メーナー：この　近くの　地図が　ほしいんですが、ありますか。

   ホテルの人：はい、どうぞ。

   メーナー：どうも。

   Mähner: Ich hätte gern eine Landkarte von der näheren Umgebung.
   Haben Sie welche da?

   Rezeption: Ja, hier, bitte.

   Mähner: Danke.

2. きゃく：時計を　買いたいんですが　なんかいですか。

   てんいん：時計売場は　6かいでございます。

   Kunde: Ich möchte eine Uhr kaufen. In welchem Stock finde ich die?

   Verkäufer: Uhren sind im sechsten Stock.

3. メーナー：大きい　バッグですね。

   ブラウン：ええ、テニスの　道具が　入っているんです。

   テニスを　はじめたんですよ。

   メーナー：そうですか。スポーツは　体に　いいですね。

   Mähner: Ist das aber eine große Tasche.

   Braun: Ja, da sind meine Tennissachen drin. Ich habe doch angefangen,
   Tennis zu spielen.

   Mähner: Ach so. Sport ist ja auch gut für die Gesundheit.

4. 鈴木：明日　うちで　バーベキューパーティーを　やるんですが、
   きませんか。

   木村：ざんねんですが、明日は　ちょっと　約束が　あるんです。

   鈴木：そうですか。じゃ　次の　きかいには　ぜひ。

   Suzuki: Morgen machen wir eine Grill-Party bei uns zu Hause.
   Hätten Sie nicht auch Lust zu kommen?

   Kimura: Es tut mir sehr leid, aber morgen habe ich schon etwas vor.

   Suzuki: Ach so. Dann beim nächsten Mal.

Neues Vokabular

～でございます	höflich für: です
体に　いい	gut für den Körper, gesund
バーベキュー	das Grillen

やる	(Umgangssprachlich) tun, geben (する , あげる)
きかい	Maschine, Ausrüstung
ぜひ	bitte, gewiss, unbedingt

ÜBUNGEN TEIL B

I. Lesen Sie den Lektionstext und beantworten Sie die folgenden Fragen.

1. 中村さんは　いつ　大学を　そつぎょうしましたか。
2. 中村さんは　なぜ　まえに　つとめていた　しょうしゃを　やめ
   ましたか。
3. 中村さんの　せんもんは　なんですか。
4. 中村さんは　ABCでは　好きな　仕事が　できると　思っていますか。
5. 1ヶ月　研修しなければ　ならない　ことを　中村さんは　知っ
   ていましたか。

II. Ergänzen Sie, falls nötig, die fehlenden Partikeln.

1. 中村さんは　商社（　　）つとめていました。
2. かれは　1965年（　　）だいがく（　　）そつぎょうしました。
3. 彼が　べんごし（　　）なった　こと（　　）知っていますか。
4. けっかは　あと（　　）連絡します。
5. どうして　この　会社（　　）えらんだんですか。
   こちらでは　日本語を　使う　仕事（　　）多い（　　）きいた
   （　　）です。

III. Ergänzen Sie die folgenden Fragen.

1. （　　）パーティーに　こなかったんですか。
   頭が　いたかったんです。
2. （　　）したんですか。
   手に　けがを　したんです。
3. この　コンピューターは　（　　）使うんですか。
   ちょっと　ふくざつですから、わたなべさんに　聞いてください。
4. （　　）を　見ているんですか。
   京都で　とった　写真を　見ているんです。

IV. Ergänzen Sie die folgenden Sätze mit der richtigen Verbform.

1. 鈴木さんは　いませんか。もう　うちに　（　　）んですか。
   ええ、30分ぐらい　前に　帰りましたよ。(帰りました)

2. 小川さんに（　　）んですか。

ええ、小川さんは　昨日（　　）んです。（知らせませんでした、休みでした）

3. どこに（　　）んですか。電話が　ありましたよ。

どうも　すみません。ちょっと　コーヒーを　のみに　行っていました。（行っていました）

4. なにも（　　）んですか。

ええ、（　　）んです。（食べません、食べたくないです）

5. タクシーで（　　）んですか。

ええ、時間が　あまり（　　）んです。（出かけます、ありません）

6. 鈴木さんは　休みですか。

ええ、（　　）んです。（びょうきです）

7. 昨日　あなたが（　　）ことを　彼にも（　　）ください。（言いました、話します）

8. かんじを（　　）ことは　むずかしくないです。（おぼえます）

V. Welcher Satz bzw. welche Frage passt zur jeweils vorgegebenen Situation?

A. Sie haben gehört, dass ein Freund seinen Job gekündigt hat und fragen ihn danach.

1. いつ　会社を　やめるんですか。
2. 会社を　やめては　いけませんか。
3. 本当に　会社を　やめたんですか。

B. Sie beobachten einen Freund, der gerade etwas völlig Verrücktes macht.

1. 何を　しているんですか。
2. 何を　しなければ　なりませんか。
3. 彼は　なんと　言っていますか。

C. Sie erklären ihrem Freund, dass Sie nicht zu seiner Feier kommen konnten, weil Sie Migräne hatten.

1. とても　頭が　いたいんです。
2. 急に　頭が　いたく　なったんです。
3. 頭が　いたかったと　思います。

ZUM AUFWÄRMEN

1. Prägen Sie sich die folgenden Verben gut ein.

2. Tragen Sie die normal-höfliche Form der Verben in die Tabelle ein.

		行く	行かない	行った	行かなかった
(れい)	行きます				
(1)	使います				
(2)	とおります				
(3)	困ります				
(4)	死にます				
(5)	おとします				
(6)	ひろいます				
(7)	なります				
(8)	なくなります				
(9)	あります				
(10)	やめます				
(11)	うまれます				
(12)	忘れます				
(13)	しゅっちょうします				
(14)	来ます				

SATZMUSTER 1

1 _____ んです

ANWENDUNG DER SATZMUSTER 1

1. Herr B erklärt Herrn A seine Lage. Bitte ändern Sie die Sätze so, dass sie noch besser zur jeweiligen Situation passen.

1-1

どう　したんですか。

おなかが　いたいんです。

Ich mache mir Sorgen um Dich.

Bitte verstehen Sie meine Situation.

（れい）おなかが　いたいです。
→ おなかが　いたいんです。
(1) 気分（きぶん）が　わるいです。
→ _____
(2) 道（みち）が　分（わ）かりません。
→ _____
(3) さいふを　おとしました。
→ _____
(4) 母（はは）が　びょうきです。
→ _____

1-2

どう　したんですか。

けっこんしたんです

Das interessiert mich.

Hör mal gut zu!

（れい）けっこんしました。
→ けっこんしたんです。
(1) かちょうに　なりました。
→ _____
(2) さいふを　ひろいました。
→ _____
(3) 子供（こども）が　うまれました。
→ _____
(4) そつぎょうできました。
→ _____

2. Herr A versucht seine Kollegen zu einem Kneipenbummel einzuladen. Seine Kollegen haben aber alle Gründe, seine Einladung nicht annehmen zu können. Bitte ändern Sie die Sätze so, dass sie noch besser zur jeweiligen Situation passen.

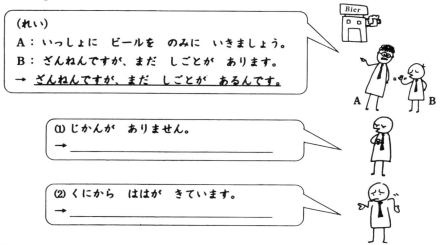

（れい）
A：いっしょに　ビールを　のみに　いきましょう。
B：ざんねんですが、まだ　しごとが　あります。
→ ざんねんですが、まだ　しごとが　あるんです。

(1) じかんが　ありません。
→ _____

(2) くにから　ははが　きています。
→ _____

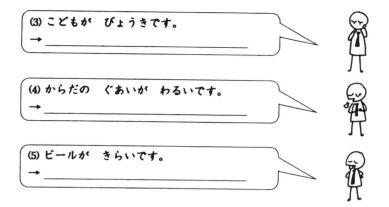

(3) こどもが　びょうきです。
→ _____

(4) からだの　ぐあいが　わるいです。
→ _____

(5) ビールが　きらいです。
→ _____

3. Herr B bemerkt, dass Herr A ihn verdächtig anschaut und er erklärt Herrn A seine Situation. Bitte ändern Sie die Sätze so, dass sie noch besser zur jeweiligen Situation passen.

(れい) ハワイに　いきました。
→ <u>ハワイに　いったんです。</u>

(1) ハワイの　*おみやげです。
→ _____

お土産　　　　　　　　　　　　Souvenir

(2) ハワイで　もらいました。
→ _____

(3) くるまを　あらっていました。
→ _____

(4) りょこうに　いきます。
→ _____

(5) こんばん　パーティーが　あります。
→ _____

(6) かないの　たんじょうびです。
→ _____

4. Der arme Herr B muss den gefährlich aussehenden Herrn X verwarnen.
   Ändern Sie die Sätze so, dass sie zur Situation passen.

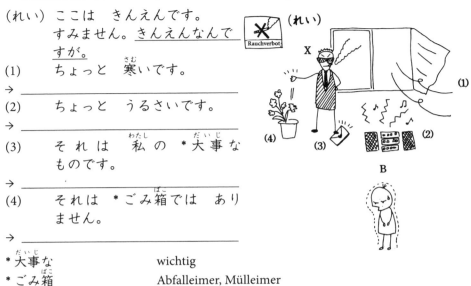

(れい)　ここは　きんえんです。
　　　　すみません。<u>きんえんなんで</u>
　　　　<u>すが。</u>

(1)　　ちょっと　寒いです。

→ _____

(2)　　ちょっと　うるさいです。

→ _____

(3)　　それは　私の　*大事な
　　　　ものです。

→ _____

(4)　　それは　*ごみ箱では　あり
　　　　ません。

→ _____

* 大事な　　　　　　　　　　wichtig
* ごみ箱　　　　　　　　　　Abfalleimer, Mülleimer

5. Ändern Sie die Sätze so, dass sie besser zur Situation passen.

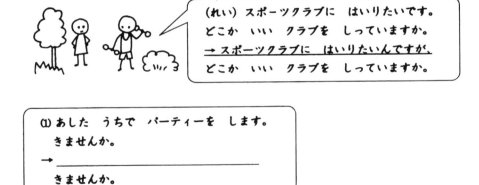

(れい)　スポーツクラブに　はいりたいです。
　　　　どこか　いい　クラブを　しっていますか。
　　　　→ スポーツクラブに　はいりたいんですが、
　　　　どこか　いい　クラブを　しっていますか。

(1) あした　うちで　パーティーを　します。
　　きませんか。

→ _____

　　きませんか。

(2) これから しょくじに いきます。
いっしょに いきませんか。
→ _____
いっしょに いきませんか。

(3) アフリカに おくりたいです。
ふなびんで いくらですか。
→ _____
ふなびんで いくらですか。

(4) この かんじの よみかたが わかりません。
おしえてください。
→ _____
おしえてください。

SATZMUSTER 2

2 _____こと

ANWENDUNG DER SATZMUSTER 2

1. Lesen Sie die Sätze und vervollständigen Sie die Fragen
   wie im Beispiel.

（れい）ビジーさんは 小林さんが 好きです。

A：ビジーさんは 小林さんが 好きな ことを
知っていますか。

B：*へえ、そうなんですか。知りませんでした。

(1) さとうさんも 小林さんが 好きです。

A：_____ことを知っていますか。

B：へえ、そうなんですか。知りませんでした。

(2) 小林さんは 外国に *こんやくしゃが います。

A：_____ことを知っていますか。

Ｂ：へえ、そうなんですか。知りませんでした。

(3) 成田空港から 東京まで とても 時間が かかります。

    Ａ：＿＿＿＿＿＿＿＿＿＿＿＿＿＿ことを 知っていますか。

    Ｂ：へえ、そうなんですか。知りませんでした。

(4) 日本では レストランや ホテルで ＊チップを あげなくても

   いいです。

    Ａ：＿＿＿＿＿＿＿＿＿＿＿＿＿＿ことを 知っていますか。

    Ｂ：へえ、そうなんですか。知りませんでした。

＊へえ	Na so was, wirklich? Oh!
＊チップ	Trinkgeld (engl. tip)
＊こんやくしゃ	Verlobte(r)

2. Herr A erzählt Fräulein B sensationelle Neuigkeiten. Bilden Sie nun Dialoge wie im Beispiel. Erzählen Sie ihr erst, was passiert ist, und geben Sie ihr dann weitere Informationen über das Ereignis.

（れい）

> Nachricht: ゆうべ ここで ＊こうつうじこが ありました。
>
> Weitere Information: 二人が けがを しました。

Ａ：ゆうべ ここで こうつうじこが あった ことを 知っていますか。

                                  (Nachricht mitteilen)

Ｂ：＊ええ！知りませんでした。

Ａ：二人が けがを したと ききました。(weitere Information geben)

Ｂ：そうですか。危ないですね。

2-1

> Nachricht: 社長が やめました。
>
> Weitere Information: ＊つかれたから、やめました。

つかれました

A：(1)＿＿＿＿＿＿＿＿＿ことを　知っていますか。(Nachricht mitteilen)

B：ええ！知りませんでした。

A：(2)＿＿＿＿＿＿＿＿＿と　ききました。　(weitere Information geben)

B：そうですか。*ひどいですね。この　会社は　どう　なるんでしょうか。

2-2

> Nachricht:　　社長が　*りこんしました。
>
> Weitere Information:　*じょゆうと　けっこんします。

A：(1)＿＿＿＿＿＿＿＿＿ことを　知っていますか。

(Nachricht mitteilen)

B：ええ！知りませんでした。

A：(2)＿＿＿＿＿＿＿と　ききました。(weitere Information geben)

B：そうですか。けっこんしきは　いつなんでしょうか。

2-3

> Nachricht:　　北海道で　UFO が　おちました。
>
> Weitere Information:　中に　*うちゅうじんが　のっていました。

A：(1)＿＿＿＿＿＿＿＿＿ことを　知っていますか。

(Nachricht mitteilen)

B：ええ！知りませんでした。

A：(2)＿＿＿＿＿＿＿と　聞きました。　(weitere Information geben)

B：それは　すごいですね。でも、その　ニュースは　*本当なんでしょうか。

2-4

> Nachricht:　　今朝 北海道で　すごい *じしんが　ありました。
>
> Weitere Information:　30メートルぐらいの　*つなみが　きました。

A：(1)＿＿＿＿＿＿＿＿＿ことを　知っていますか。(Nachricht mitteilen)

B：ええ！知りませんでした。

A：(2)＿＿＿＿＿＿と　聞きました。(weitere Information geben)

B：それは　たいへんですね。住んでいる　人は　*だいじょうぶだったんでしょうか。

*こうつうじこ	Verkehrsunfall
*ええ	was? so?
*つかれる	müde werden
*ひどい	furchtbar, schlimm
*りこんする	sich scheiden lassen
*じょゆう	Schauspielerin
*うちゅうじん	Marsmensch
*本当（ほんとう）	wirklich
*じしん	Erdbeben
*つなみ	Tsunami, Flutwelle
*だいじょうぶ	in Ordnung

FÜR WAGEMUTIGE

1.　Was bedeuten die folgenden Sätze?

—————— よかった こと、*おどろいた こと ——————

(1) 日本語（にほんご）の　べんきょうを　して、よかった　ことは、
日本人（にほんじん）の　ともだちが　できた　ことです。

(2) JBP コンピューターに　入（はい）って、よかった　ことは、
せんもんの　仕事（しごと）が　できる　ことと　日本（にほん）で
仕事（しごと）が　できる　ことです。

(3) 日本に　来（き）て、おどろいた　ことは、電車（でんしゃ）や　バス
の　中（なか）で　ねている　人（ひと）が　多（おお）い　ことです。もっ
と　おどろいた　ことは、ねている　人（ひと）が　じぶん
が　おりる　駅（えき）に　つく　前（まえ）に、おきる　ことです。

(4) 日本（にほん）に　来（き）て、おどろいた　ことは、仕事（しごと）の　後（あと）で　すぐ　うちに
かえらない　人（ひと）が　多（おお）い　ことです。私（わたし）の　会社（かいしゃ）の　人（ひと）は、うちに
かえる　前（まえ）に、たいてい　おさけを　のみに　行（い）きます。おくさん
は　うちで　一人（ひとり）で　何（なに）を　しているん
でしょうか。

　*おどろく　sich wundern, überrascht sein

1. 中村
   なかむら

   村 ｜ 一 十 才 木 村 村 村 (7)
   ソン

2. 商社
   ショウシャ

   商 ｜ 丶 一 ㇒ 立 产 冇 产 商 商 商 (11)
   あきな(う)

3. 多い
   おお

   多 ｜ ㇒ ク タ タ 多 多 (6)
   タ

4. 好きな
   す

   好 ｜ く 夕 女 女 好 好 (6)
   コウ

5. 外国
   ガイコク

   外 ｜ ㇒ ク タ 夕 外 (5)
   そと

   国 ｜ 丨 冂 冂 冃 用 国 国 国 (8)
   くに

LEKTION **12** EINE HOTELRESERVIERUNG

Herr Mähner reserviert telefonisch ein Hotelzimmer in Kyōto.

よやくがかり：みやこりょかんでございます。

メーナー：　もしもし、来月の　4日と　5日に　予約を　おねがい
　　　　　　したいんですが、部屋は　空いていますか。

よやくがかり：はい、ございます。何名さまですか。

メーナー：　二人です。いくらですか。

よやくがかり：1泊2食つきで、お一人　18,000円でございます。
　　　　　　ぜい金と　サービスりょうは　別でございます。

メーナー：　はい、じゃ、それで　おねがいします。

よやくがかり：お名前と　お電話番号を　どうぞ。

メーナー：　メーナーと　言います。電話番号は　東京03-3405-
　　　　　　3636です。そちらは　京都の　駅から　近いですか。

よやくがかり：駅から　車で　10分ぐらいです。駅まで　おむかえに
　　　　　　行きますが・・・。

メーナー：　じゃ、駅に　ついた　時、電話を　しますから、よろ
　　　　　　しく　おねがいします。

よやくがかり：はい、かしこまりました。ご到着は　何時ごろですか。

メーナー：　4時ごろです。

よやくがかり：はい、わかりました。8時より　おそく　なる　ばあい

は、かならず ご連絡ください。

メーナー： はい。それで、料金は いつ 払いましょうか。

よやくがかり： おそれいりますが、内金として 18,000円 おおくり
くださいく。

メーナー： わかりました。

Eine Hotelreservierung

Hotel: Hier Miyako Inn.

Mähner: Hallo, ich würde gern ein Zimmer reservieren für nächsten Monat, am vierten und fünften. Haben Sie da noch ein Zimmer frei?

Hotel: Ja. Für wie viele Personen, bitte?

Mähner: Zwei. Was macht das?

Hotel: Mit Frühstück und Abendessen pro Person ¥18.000, Steuer und Bedienung extra.

Mähner: Gut, das nehmen wir.

Hotel: Dann hätte ich gern Ihren Namen und Ihre Telefonnummer.

Mähner: Ich heiße Mähner. Meine Telefonnummer ist Tōkyō 03-3405-3636. Ist es weit vom Bahnhof Kyōto?

Hotel: Ungefähr zehn Minuten mit dem Auto. Aber wir holen Sie ab...

Mähner: Gut, wenn wir am Bahnhof ankommen, rufen wir an. Wenn Sie uns dann abholen würden.

Hotel: Selbstverständlich. Wann kommen Sie ungefähr an?

Mähner: Gegen vier.

Hotel: Geht in Ordnung. Wenn es später als acht wird, rufen Sie bitte auf jeden Fall an.

Mähner: Ja. Und wann sollen wir bezahlen?

Hotel: Wenn es Ihnen recht ist, hätten wir gerne eine Anzahlung von ¥18.000 im Voraus.

Mähner: Selbstverständlich.

Neues Vokabular

よやくがかり	der für die Reservierungen zuständige Angestellte
かかり／〜がかり	der Zuständige
空く	frei werden, leer werden
ございます	höfl. für あります
〜名（様）	Zählsuffix für Personen, höflich
〜泊／泊	Zählsuffix für Übernachtungen
〜食	Zählsuffix für Mahlzeiten
〜付き	inklusiv, mit ...
税金	Steuer
サービス料	Kosten für Bedienung, Service

別（な／の） べつ	extra
時 とき	Zeit, wenn
かしこまりました	gewiss, jawohl, habe verstanden
（ご）到着 とうちゃく	die Ankunft
場合 ばあい	Fall
必ず かなら	unbedingt
それで	und dann
料金 りょうきん	Gebühr
恐れ入ります おそ　い	entschuldigen Sie (höflich für すみません)
内金 うちきん	Deposit, Anzahlung
～として	als

GRAMMATIK UND LERNZIELE

• Tempi

Wie bereits gelernt, gibt es im Japanischen zwei Zeitformen, die Gegenwart und die Vergangenheit. Die Vergangenheitsform kann auch, je nach Zusammenhang, präsentische Bedeutung haben, so wie die Gegenwartsform sich auf noch nicht geschehene Ereignisse beziehen kann. In Haupt- Nebensatzgefügen entspricht der Gebrauch der Zeitstufen im Japanischen nicht unbedingt dem im Deutschen.

Beispiel: 駅に着いた時、電話をしますから、よろしくお願いします。
えき　つ　とき　でんわ　　　　　　　　　　　　　ねが

Wenn wir am Bahnhof ankommen, rufen wir an, ...

Im Japanischen werden hiermit zwei Situationen beschrieben, die nacheinander ablaufen, folglich wird die erste als abgeschlossene Handlung beschrieben.

Vergleichen wir auch die folgenden Sätze, die sich nur in der Verbform des ersten Teilsatzes unterscheiden, jedoch dadurch eine andere Bedeutung annehmen.

1. 日本に来る時空港で買いました。Auf dem Weg nach Japan habe
   にほん　く　とき くうこう　か
   ich (es) im Flughafen gekauft. (Impliziert, außerhalb Japans)

2. 日本に来た時空港で買いました。 Als ich nach Japan kam, habe
   　　　　き
   ich es im Flughafen gekauft. (Impliziert, Flughafen in Japan)

• 時 und 場合
　とき　　ばあい

Grundsätzlich lässt sich sagen, dass 時 und 場合 in vielen Fällen austauschbar sind, doch gibt es auch Fälle, wo dies nicht möglich ist. Zum Beispiel kann 場合 nicht benutzt werden, wenn eine Handlung tatsächlich geschehen ist. Die Vergangenheitsform eines Verbes in Verbindung mit 場合 (-た場合) wird wiederum in einem völlig anderen Sinn verwendet, nämlich im Sinne von: Angenommen, dass ...; gesetzt den Fall, dass...

Einige Beispiele:

1. 今朝私が起きた時、... Als ich heute Morgen aufgestanden bin, ...
   けさ わたし　お　　とき

2. 電話 で 連絡 する 時 / 場合、... Wenn man sich mit jemandem telefonisch in Verbindung setzt, ...

3. むずかしい 時 / 場合、... Wenn es schwierig ist, ... / Bei Schwierigkeiten ...

4. 不便な 時 / 場合、... Wenn es unbequem ist, ... /

5. 仕事 が 休み の 時 / 場合、... Wenn wir frei haben, ...

6. 子供 の 時 ... Als ich klein war, ...

7. 子供 の 場合 ... Bei Kindern ...

ANMERKUNGEN

1. よやくがかり

かかり unterliegt wie 箱，日，話 und 口 etc. phonetischen Änderungen, wenn es an ein vorangehendes Substantiv gebunden wird. So wird aus 箱 - 本箱 (Bücherregal), aus 日 - 日よう日 (Sonntag), aus 話 - おとぎ話 (Märchen) und aus 口 - 入口 (Eingang).

2. したい ん です が

ist die umgangssprachliche Form von したい です

3. 何名様 です か。

Diese Form wird nur im Gaststättengewerbe verwendet. Es ist die höfliche Form für 何人. 何名 wird hingegen auch in anderen Bereichen für 何人 verwendet.

4. 1泊2食 (いっぱく に しょく)

Übernachtung mit Frühstück und Abendessen ist in Hotels japanischen Stils üblich, nicht dagegen in Hotels westlichen Stils. Dort wird in aller Regel jede Mahlzeit extra berechnet. Für alle Hotels in Japan gilt jedoch, dass nach Personenzahl und nicht nach Zimmern berechnet wird. Die ausgehängten Preise beziehen sich also immer nur auf eine Übernachtung pro Person.

5. お名前 と お電話番号 を どうぞ。

Wenn aus dem Zusammenhang heraus klar ist, was gemeint ist, wird häufig statt- てください einfach どうぞ gebraucht. Es ist eine Bitte, aber gleichzeitig auch eine Aufforderung, eine Handlung auszuführen.

この 電話 を どうぞ。 Bitte, Sie können dieses Telefon benutzen.

6. メーナー と いいます。

Die wörtliche Übersetzung lautet: Ich nenne mich Mähner. Im Japanischen wird jedoch häufig bei der Selbstvorstellung nicht das Verb 言う, sondern das höflichere Verb 申す verwendet. Der obige Satz wird dann zu: メーナー と申します。

Aber 言う wird nicht in jedem Fall durch 申す ersetzt. So würde man kaum „Wie heißt das auf Japanisch?" mit 申す fragen, sondern これ は 日本語 で 何 と 言いますか / 言うん ですか。".

7. かしこまりました

ist sehr höflich für わかりました. Es wirkt jedoch auch unterwürfiger, weshalb es oft von Bediensteten verwendet wird, als Antwort auf eine Aufforderung oder Anweisung.

8. 内金として

として wird in folgenden Beispielen wie das deutsche „als" verwendet:
1. 彼女は秘書として　この課で働いています。

   Sie arbeitet als Sekretärin in dieser Abteilung.
2. 切手代として 200 円払ってください。

   Bitte zahlen Sie 200 Yen Porto.

9. いただきます

„Ich empfange". In Japan wünscht man sich nicht gegenseitig „Guten Appetit", sondern jeder sagt „いただきます", bevor er zu essen anfängt. Es bedeutet: Von oben entgegennehmen und wird als Dank an die Götter aufgefasst, die die Menschen mit Essen versorgen.

EINFACHE SATZSTRUKTUREN ZUM EINPRÄGEN

1. メーナーさんは本を　よむ　とき、めがねを　かけます。
2. 駅に　ついた　とき、電話を　します。
3. おそく　なる　場合は　連絡します。
4. わたしは　メーナーと　いいます。

1. Herr Mähner setzt zum Lesen eine Brille auf.
2. Wenn ich am Bahnhof ankomme, rufe ich an.
3. Wenn ich später komme, sage ich Bescheid.
4. Ich heiße Mähner.

ÜBUNGEN TEIL A

I.   Bilden Sie Dialoge, indem Sie die unterstrichenen Satzteile ersetzen.

   A.   **F**: よく　さんぽしますか。
   　　　A: ええ、朝　涼しい　とき、さんぽします。
   　　　　1. この　くすりを　のむ、頭が　いたい
   　　　　2. ジョギングを　する、天気が　よくて寒くない
   　　　　3. クーラーを使う、とても　あつい
   　　　　4. えいがを見る、ひまな
   B.   **F**: 子供の　とき、どこに住んでいましたか。
   　　　A: 大阪に住んでいました。

   　　　　1. かいぎ、どの　へやを使いますか、この　部屋を
   　　　　2. 学生、どこを　旅行しましたか、ヨーロッパを

3. しけん、何を　もっていきますか、えんぴつと　けしゴムを

C.　F: 食事を　はじめる　とき、なんと言いますか。
　　A:「いただきます」と　言います。

1. 食事が　終わりました、ごちそうさまでした
2. うちを　出ます、行ってまいります
3. うちに　かえりました、ただいま
4. はじめて　人に　会いました、はじめまして
5. 人と　別れます、さようなら
6. 先に　かえります、お先に　失礼します
7. 人に　なにか　たのみます、おねがいします
8. プレゼントを　もらいました、ありがとうございます

II.　Üben Sie das folgende Satzmuster durch Ersetzen der unterstrichenen Satz-
　　teile wie im Beispiel.

A.　<u>しんぶんを　よむ</u>　とき、<u>めがねを　かけます</u>。
1. 国に　かえる、お土産を　かいます
2. 会社に　行く、ちかてつを　使います
3. みちが　分からない、けいかんに　ききます
4. 大学を　そつぎょうする、ろんぶんを　かきます

B.　<u>えきに　ついた</u>　とき、<u>でんわします</u>。

1. つかれた、モーツァルトを　ききます
2. そちらに　行った、くわしく　せつめいします
3. もくよう日に　会った、いっしょに　しょくじを　しましょう
4. ねむく　なった、コーヒーを　のみます

C.　<u>ドイツに　住んでいた</u>　とき、<u>けっこんしました</u>。

1. 昨日　食事を　していた、じしんが　ありました
2. せんそうが　おわった、東京に　いませんでした
3. 社長が　死んだ、（お）そうしきに　おおぜい　人が　きました

III.　Bilden Sie Dialoge, indem Sie die unterstrichenen Satzteile ersetzen.

A.　F: しゅうまつの　旅行は　どう　しましょうか。
　　A: <u>雨の</u>　場合は　やめましょう。
1. 電車が　ストです

2. 田中さんの　都合が　わるいです

3. 天気が　よくないです

B.　**F:** おそく　なる　場合は　れんらくしてください。

　　A: はい、そうします。

　　　　1. おくれます

　　　　2. 来ません

　　　　3. お金が　足りません

　　　　4. 予定が　変わりました

　　　　5. びょうきに　なりました

C.　**F:** Rose は　日本語で　なんと　いうんですか。

　　A: ばらと　いいます。

　　　　1. Kugelschreiber, ボールペン

　　　　2. Hose, ズボン

　　　　3. Vertrag, けいやく

Neues Vokabular

涼しい	kühl
持っていく	mitnehmen
けしゴム	Radiergummi
いただきます	guten Appetit (wörtl.: ich empfange)
ごちそうさまでした	danke (für das Essen)
別れる	sich trennen
さようなら	auf Wiedersehen
ろんぶん	Aufsatz
（お）土産	Souvenir
つかれる	ermüden, müde werden
モーツァルト	Mozart
ねむい	müde, schläfrig
じしん	Erdbeben
せんそう	Krieg
（お）そうしき	Beerdigung, Bestattung
足りる	genug sein, reichen
予定	Plan, Absicht
ばら	Rose
ボールペン	Kugelschreiber

ズボン	Hose
けいやく	Vertrag

KURZE DIALOGE

1. A: ひまな ときは 何を しますか。
   B: ひまな ときですか。そうですねえ、音楽を きいたり してい ます。

   A: Was machen Sie in Ihrer Freizeit?
   B: In meiner Freizeit? Ja, ich höre Musik (und mache andere Sachen).

2. わたなべ： 日本の 生活に なれましたか。

   ゾンターク：ええ、少しずつ。

   わたなべ： 困った ときは いつでも 言ってください。

   Watanabe: Haben Sie sich an das Leben in Japan gewöhnt?
   Sonntag: Ja, nach und nach.
   Watanabe: Wenn Sie Probleme haben, sagen Sie ruhig Bescheid.

3. 木村： 明日の スポーツ大会の ことなんですが、雨が ふった ときは どう しますか。

   鈴木： 朝 6時までに やまない 場合は 中止です。

   木村： よく 分からない 時は どう しますか。

   鈴木： その 場合は ここに 電話を して たしかめてください。

   Kimura: Was ist übrigens morgen mit dem Wettkampf? Was machen wir, wenn es regnet?
   Suzuki: Wenn es nicht bis morgens um sechs aufgehört hat, fällt er aus.
   Kimura: Und wenn es nicht ganz sicher ist?
   Suzuki: Dann rufen Sie mich bitte an und vergewissern sich.

Neues Vokabular

生活	das Leben
なれる	sich gewöhnen
少しずつ	Stück für Stück
～ずつ	je (Suffix)
困る	Schwierigkeiten haben, verärgert sein
いつでも	jederzeit
大会	großes Treffen
やむ	aufhören
中止	Absage, Unterbrechung

たしかめる　　　　　　sich vergewissern

ÜBUNGEN TEIL B

I. Lesen Sie den Lektionstext und beantworten Sie die folgenden Fragen.

1. スミスさんは　どこに　電話を　しましたか。
2. りょかんの　人は　へやが　空いていると　言いましたか。
3. みやこりょかんは　えきから　車で　何分ぐらい　かかります
   か。
4. スミスさんは　1泊2食の　料金と　何を　払わなければ　なり
   ませんか。
5. みやこりょかんの　場合は　泊まる　前に　内金を　払わ
   なければ　なりませんか。

II. Ergänzen Sie, falls nötig, die fehlenden Partikeln.

1. 料金は　お一人　10,000円（　　）ございます。
2. わたしは　スミス（　　）いいます。
3. えき（　　）ついた　とき、電話を　します。　えき（　　）むか
   え（　　）きてくれませんか。
4. 6時（　　）おそく　なる　場合は、必ず　連絡してください。
5. 1泊2食つき（　　）一人　15,000円　かかりますが、い
   いですか。
6. かれは　東京大学の　きょうじゅ（　　）して、日本に　来ています。
7. かいぎ（　　）とき、おちゃを　もってきてください。

III. Ergänzen Sie die Fragen.

1. リンダさんは（　　）きたんですか。
   7時の　ニュースを　きいている　とき　きました。
2. これは　日本語で（　　）と　いうんですか。
   けしゴムと　いいます。
3. （　　）りょかんに　おそく　なると　れんらくしなかったん
   ですか。
   でんわを　する　時間が　なかったんです。

IV. Vervollständigen Sie die Sätze durch die passenden Verbformen.

1. 去年　京都に（　　）とき、きれいな　かみの　かさを　買い
   ました。(いきました)
2. 受付の　人が（　　）ばあいは　電話を　してください。(いま

50

せん）

3. 朝（　　）とき、雨が（　　）いました。（おきました、ふります）

4. 明日までに（　　）場合は、今日中に れんらくを（　　）ください。
（できません、します）

5. むすめが（　　）とき、スミスさんから スプーンをもらい
ました。（うまれました）

6. らいしゅう こちらに（　　）場合は 必ず（　　）ください。
（きます、しらせます）

7. 昨日 ひるごはんを（　　）とき、急に おなかが（　　）な
りました。（たべていました、いたい）

8. 時間が（　　）とき、サンドイッチを たべます。（ありません）

9. （　　）とき、イギリスを（　　）ことが あります。（わかい、
りょこうします）

10. （　　）とき、本を（　　）だり、子供と（　　）だりしています。
（ひま、よみます、あそびます）

V. Welche Aussage ist am höflichsten?

A. Sie sind am Arbeitsplatz und gehen ans Telefon.

    1. ABC でございます。

    2. ABC といいます。

    3. ABC です。

B. Sie sagen einem Kunden, dass Sie ihn gerne führen werden, wann es ihm
passt.

    1. ご都合の いい とき、ごあんないください。

    2. 時間が ある とき、あんないしますよ。

    3. ご都合の いい とき、ごあんないします。

C. Sie rufen bei Familie Katō an und fragen, ob Herr Katō zu Hause ist.

    1. かとうさんに ご連絡ください。

    2. かとうさんは いらっしゃいますか。

    3. かとうさんは いますか。

ZUM AUFWÄRMEN

1. Vervollständigen Sie die Sätze mit den Informationen aus dem kurzen
Lebenslauf von Ernest Hemingway. Verwenden Sie passende Verben in der
richtigen Form.

```
          * アーネスト　ヘミングウェイの　* 一生
1889 年 * シカゴで　うまれました。
1917 年 しんぶんしゃに　入りました。
1918 年 しんぶんしゃを　やめました。
1920 年 パリに　ひっこしました。
1921 年 * ハドリーと　けっこんしました。
1927 年 ハドリーと　* りこんしました。
        * ポーリンと　けっこんしました。
1928 年 * フロリダの　* キーウェストに　ひっこしました。
1940 年 ポーリンと　りこんして、* マーサと　けっこんしました。
1944 年 マーサと　りこんして、* メリーと　けっこんしました。
1954 年 * ノーベルしょうを　もらいました。
```

* アーネストヘミングウェイ	Ernest Hemingway
* 一生	sein Leben (lang)
* シカゴ	Chicago
* ハドリー	Hadley
* りこんする	sich scheiden lassen
* ポーリン	Pauline
* フロリダ	Florida
* キーウェスト	Key West
* マーサ	Martha
* メリー	Mary
* ノーベルしょう	Nobelpreis.

（例）1889 年から　1920 年まで　シカゴに　<u>住んでいました</u>。

(1) 1917 年に　しんぶんしゃに　＿＿＿＿＿＿＿＿＿＿＿＿＿＿＿＿＿＿＿

(2) 1917 年から　1918 年まで　しんぶんしゃに　＿＿＿＿＿＿＿＿＿＿＿＿

(3) 1920 年から　1928 年まで　パリに　＿＿＿＿＿＿＿＿＿＿＿＿＿＿＿＿＿

(4) 1921 年に　ハドリーと　＿＿＿＿＿＿＿＿＿＿＿＿＿＿＿＿＿＿＿＿＿＿

(5) 1927 年から　1940 年まで　ポーリンと　＿＿＿＿＿＿＿＿＿＿＿＿＿＿

SATZMUSTER 1, 2

1, 2 ＿＿＿＿＿＿＿＿＿＿＿ とき、＿＿＿＿＿＿＿＿＿＿＿

ANWENDUNG DER SATZMUSTER 1, 2

1. Wählen Sie das jeweils passende Wort aus dem Kasten und schreiben Sie es in die Klammern.

（例）　びょうきの　とき、のみます。　　　　　（くすり）

(1)　　　　　　　雨の　とき、使います。　　（　　　　）

(2)　　　びょうきの　とき、行きます。　　（　　　　）

(3)　　　　　　　寒い　とき、きます。　　（　　　　）

(4)　　　　　　ねむい　とき、のみます。　（　　　　）

(5)　かいものを　したい　とき、行きます。　（　　　　）

(6)　　　　　　ひまな　とき、よみます。　（　　　　）

(7)　日本料理を　食べる　とき、使います。　（　　　　）

(8)　　　スープを　のむ　とき、使います。　（　　　　）

(9)　*遠くに　いる　人と　話す　とき、使います。（　　　　）

(10)　時間が　分からない　とき、見ます。　（　　　　）

(11)　みちが　分からない　とき、見ます。　（　　　　）

くすり　　ちず　　コーヒー　　スプーン　　*はし　　セーター
時計　　でんわ　デパート　　びょういん　かさ　本

*遠く　　　　　　　　weit weg

*はし　　　　　　　　Ess-Stäbchen

2. Wählen Sie das jeweils passende Wort aus dem Kasten und vervollständigen Sie die Sätze. Achten Sie dabei auf die richtige Form.

（例）びょうきの　とき、びょういんに　行きます。

(1)＿＿＿＿＿＿＿＿＿＿＿＿＿＿＿＿＿＿＿＿＿＿　クーラーを　つけます。

(2)＿＿＿＿＿＿＿＿＿＿＿＿＿＿＿＿＿＿＿＿＿＿　めがねを　かけます。

(3)＿＿＿＿＿＿＿＿＿＿＿＿＿＿＿＿＿＿＿＿＿＿　ミルクを　入れます。

(4)＿＿＿＿＿＿＿＿＿＿＿＿＿＿＿＿＿＿＿＿＿＿　しょるいを　持っていきます。

(5)＿＿＿＿＿＿＿＿＿＿＿＿＿＿＿＿＿＿＿＿＿＿　ちずを　見ます。

(6)＿＿＿＿＿＿＿＿＿＿　本を　よんだり、テレビを　見たり　します。

びょうきです　しんぶんを　よみます　あついです　ひまです
しゅっちょうです　　コーヒーを　のみます　　道が　分かりません

3. Betrachten Sie die Bilder und lesen Sie die Sätze. Beschreiben Sie nun jedes Bild einzeln in eigenen Worten.

(1) へやに　入る　とき、ノックを　しました。
へやに　入った　とき、でんきを　つけました。

(2) へやを　出る　とき、でんきを　けしました。
へやを　出た　とき、かぎを　おとしました。

(3) ホンコンに　つく　とき、ひこうきから　まちを　見ました。
ホンコンに　ついた　とき、あついと　思いました。

(4) えいがが　はじまる　とき、くらく　なりました。
えいがを　見ている　とき、サンドイッチを　たべました。
えいがが　おわった　とき、明るく　なりました。

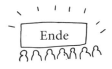

4. Betrachten Sie die Bilder und lesen Sie die Sätze. Beschreiben Sie nun jedes Bild einzeln in eigenen Worten.

──────── ビジーさんと　ビールと　しんかんせん ────────

(1) ビジーさんは　よく　しんかんせんで　大阪に
行きます。

(3)

(2) しんかんせんに　のる　とき、いつも　ビールを
買います。

(3) 昨日も　しんかんせんに　のる　とき、(4)
*ばいてんで　ビールを　買いました。

(4) しんかんせんに　のった　とき、ビールを
おとしました。

(5)

(5) おとした　ビールを　ひろって、せきに
すわりました。

54

(6) すぐ ビールを のみたく なりました。

(7)

(7) ビールを あける とき、少し *しんぱいでした。

(8) ビールを あけた とき・・・。

(8)

(9) ビジーさんは 大阪まで とても 寒かったです。

(10) 大阪に ついた とき、かぜを ひいていました。

(9)

   *ばいてん   Stand, Bude, Laden

   *しんぱいな   Sorge, besorgt

(10)

5.Lesen Sie die folgenden Sätze. Beschreiben Sie dann mit eigenen Worten, was Sie daraus erfahren haben.

———————— はじめての *思い出 ————————

(1) 中村さんの 思い出の しゃしん
  私は 大学生の 時、はじめて ビール を のみました。これは はじめて ビールを のんだ とき、とった しゃしんです。

(2) 田中さんの 思い出の しゃしん
  私は 大学生の とき、車を 買いました。はたらいて、自分で かったんです。はじめて うんてんした とき、とても *うれしかったです。これは その とき とった しゃしんです。

(3) 小林さんの 思い出の しゃしん
  わたしは 子供の とき、*シドニーに 住んでいました。シドニーの こうえんには *エミューが いました。はじめて エミューを 見た とき、とても *おどろきました。とても 大きかったんです。これは その とき とった しゃしんです。

*思い出   Erinnerung

*うれしい   glücklich, froh

*シドニー   Sydney

*エミュー	Emu
*おどろく	erstaunt sein, sich wundern, überrascht sein

6. Lesen Sie die folgenden Sätze. Beschreiben Sie dann mit eigenen Worten, was Sie daraus erfahren haben.

——————— 私の *コレクション ———————

私は いろいろな ところに 旅行して、かいものを したり、写真を とったり する ことが 好きです。ここに 旅行の コレクションが あります。ちょっと 見てください。

(1) これは 中国に 行った とき、買った お茶です。でも、まだ のんでいません。とても 高かったんです。

(2) これは パリから *ギリシャに 行く とき、とった 写真です。きれいな 海でしょう。

(3) これは ホンコンの 空港で ひこうきを まっている とき、買った スカーフと ネクタイです。安くて いいものが たくさん ありました。

(4) これは ホンコンから 日本に かえる とき、ひこうきの 中で 買った 時計です。日本より 安く 買う ことが できました。

(5) これは *おきなわに 行った とき、ひろった *かいがらです。この かいがらを ひろっているとき、*夕日が とても きれいでした。

*コレクション	Sammlung, (engl. collection)
*ギリシャ	Griechenland
*おきなわ	Okinawa
*かいがら	Muschel
*夕日	Abendsonne

SATZMUSTER 3

3 _____ 場合は _____

ANWENDUNG DER SATZMUSTER 3

1. Vervollständigen Sie die Dialoge wie im Beispiel.

（例）売り切れです

　　A：9時の　しんかんせんを　よやくしてください

　　B：<u>売り切れの</u>　場合は　どう　しましょうか。

　　A：その　場合は　10時の　しんかんせんに　してください。

(1) 遅く　なります

　　A：10時に　＊あつまってください。

　　B：＿＿＿＿＿＿＿＿＿　場合は　どう　しましょうか。

　　A：その　場合は　連絡してください。

(2) 雨です

　　A：どよう日に　こうえんで　＊花見を　します。

　　B：＿＿＿＿＿＿＿＿＿　場合は　どう　しましょうか。

　　A：その　場合は　中止です。

(3) 部長が　いません

　　A：部長に　そうだんしてください。

　　B：＿＿＿＿＿＿＿＿＿　場合は　どう　しましょうか。

　　A：その　場合は　かちょうに　そうだんしてください。

(4) 今日中に　できません

　　A：今日中に　してください。

　　B：＿＿＿＿＿＿＿＿＿　場合は　どう　しましょうか。

　　A：その　場合は　会社を　やめてください。

　　＊あつまる　　　　　　　sich versammeln
　　＊花見　　　　　　　　　Blütenschau, das Betrachten der (Kirsch)Blüte

SATZMUSTER 4

4 ＿＿＿＿＿＿＿＿＿と　言います

ANWENDUNG DER SATZMUSTER 4

1. Betrachten Sie die Bilder und lesen Sie die Sätze.

(1) これは「＊ねぶくろ」と　言います。
　＊外で　ねる　とき、使います。

(2) これは「* くつべら」と 言います。
  くつを * はく とき、使います。

(3) これは「* ふで」と 言います。
  * 字を かく とき、使います。

(4) これは「* 電卓」と 言います。
  * けいさんを する とき、使います。

(5) これは「* そろばん」と 言います。
  これも 計算を する とき、使います。
  でも、さいきんは 電卓を 使う 人が
  多いです。

  * ねぶくろ　　　　　Schlafsack
  * 外　　　　　　　　draußen, das Draußen
  * くつべら　　　　　Schuhlöffel
  * はく　　　　　　　(Schuhe, Socken usw.) anziehen, tragen
  * ふで　　　　　　　Pinsel
  * 字　　　　　　　　Schriftzeichen, Buchstabe, Handschrift
  * 電卓　　　　　　　Taschenrechner
  * 計算　　　　　　　Rechnung, Berechnung
  * そろばん　　　　　Soroban, japanischer Abakus

FÜR WAGEMUTIGE

1. Lesen Sie die folgenden Texte und beantworten Sie die Fragen.

1-1

私は 子供の とき、「* タワーリング・インフェルノ」と いう えい
がを 見ました。* 消防士の えいがです。えいがを 見た とき、
* かんげきして、しょうぼうしに なりたいと 思いました。

  * タワーリング・インフェルノ　　Flammendes Inferno (Filmtitel)
  * 消防士　　　　　　　　　　　　Feuerwehrmann
  * かんげきする　　　　　　　　　beeindruckt sein, gerührt sein

(1) 子供の とき、なんと いう えいがを 見ましたか。

(2) その えいがを 見た とき、どう 思いましたか。

_____

1-2

私は 学生の とき、「*ひまわり」と いう えいがを 見ました。
とても *悲しい *せんそうの えいがです。えいがを 見た と
き、*ぜったいに せんそうを しては いけないと 思いました。

*ひまわり	Sonnenblume
*悲しい	traurig
*せんそう	Krieg
*ぜったいに	absolut

(1) 学生の とき、なんと いう えいがを 見ましたか。

_____

(2) その えいがを 見た とき、どう 思いましたか。

_____

1-3

私は 子供の とき、「*サウンド・オブ・ミュージック」と いう
えいがを 見ました。えいがの 中で 子供たちが とても 上手
に うたを うたっていました。えいがを 見た とき、私も
*ミュージカルスターに なりたいと 思いました。

| *サウンド・オブ・ミュージック | The Sound of Music (Filmtitel) |
| *ミュージカルスター | Musicalstar |

(1) 子供の とき、なんと いう えいがを 見ましたか。

_____

(2) その えいがを 見た とき、どう 思いましたか。

_____

2. Lesen Sie den folgenden Text und vervollständigen Sie die Sätze wie im Beispiel.

> 今日は 私の 仕事に ついて お話しましょう。
> 私は だれも いない 家で 仕事を します。仕事を する ときは いつも よく *ちゅういします。まず 家に 入る 前に、*外から 家の 中を よく 見ます。だれも いない 場合は 仕事を します。だれか いる 場合は しません。
> きのう 大きい にわの ある 家に 入りました。家に 入る とき、にわの *犬が ちょっと うるさかったですが、家に 入った ときは、しずかに なっていました。部屋に 入ってから、お金を しずかに *さがしました。お金は なかなか *見つかりませんでしたが、とだなの 中に ありました。お金を とって、家を 出る とき、犬が また うるさかったです。家を 出た とき、外は もう 暗く なっていました。

* お話しします（話す） (über etwas) reden, sprechen
* ちゅういする vorsichtig sein
* 外 draußen, außen, das Draußen
* 犬 Hund
* さがす suchen
* 見つかる gefunden werden

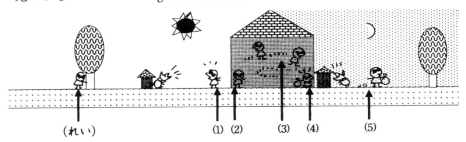

(れい)　　　　　　　　　　　(1) (2)　　(3)　(4)　　　(5)

（例）家に 入る まえに、外から 家の 中を よく 見ます。

(1) ＿＿＿＿＿＿＿＿＿とき、にわの 犬が うるさかったです。

(2) ＿＿＿＿＿＿＿＿＿ときは、しずかに なって いました。

(3) ＿＿＿＿＿＿＿＿＿から、お金を しずかに さがしました。

(4) ＿＿＿＿＿＿＿＿＿とき、犬が また うるさかったです。

(5) ＿＿＿＿＿＿＿＿＿とき、暗く なって いました。

1. 部屋
へや

オク (9)

2. 何名
なんメイ
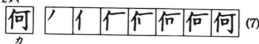
カ (7)

3. 円
エン
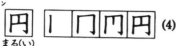
まる(い) (4)

4. 番号
バンゴウ

ゴウ (5)

5. 近い
ちか
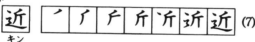
キン (7)

6. 払う
はら
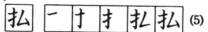
(5)

Lesungen:

名： 名前，何名　　　　部： システム部，部屋
　　　なまえ　なんメイ　　　　　　　　　ブ　　へや
時： 時間，時　　　　　内： 市内，内金
　　　ジカン　とき　　　　　　　　　シナイ　うちキン

Kanji Wiedererkennung:

到着
トウチャク

61

LEKTION **13** EIN SCHOKOLADENPRÄSENT

Herr Chang gibt Herrn Johnson eine kleine Schachtel mit einer Karte.

チャン：　　　ジョンソンさん、これ、わたなべさんから　ジョンソン
　　　　　　　さんへの　プレゼントですよ。昨日　ジョンソンさんが
　　　　　　　いなかったので、ぼくが　あずかりました。カードも
　　　　　　　ありますよ。

ジョンソン：どうも　ありがとう。わたなべさんからの　おくりもの、
　　　　　　　うれしいですね。

チャン：　　　中身は　チョコレートでしょう。

ジョンソン：開けたんですか。

チャン：　　　カードは　ラブレターかもしれませんよ。

ジョンソン：えっ、よんだんですか。

チャン：　　　はははは・・・。実は　ぼくも　同じ　ものを　もらった
　　　　　　　んです。鈴木くんも　もらっただろうと　思いますよ。

ジョンソン：えっ？　みんな　もらったんですか。

チャン：　　　ぎりチョコですよ、ぎりチョコ。

ジョンソン：ぎりチョコって　何ですか。

チャン：　　　ぎりの　チョコレートです。日本の　バレンタインデー
　　　　　　　の　しゅうかんです。しょくばでも　よく　女性から
　　　　　　　男性の　上司や　どうりょうに　チョコレートを　プレ
　　　　　　　ゼントします。

ジョンソン：「いつも　お世話に　なっています。これからも　よろ
　　　　　　　しく。まゆみ」やっぱり　ぎりチョコでした。

チャン：　　　ざんねんでした。

ジョンソン：でも、ぎりチョコを　たくさん　もらった　人は　どう
　　　　　　　するんでしょうか。

チャン：　　　たぶん　おくさんや　ガールフレンドが　食べるんでし
　　　　　　　ょう。

ジョンソン：じゃ、よろこぶ　人は　女性と　かしやですね。

Chang:	Herr Johnson, dies hier ist ein Geschenk für Sie von Frau Watanabe. Weil Sie gestern nicht da waren, habe ich es angenommen. Es ist eine Karte dabei.
Johnson:	Vielen Dank. Ein Geschenk von Frau Watanabe. Wie aufmerksam.
Chang:	Da ist bestimmt Schokolade drin.
Johnson:	Haben Sie es geöffnet?
Chang:	Die Karte könnte ein Liebesbrief sein.
Johnson:	Oh, haben Sie sie etwa gelesen?
Chang:	Ha, ha, ha.... In Wahrheit habe ich genau so etwas bekommen. Und Herr Suzuki bestimmt auch.
Johnson:	Wie? Sie haben alle eins bekommen?
Chang:	Na klar, das ist schließlich Giri-Schoko.
Johnson:	Was ist das, Giri-Schoko?
Chang:	Giri-Schokolade. Das ist hier am Valentinstag so üblich. Auch im Büro beschenken die Frauen ihre männlichen Vorgesetzten und Kollegen mit Schokolade.
Johnson:	Ich bin Ihnen immer wieder zu Dank verpflichtet. Auch in Zukunft ist es schön zu wissen, dass ich auf Sie zählen kann. Mayumi" In der Tat, es ist Giri-Schokolade.
Chang:	Pech gehabt.
Johnson:	Aber was machen die, die viel Giri-Schoko geschenkt bekommen?
Chang:	Wahrscheinlich isst die Frau oder die Freundin sie.
Johnson:	Das heißt also, es sind die Frauen und Konfiserien, die sich am meisten darüber freuen.

Neues Vokabular

プレゼント	Geschenk
ので	weil
あずかる	aufbewahren
カード	(Gruß)Karte
おくりもの	Geschenk
うれしい	glücklich, froh
チョコレート	Schokolade
ラブレター	Liebesbrief
かもしれません	vielleicht
えっ	Oh
ははは	Ha, ha
実は	eigentlich, in Wahrheit
同じ	dasselbe, der/dieselbe
だろう	es wird wohl sein (でしょう)
ぎりチョコ	giri-Schokolade
ぎり	Verpflichtung
～って　なんですか	was ist..., was heißt...?

〜って	= というのは (umgangssprachl.)
バレンタインデー	Valentinstag
しゅうかん	Brauch, Sitte
しょくば	Arbeitsstätte, Arbeitsplatz
女性	Frau, weiblich
男性	Mann, männlich
上司	Vorgesetzter
どうりょう	Mitarbeiter/in
お世話に　なる	jemandem gegenüber zu Dank verpflichtet sein
世話	Hilfe, Freundlichkeit, Untestützung
まゆみ	(weibl.) Vorname
やっぱり	wie erwartet, also doch
ガールフレンド	Freundin
よろこぶ	sich freuen
かしや	Konditorei, Bonbongeschäft, Konfiserie

GRAMMATIK UND LERNZIELE

- かもしれません、だろうと思います ; drückt Ungewissheit aus

カードはラブレターかもしれません。

鈴木さんももらっただろうと思います。

だろう ist die Plain Form von でしょう und drückt Ungewissheit aus. かも しれません wiederum ist noch ein wenig ungewisser.

Diese Verbformen folgen auf Substantive und auf den Stamm von な -Adjektiven.

Beispiel: 便利 でしょう / だろう と思います / かも しれません

Sie stehen ebenfalls nach der Plain Form der Vergangenheit und nach negerten Verbformen. (vgl. Anhang A) Im Gegensatz zu den anderen beiden genannten Formen, kann かも しれません auch in Bezug auf die Handlung des Sprechers von ihm selbst benutzt werden.

Beispiel: 私 も 大阪 へ 行く かも しれません。

Es kann sein, dass ich auch nach Osaka fahre.

- ので als Begründung

昨日ジョンソンさんがいなかったので、僕があずかりました。

ので ist bedeutungsgleich mit から im Sinne von „weil", doch klingt es etwas weicher. Wird ので mit な -Adjektiven oder Substantiven gebraucht, so wird es wie folgt benutzt: 便利 な ので、雨な ので (vgl. Anhang A). Neuerdings hört man häufiger ので nach です und ます -Formen.

ANMERUNGEN

1. ジョンソンさんへのプレゼント

どうりょう に／へ チョコレートをプレゼントします。

Es gibt verschiedene Partikeln, die nicht in Kombination mit の gebraucht werden können, z. B. は、が und を. Wie die obigen Beispiele verdeutlichen, gehört auch に zu den nicht mit の kombinierbaren Partikeln. Hingegen kann え sehr wohl vor の gebraucht werden.

Weitere Beispiele für den Gebrauch von mit の kombinierbaren Partikeln.

1. 東京でのかいぎ，eine Konferenz in Tokyo
2. 大阪までの切符，eine Fahrkarte nach Osaka
3. 田中さんからのもらい物，ein Geschenk von Herrn/Frau Tanaka

2. ぎりチョコ

Dieses spaßeshalber zusammengesetzte Substantiv besteht aus dem Wort ぎり, das soziale Verpflichtungen zum Ausdruck bringt und der Abkürzung des ursprünglich englischen Wortes „Chocolate". Gemeint ist die soziale Verpflichtung der Frauen, am Valentinstag ihren männlichen Arbeitskollegen Schokolade zu schenken.

3. ぎりチョコってなんですか。

って ist die umgangssprachliche Form von というのは. Im Deutschen gibt es derartige umgangssprachliche Abkürzungen ebenfalls: Was is'n das, Giri-Schoko?

4.「いつも　お世話に　なっています。これからも　よろしく。まゆみ」
Direkte Rede wird im Japanischen mit halben, eckigen Klammern angezeigt. Man verwendet heute auch oft Gänsefüßchen statt der traditionellen Klammern.

5. やっぱり

やっぱり wird benutzt, wenn der Sprecher zum Ausdruck bringen will, dass etwas so eingetreten ist, wie es zu erwarten war. „und wie nicht anders zu erwarten"

Beispiel:　　　やっぱり東京のラッシュアワーはすごいですね。
　　　　　　　Und in der Tat, die Rush-Hour in Tokyo ist furchtbar.

6. ざんねんでした

Wie im Deutschen das Wort „schade", drückt ざんねんでした Bedauern darüber aus, dass etwas nicht so gelaufen ist, wie es geplant oder gewünscht war.

EINFACHE SATZSTRUKTUREN ZUM EINPRÄGEN

1. 雪が　たくさん　ふっているから、ひこうきは　とばないかもしれません。
2. 鈴木さんは　リンダさんを　知らないだろうと　思います。
3. ひこうきが　とばないので、旅行に　行く　ことが　できません。

1. Es schneit so stark, dass wohl keine Flugzeuge fliegen.
2. Ich glaube nicht, dass Herr Suzuki Linda kennt.
3. Weil die Flugzeuge nicht fliegen, kann ich nicht verreisen / kann ich meine Reise nicht antreten.

ÜBUNGEN TEIL A

I. Bilden Sie Dialoge, indem Sie die unterstrichenen Satzteile ersetzen.

A. **A**:<u>車が　たくさん　止まっています</u>ね。

  B:そうですね。<u>事故</u>かもしれませんね。

    1. となりの　うちは　にぎやかです、パーティーです

    2. 田中さんが　きていません、休みです

    3. 寒く　なりました、明日は　雪です

    4. 道が　こんでいます、車より　ちかてつのほうが　はやいです

B. **A**:田中さんは　<u>時間が　ある</u>かもしれませんよ。

  B:そうですか。

  A:今日は　<u>ひま</u>だと　言っていましたから。

    1. 歴史に　きょうみが　あります、奈良や　京都が　好きです

    2. 旅行に　行きました、こんしゅうは　休みです

    3. 今日　会社に　来ません、奥さんが　びょうきです

    4. みんなと　カラオケに　行きませんでした、カラオケは　きらい　です

C. **A**:かいぎは　いつですか。

  B:<u>明日の　ごぜんちゅう</u>だろうと　思いますよ。

    1. 田中さん、どこ、3階の　かいぎしつ

    2. 担当者、だれ、鈴木さんか　さとうさん

    3. しけん、何課から　何課まで、1課から　10課まで

    4. B社の　新しい　パソコン、いくらぐらい、18万円ぐらい

D. **A**:<u>北海道は　今　寒い</u>でしょうか。

  B:ええ、<u>寒い</u>だろうと　思いますよ。

    1. この　きかいの　ほうが　便利です

    2. 山田さんは　会社を　やめます

    3. ちかてつは　もう　すいています

    4. 田中さんは　もう　帰りました

E. **F**:田中さんは　<u>来る</u>でしょうか。

  Aa:ええ、たぶん　<u>来る</u>だろうと　思います。

  An:多分、<u>来ない</u>だろうと　思います。

    1. 新しい　ひしょは　スペイン語が　分かります

    2. スミスさんは　私を　知っています

    3. えきの　近くの　スーパーで　(お)酒を　売っています

4. スミスさんは　わたなべさんから　ぎりチョコを　もらいました

II. Üben Sie das folgende Satzmuster durch Ersetzen der unterstrichenen Satzteile wie im Beispiel.

<u>さいふを　忘れたので</u>　ともだちに　（お）金を　<u>借りました</u>。

1. 忙しいです、デートを　断りました
2. やせたいです、スポーツクラブに　入りました
3. 便利です、ちかてつで　会社に　行きます
4. 昨日は　休みでした、みんなで　ハイキングに　行きました
5. 来月　旅行します、ホテルの　予約をしました
6. バスも　タクシーも　来ませんでした、えきまで歩きました
7. 無理を　しました、病気に　なりました

III. Bilden Sie Dialoge, indem Sie die unterstrichenen Satzteile ersetzen.

A: <u>車で　行きますか</u>。

B: いいえ、<u>道が　こんでいる</u>ので・・・。

1. ざんぎょうします、デートが　あります
2. ケーキを　食べます、今　おなかが　いっぱいです
3. ゴルフを　しますか、好きじゃ　ないです
4. 新しい　ワープロを　買いました、高かったです

IV. Üben Sie die folgenden Dialoge.

A. F: これは　わたなべさん<u>から</u>　もらった　おくりものですか。
   A: はい、わたなべさん<u>からの</u>　おくりものです。

B. F: これは　田中さん<u>に</u>　出す　手紙ですか。
   A: はい、田中さん<u>への</u>　手紙です。

C. F: これは　どこ<u>で</u>　おきた　もんだいですか。
   A: 大阪ししゃ<u>での</u>　もんだいです。

D. F: これは　どの　会社<u>と</u>　した　けいやくですか。
   A: ABC<u>との</u>　けいやくです。

Neues Vokabular

事故	Unfall
カラオケ	Karaoke, Playbackmusik
きらい（な）	nicht mögen (- な -Adj.), verhasst
担当者	der Zuständige
〜しゃ	die Person, die...

パソコン	PC (Personalcomputer)
きかい	Maschine, Ausrüstung
スペイン語	Spanisch
借りる	ausleihen
デート	Verabredung, Rendez-Vous, Date
断る	ablehnen
やせる	abnehmen, schlank werden
入る	eintreten, Mitglied werden
いっぱい（の／な）	voll
おきる	sich ereignen

KURZE DIALOGE

1. 田中： あのう、これ、つまらない ものですが・・・。

   かとう： やあ、どうも。えんりょなく いただきます。

   Tanaka:　Mmh, es ist nichts Besonderes... / nur eine winzige Kleinigkeit...
   Katō:　　Oh, vielen Dank. (wörtlich: Ich nehme es an ohne Zurückhaltung)

2. A: みそしるって なんですか。

   B: 日本人が よく のむ スープです。

   A:　Was ist miso shiru?
   B:　Das ist eine Suppe, die Japaner oft essen (wörtl. trinken).

3. 木村： 東京電気の 田中さんと やくそくが ありますので、これで 失礼します。

   かとう： それじゃ、田中さんに よろしく 言ってください。

   Kimura:　Ich habe eine Verabredung mit Herrn Tanaka von Tōkyō Electric, deshalb muss ich jetzt gehen.
   Katō:　　Nun ja, dann sagen Sie Herrn Tanaka einen schönen Gruß (von mir).

Neues Vokabular

つまらない	langweilig
やあ	Ah, oh (Männersprache)
えんりょなく	ohne Zurückhaltung
えんりょ	Zurückhaltung
いただく	empfangen, erhalten (höflicher als もらう)

ÜBUNGEN TEIL B

I. Lesen Sie den Lektionstext und beantworten Sie die folgenden Fragen.
   1. ジョンソンさんが もらった チョコレートは だれからの プレゼントですか。

2. チャンさんも　チョコレートと　カードを　もらいましたか。

3. チャンさんが　ジョンソンさんへの　プレゼントを　あずかった
   日は　なんの　日ですか。

4. ぎりチョコを　たくさん　もらった　男性は　一人で　ぜんぶ
   たべるだろうと　チャンさんは　言いましたか。

II. Ergänzen Sie, falls nötig, die fehlenden Partikeln.

1. ガールフレンド（　　）の　プレゼントを　買いに　いきました。
2. 東京（　　）の　生活は　ほんとうに　たのしかったです。
3. ロンドン（　　）の　にもつが　とどきました。
4. いつも　おせわ（　　）なっています。これ（　　）も　どうぞ　よろしく。
5. よびこうっ（　　）なんですか。

III. Ergänzen Sie die folgenden Fragen.

1. 昨日（　　）来なかったんですか。
   忙しかったので、しつれいしました。
2. （　　）を　しているんですか。
   べんごしが　来ないので、まっているんです。
3. あたらしい　ぶちょうは（　　）人でしょうか。
   あたまが　良くて　まじめな　人だろうと　思いますよ。
4. みそしるって（　　）ですか。
   みその　スープですよ。

IV. Ergänzen Sie die Sätze durch die passenden Verbformen.

1. 彼が（　　）ので、あんしんしました。（元気です）
2. これは（　　）だろうと　思います。（スミスさんの　ものでは
   ありません）
3. 田中さんは（　　）かもしれませんよ。（びょうきです）
4. きのうは（　　）ので（　　）だろうと　思いますよ。（まつりでした、
   にぎやかでした）
5. 主人は　たぶん　かさを（　　）だろうと　思います。（もってい
   きませんでした）
6. この　ちかてつは　ぎんざを（　　）だろうと　思います。（とお
   りません）
7. しんぶんは　いすの　上に（　　）かもしれません。（おきました）
8. すぐ　あたらしい　生活に（　　）でしょう。（なれます）
9. でんしゃが（　　）ので、バスで　きました。（うごきませんでした）

10. チョコレートを　もらった　男性^{だんせい}は（　　）だろうと　思^{おも}います。
（よろこびます）

V. Welche Aussage passt am besten zu der jeweiligen Situation?

A. Sie sagen Ihrem Abteilungsleiter, dass Sie Ihren Vater im Krankenhaus besuchen müssen.

1. 父^{ちち}が　びょうきなので、びょういんへ　行くかもしれません。
2. お父^{とう}さんが　びょうきなので、びょういんへ　行っては　いけませんか。
3. 父^{ちち}が　びょうきなので、びょういんへ　行かなければ　ならないんですが・・・。

B. Sie möchten die Bedeutung der Abkürzung „UFO" wissen.

1. ユーフォーって　なんですか。
2. ユーフォーと　言^いいます。
3. ユーフォーは　なんと　言^いいますか。

C. Sie sind mit der Arbeit fertig und verlassen das Büro vor Ihrem Abteilungsleiter.

1. ごめんなさい、帰^{かえ}ります。
2. えんりょなく、さようなら。
3. おさきに　失礼^{しつれい}します。

ZUM AUFWÄRMEN

1. Prägen Sie sich die folgenden Verben gut ein.

(1) ともだちに　おかねを　借^かりました。 (2) *ペットを　あずかりました。

(3) けっこんの　もうしこみを　ことわりました。 (4) ５キロ　やせました。

2. Schreiben Sie das jeweils am besten passende Wort in die Klammern.

(1) 　去年^{きょねん}　会社^{かいしゃ}（　　）やめました。
(2) 　ぶちょうの　おかあさま（　　）亡^なくなりました。

70

(3) わたしは 九州（　　） うまれました。

(4) お金（　　） 少し 足りませんでした。

(5) えき（　　） ともだち（　　） わかれました。

(6) かいぎの じかん（　　） ぶちょう（　　） 連絡しました。

(7) あたらしい しごと（　　） なれました。

(8) 雨（　　） やんで、いい 天気（　　） なりました。

(9) けっこんの もうしこみ（　　） ことわりました。

(10) スポーツは 体（　　） いいです。

SATZMUSTER 1

1＿＿＿＿＿＿＿＿かもしれません

ANWENDUNG DER SATZMUSTER 1

1-1. Herr A und Herr B rätseln, wo ihr Abteilungsleiter wohl sein könnte.
　　　Herr B stellt Vermutungen an. Bilden Sie Sätze wie im Beispiel.

1-2. Herr A und Herr B rätseln, wo ihr Abteilungsleiter wohl sein könnte. Herr

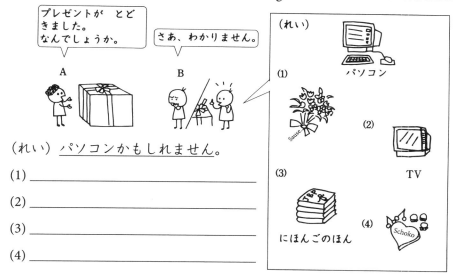

（れい）パソコンかもしれません。

(1) ＿＿＿＿＿＿＿＿＿＿＿＿＿＿＿＿＿＿＿＿＿

(2) ＿＿＿＿＿＿＿＿＿＿＿＿＿＿＿＿＿＿＿＿＿

(3) ＿＿＿＿＿＿＿＿＿＿＿＿＿＿＿＿＿＿＿＿＿

(4) ＿＿＿＿＿＿＿＿＿＿＿＿＿＿＿＿＿＿＿＿＿

Herr B stellt Vermutungen an. Bilden Sie Sätze wie im Beispiel.

（例）　かいぎしつ　かもしれません。

(1) _____

(2) _____

(3) _____

(4) _____

2. Die folgenden Texte beschreiben Dinge, die die Personen beunruhigen. Berichten Sie aus der Sicht der jeweiligen Person, welche Erfahrungen Sie gemacht haben.

———————　ちょっと　*心配な　こと　———————

| *心配な | besorgt, Sorge |

(1) 　私は　ひこうきに　のる　とき、いつも　早く　うちを　出ます。みちが　じゅうたいしているかもしれません。*チェックイン・カウンターが　こんでいるかもしれません。ですから、よていの　時間より　1時間ぐらい　早く　うちを　でます。

(2) 　私は　りょこうに　行く　とき、あまり　げんきんを　もっていきません。げんきんは　おとすかもしれません。どこかに　わすれるかもしれません。*すりに　あうかもしれません。私は　かならずクレジットカードを　もっていきます。

(3) 　私は　外国に　行く　とき、くすりを　もっていきます。きゅうに　おなかが　いたく　なるかもしれません。かぜを　ひくかもしれません。*じさで　ねる　ことが　できないかもしれません。心配ですから、くすりを　たくさん　もっていきます。

(4) 　私は　りょこうに　いく　とき、かならず　*ほけんに　入ります。りょこうちゅうに　びょうきに　なるかもしれません。けがを　するかもしれません。*じこに　あうかもしれません。*ほけんりょうが　かかりますが、入った　ほうが　安心です。

*チェックインカウンター	Check-in Schalter
*ほけんに　入る	eine Versicherung abschließen
*じこにあう	einen Unfall haben
*すりに　あう	bestohlen werden
*じさ	Zeitunterschied

*ほけんりょう　　　　　　　Versicherungsprämie

3. Sie machen sich aus folgenden Gründen Sorgen. Bilden Sie Sätze unter Verwendung von kamoshiremasen.

(1)　　　　　　　(2)　　　　　　　(3)　　　　　　　(4)

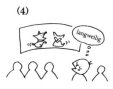

4. Üben Sie die folgenden Dialoge. Die Texte vor dem Dialog geben notwendige Hintergrundinformationen.

(1)　吉田さんは　パソコンを　つかいたいと　思っていますが、つかいかたが　よく　分かりません。パソコンの　*マニュアルを　見たいと　思いましたが、ありませんでした。

　　*マニュアル　　　　　　　Handbuch

> よしだ：　すみません。パソコンの　マニュアルは　どこですか。
> こばやし：さあ、知りません。パソコンの　近くに　ありませんか。
> よしだ：　ないんです。
> こばやし：あの　*キャビネットの　中かもしれませんよ。
> よしだ：　見ましたが、ないんです。
> こばやし：じゃ、ぶちょうの　机の　上かもしれませんよ。
> よしだ：　そうですか。
> 　　　　　ありました。やっぱり　ぶちょうの　机の　上でした。

　　*キャビネット　　　　　　Truhe, Schränkchen

Lesen Sie den Dialog und vervollständigen Sie dann den folgenden Satz.

パソコンの　マニュアルは　＿＿＿＿＿＿＿＿＿　に　ありました。

(2)　ビジーさんと　さとうさんは　タクシーに　のっています。これから　*コンサートに　行きます。　あと　20分で　コンサートが　はじまりますが、車が　うごかなく　なりました。

　　*コンサート　　　　　　　Konzert

> ビジー：どう　したんでしょう。すごい　じゅうたいですね。
> さとう：じこかもしれませんよ。
> ビジー：そうかもしれませんね。

さとう：コンサートに ＊間に合うでしょうか。

ビジー：あと 20分ですよ。間に合わないかもしれませんよ。

さとう：こまりましたね。

＊間に合う　　　　　　　pünktlich sein, es (zeitlich) schaffen

Lesen Sie den Dialog und vervollständigen Sie dann den folgenden Satz.

ビジーさんと さとうさんは コンサートに ＿＿＿＿ かもしれません。

SATZMUSTER 2

2 ＿＿＿＿＿＿＿＿ だろうと 思います

ANWENDUNG DER SATZMUSTER 2

1. Bilden Sie Sätze unter Verwendung von だろう と 思
います wie im Beispiel.

（例）A：これは なんでしょうか。

　　　B：たぶん ＊ライターだろうと 思います。

(1) A：これは なんでしょうか。

　　B：たぶん ＿＿＿＿＿＿＿＿＿＿＿＿＿＿

(2) A：ここは どこでしょうか。

　　B：たぶん ＿＿＿＿＿＿＿＿＿＿＿＿＿＿

(3) A：これは だれの 絵でしょうか。

　　B：＿＿＿＿＿＿＿＿＿＿＿＿＿＿＿＿＿＿

(4) A：この 絵は 高いでしょうか。

　　B：ええ、＿＿＿＿＿＿＿＿＿＿＿＿＿＿＿

(5) A：ビジーさんは この 絵が 好きでしょうか。

　　B：ええ、＿＿＿＿＿＿＿＿＿＿＿＿＿＿＿

(6) A：ビジーさんは この 絵を 買うでしょうか。

　　B：いいえ、＿＿＿＿＿＿＿＿＿＿＿＿＿＿

　　　＊ライター　　　　Feuerzeug

2. Lesen Sie die folgenden Texte, die Vermutungen enthalten. Berichten Sie,
was Sie aus den Sätzen erfahren haben.

(1) トーマスさんは このごろ とても 忙しいです。出張で ＊カ
リフォルニアと 東京を いったり きたり しています。とても
つかれているだろうと 思います。ゆっくり 休みたいだろうと

74

おもいます。明日から　また　*サンフランシスコに　行かなければ
なりません。おくさんも　*心配しているだろうと　思います。

　　*カリフォルニア　　　Kalifornien
　　*サンフランシスコ　　San Francisco
　　*心配している　　　　besorgt sein, sich Sorgen machen

(2)　東京では　70年　以上　大きい　じしんが　ありません。いつか
　　大きい　じしんが　*おこるだろうと　思います。それは　明日か
　　もしれません。10年ごかもしれません。東京で　大きい　じしんが
　　おきた　ばあいは　人が　たくさん　死ぬだろうと　思います。

　　*おこる　　　　　　　vorkommen

(3)　吉田さんの　息子さんは　せんしゅう　大学の　にゅうがくしけん
　　を　うけました。明日は　合格はっぴょうの　日です。一年間　毎日
　　10時間ぐらい　べんきょうしたと　言っていました。たいへんだっ
　　ただろうと　思います。*きっと　合格するだろうと　思います。

　　*きっと　　　　　　　gewiss, bestimmt

(4)　さとうさんは　ハンサムで　*どくしんですから、女性に
　　*人気が　あるだろうと　思います。昨日の　バレンタインデーに
　　は　チョコレートを　たくさん　もらっただろうと　思います。で
　　も、さとうさんは　*甘い　ものが　きらいだと　言っていました
　　から、困っただろうと　思います。

　　*どくしん　　　　　　unverheiratet, ledig, single
　　*人気が　ある　　　　beliebt sein
　　*甘い　　　　　　　　süß

SATZMUSTER 3

3＿＿＿＿＿＿＿＿＿＿ので、＿＿＿＿＿＿＿＿

ANWENDUNG DER SATZMUSTER 3

1. Vervollständigen Sie die Sätze unter Verwendung von ので wie im Beispiel.

1-1

きのうは　どう
したんですか。

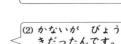
（れい）いそがしかっ
たんです。

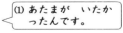
①あたまが　いたか
ったんです。

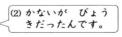
②かないが　びょう
きだったんです。

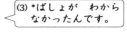
③*ばしょが　わから
なかったんです。

* ばしょ　　　　　　　　Ort, Platz, Stelle

（例）吉田さんは　昨日　<u>忙しかったので、パーティーに行き</u>
　　　<u>ませんでした。</u>

(1) 吉田さんは　昨日 ＿＿＿＿＿＿＿＿＿＿＿＿＿＿＿＿＿＿

(2) 吉田さんは　昨日 ＿＿＿＿＿＿＿＿＿＿＿＿＿＿＿＿＿＿

(3) 吉田さんは　昨日 ＿＿＿＿＿＿＿＿＿＿＿＿＿＿＿＿＿＿

1-2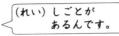

 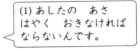 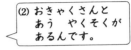

（例）ビジーさんは　<u>仕事が　あるので、のみに　行きません。</u>

(1) ビジーさんは ＿＿＿＿＿＿＿＿＿＿＿＿＿＿＿＿＿＿＿

(2) ビジーさんは ＿＿＿＿＿＿＿＿＿＿＿＿＿＿＿＿＿＿＿

2. Lesen Sie die folgenden Texte. Berichten Sie aus der Sicht der Verfasser, was
　 Sie daraus erfahren haben.

――――――― ちょっと　つまらない　話 ―――――――

(1) えいが

　　　日よう日は　ひまだったので、えいがを　見に　行きました。お
　もしろくなかったので、おわる　まえに、*えいがかんを　出ました。
　買いたい　ものが　ありましたが、デパートが　とても　こんでい
　たので　すぐ　うちに　帰りました。

　　　* えいがかん　　　　Kino

(2) * オペラ

　　　ともだちに　オペラの　きっぷを　2枚　もらったので、*久し
　ぶりに　かないと　見に　行きました。かないは　オペラが　好き
　なので、とても　よろこびましたが、わたしは　オペラが　あまり
　すきでは　ないので、ねむく　なりました。とても　長い　オペラ
　でした。

　　　* オペラ　　　　　　　Oper

76

＊久しぶり　　　　　　　seit langem mal wieder

(3) バレンタインデー

昨日は　バレンタイデーだったので、若くて　ハンサムな　どうりょうは　チョコレートを　たくさん　もらいました。私は　一つも　もらいませんでした。かれは　甘い　ものが　きらいなので、もらった　チョコレートを　＊全部　私に　くれました。かしやが　よろこぶ　だけなので、こんな　しゅうかんは　やめた　ほうが　いいと　思います。

＊全部　　　　　　　　　alles

(4) ＊つうきん

来月　青山から　横浜に　ひっこします。うちから　会社まで　遠く　なるので、あさは　1時間　早く　おきなければ　なりません。うちが　広く　なるので、かないは　とても　よろこんでいます。私は　うちに　あまり　いないので、ぜんぜん　うれしく　ありません。

＊つうきん　　　　　　　zur Arbeit fahren

FÜR WAGEMUTIGE

1-1. Lassen Sie sich den Text (1-2) vorlesen und markieren Sie die Aussagen mit R (richtig) oder F (falsch).

(1)（　）ホワイトデーは　チョコレートを　プレゼントする　日です。

(2)（　）バレンタインデーは　＊キャンディーを　プレゼントする　日です。

(3)（　）おかえしは　プレゼントを　もらった　人が　＊お礼として　あげる　プレゼントです。

(4)（　）ジョンソンさんは　バレンタインデーに　まゆみさんに　チョコレートを　もらいました。

(5)（　）チャンさんは　バレンタインデーに　まゆみさんに　チョコレートをもらいませんでした。

(6)（　）ジョンソンさんは　ホワイトデーに　まゆみさんに　チョコレートをあげました。

(7)（　）チャンさんは　ホワイトデーに　まゆみさんに　フランス＊せいの　キャンディーを　あげました。

(8) (　) ジョンソンさんは　今　とても　*おこっています。
　　　*キャンディー　　　　Bonbons (engl. candy)
　　　*お礼　　　　　　　　Dank, Dankesgeschenk
　　　*～せい　　　　　　　hergestellt in ...
　　　*おこっている　　　　verärgert sein, wütend sein

1-2.Lesetext.

チャンさんと　ジョンソンさんが　ホワイトデーに　ついて　話しています。

チャン：　　　　　ジョンソンさん、昨日は　ホワイトデーでしたね。
ジョンソン：　ホワイトデーって　なんですか。
チャン：　　　　　バレンタインデーに　チョコレートを　もらった　人が　おかえしに　プレゼントを　する　日です。
ジョンソン：　おかえしって　なんですか。
チャン：　　　　　何か　プレゼントを　もらった　人が　お礼として　あげるプレゼントです。　ホワイトデーの　おかえしは　ふつう　キャンディーです。
ジョンソン：　チャンさんは　おかえしを　しましたか。
チャン：　　　　　ええ、しましたよ。まゆみさんに　フランスせいの　キャンディーを　あげました。とても　よろこんで　いました。ジョンソンさんは　何も　あげなかったんですか。
ジョンソン：　ええ、知らなかったんです。まゆみさんは　おこっているでしょうか。
チャン：　　　　　ええ、おこっているだろうと　思いますよ。

1-3.Erklären Sie.

(1) ホワイトデー

(2) おかえし

1-4.Der folgende Text ist eine Zusammenfassung des Dialoges 1-2. Lesen Sie
den Text. Beschreiben Sie mit eigenen Worten, was Sie daraus erfahren
haben.

　チャンさんと　ジョンソンさんは　バレンタインデーに　まゆみさん
から　チョコレートを　もらいました。昨日は　ホワイトデーだったの
で、チャンさんは　まゆみさんに　おかえしの　キャンディーを　あげ
ました。ジョンソンさんは　ホワイトデーに　おかえしを　する　こと
を　知らなかったので、何も　あげませんでした。

2-1.　　Hören Sie den Text auf der CD und vervollständigen Sie das Gespräch.

ビジー：　カラオケって　(1)＿＿＿＿＿＿カラオケって　言うんですか。

さとう：　カラオケは、「カラ」と　「オケ」の　二つの　ことばで
　　　　　(2)＿＿＿＿＿＿。

ビジー：　そうなんですか。じゃ、「カラ」って　何ですか。

さとう：　「カラ」は　「(3)＿＿＿＿＿＿」と　いう　いみです。

ビジー：　「(4)＿＿＿＿＿＿」ですか。

さとう：　そうです。

ビジー：　じゃ、「オケ」って　何ですか。

さとう：　(5)＿＿＿＿＿＿。英語から　来た　ことばです。

ビジー：　英語なんですか。

さとう：　そうです。「オーケストラ」が　(6)＿＿＿＿＿＿。

ビジー：　「オケ」は　「オーケストラ」ですか。

さとう：　そうです。(7)＿＿＿＿＿、「カラオケ」は　「(8)＿＿＿＿＿＿」「オー
　　　　　ケストラだけ」と　いう　いみです。

ビジー：　(9)＿＿＿＿＿＿。よく　わかりました。

2-2.Beantworten Sie die folgenden Fragen.

(1)「カラ」は　どんな　いみですか。

　　＿＿＿＿＿＿＿＿＿＿＿＿＿＿＿＿＿＿＿＿＿＿＿＿＿＿＿＿＿＿

(2)「オケ」は　どんな　いみですか。

　　＿＿＿＿＿＿＿＿＿＿＿＿＿＿＿＿＿＿＿＿＿＿＿＿＿＿＿＿＿＿

(3)「カラオケ」は　どんな　いみですか。

　　＿＿＿＿＿＿＿＿＿＿＿＿＿＿＿＿＿＿＿＿＿＿＿＿＿＿＿＿＿＿

1. 開ける
あ
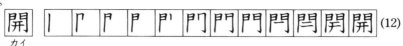
カイ (12)

2. 同じ
おな

ドウ (6)

3. 女性
ジョセイ
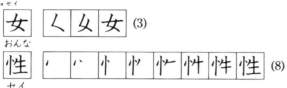
おんな (3)

セイ (8)

4. 男性
ダンセイ
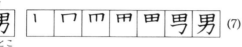
おとこ (7)

5. 食べる
た

ショク (9)

LEKTION **14** DIE ROLLE DES SCHIEDSRICHTERS

Herr Mähner und Herr Tanaka betreten die Sumo-Arena und suchen als erstes Linda und die Frau von Herrn Mähner.

メーナー： わあ、すごい 人_{ひと}ですね。

田中_{たなか}： すもうの 初日_{しょにち}は いつも まんいんです。人が たくさん いて、リンダさんや おくさんが よく 見_みえませんね。

メーナー： あ、あそこに いました。ほら、すもうを 見ながら やきとりを 食_たべているのが 見えますよ。

田中： さあ、私_{わたし}たちも あそこへ 行って、ビールでも 飲_のみながら すわって 見ましょう。

メーナー： ええ、でも この とりくみが 終_おわるまで ここで いいです。うるさくて アナウンスが よく 聞こえませんが、土俵_{どひょう}の 上_{うえ}に いるのは？

田中： ふじのみねと さくらりゅうです。

メーナー： はでな きものを 着_きて、土俵_{どひょう}の 上で 動_{うご}きまわっているのは どういう 人ですか。

田中： あれは ぎょうじです。

メーナー： ああ、ジャッジですね。

田中： ええ、でも 黒_{くろ}い きものを 着て、土俵_{どひょう}の まわりに すわっているのが 本当_{ほんとう}の ジャッジです。あの 人たちは 力士_{りきし}の OB で、えらいんですよ。

メーナー： じゃ、ぎょうじは ジャッジでは ないんですか。

田中：　　　ええ、じつは　決定けんは　ないんです。

メーナー：そうですか。ちょっと　なっとくできませんね。

田中：　　　でも　発言けんは　ありますよ。

メーナー：それを　聞いて　安心しました。

Mähner: Meine Güte, sind hier viele Menschen.

Tanaka: Es ist immer ausverkauft, am ersten Tag des Sumō Aber es sind so viele Menschen (hier), dass man Linda und Ihre Frau gar nicht sieht.

Mähner: Ah, dort sind sie ja. Sehen Sie, sie sehen sich den Sumō Wettkampf an und essen dabei Yakitori.

Tanaka: Kommen Sie, lassen Sie uns auch hinübergehen. Da können wir ein Bier trinken, uns hinsetzten und uns auch Sumō ansehen.

Mähner: Ja, aber lassen Sie uns warten, bis diese Begegnung zu Ende ist. Das ist hier so laut, ich kann die Lautsprecherdurchsagen nicht verstehen. Wer ist das jetzt im Ring?

Tanaka: Fujinomine und Sakuraryū.

Mähner: Und wer ist der, der auch im Ring ist und einen auffälligen Kimono anhat?

Tanaka: Das ist der Ringrichter.

Mähner: Der Schiedsrichter, nicht wahr?

Tanaka: Ja, aber die im schwarzen Kimono, die neben dem Ring sitzen, sind die eigentlichen Schiedsrichter. Das sind die alten Hasen unter den Ringern, die gehören zu der Elite.

Mähner: Das heißt also, dass der Ringrichter kein Schiedsrichter ist?

Tanaka: Genau. Er hat nämlich in Wirklichkeit gar keine Entscheidungsgewalt.

Mähner: Ach so. Das ist nicht ganz einfach zu verstehen, finde ich.

Tanaka: Aber er kann durchaus seine Meinung mit in die Entscheidung einbringen.

Mähner: Gut zu wissen.

Neues Vokabular

わあ	Oh
すもう	Sumō (Ringkampf)
初日	der Eröffnungstag
いつも	immer
まんいん	voller Leute
まん〜	voll... (Präfix)
見える	sichtbar sein
ほら	Sieh! Schau mal!
やきとり	gebratenes Hühnchen (auf Spießchen)
さあ	los
〜でも	so etwas wie...
とりくみ	Rundenfolge, Austellung
アナウンス	Ansage

聞こえる	hörbar sein
土俵	Ring (beim Sumō)
ふじのみね	Name eines Sumōringers
さくらりゅう	Name eines Sumōringers
はで（な）	aufgetakelt, auffällig, schreiend
きもの	Kimono
動きまわる	herumgehen, umhergehen (zusammengesetzt aus うごく＋まわる)
どういう	was für ein
ぎょうじ	Sumō-Schiedsrichter
ジャッジ	Schiedsrichter
～の　まわりに	um ... herum
本当（の）	wirklich
力士	Sumōringer
OB	die Alten Herren, "old boy"
えらい	wichtig, angesehen
決定けん	Autorität, Entscheidungsrecht
決定	Entscheidung
～けん	Recht
なっとく	Einverständnis, Einsicht
発言けん	Recht auf Meinungsäußerung, Stimmrecht, Rederecht
発言	Äußerung, sein Wort

* solche zusammengesetzen Wörter sind sehr häufig im Japanischen.

GRAMMATIK UND LERNZIELE

• Kausal- und Konditionalsätze mit － て /－ で

人 が たくさん いて、リンダさん や 奥さん が よく 見えません。

うるさくて アナウンス が よく 聞こえません。

それ を 聞いて 安心 しました。

In diesen Sätzen kommt der － て -Form kausale Bedeutung zu. Wie in den Übungen zu dieser Lektion noch gezeigt werden soll, kann diese Satzstruktur auch mit な － Adjektiven analog gebildet werden.

Beispiel: 木村さん は 車 が きらい で、たいてい 会社 まで 歩きます。

Herr Kimura fährt nicht gern mit dem Auto, deshalb geht er meist zu Fuß ins Büro.

座って みましょう。

はで な きもの を 着て、土俵 の 上 で 動きまわって いる の は ...？

Hierbei beschreibt die て -Form die Umstände einer Handlung genauer. Der Nebensatz mit der て -Form bezieht sich auf das Subjekt des gesamten Satzes, auch wenn es nicht immer explizit genannt sein muss.

- の in Substantivgefügen

やきとり を 食べて いる の が 見えますよ。

どひょう の 上 で 動きまわって いる の は どう いう 人 です か。

黒い きもの を きて、土俵 の 周り に 座って いる の が 本当 の ジャッジ です。

の grenzt in dieser Satzkonstruktion das Subjekt, bzw. den Subjektsatz, ein. Nach の in dieser Funktion steht grundsätzlich die Partikel は , が oder を . Dies gilt auch für Adjektive.

Beispiel: 大きい の „ein/e große/r/s"

かんたんな の „ein/e einfache/r/s"

の kann jedoch auch einfach zur Wiedergabe einer Handlung gebraucht werden, wie im folgenden Satz.

となり の へや で 山田さん は 英語 を 話して いる の が 聞こえます。

Man kann hören/Man hört, wie Herr Yamada im Nebenraum Englisch spricht.

- 見える und 聞こえる

リンダさん や おくさん が 見えません ね。 Linda und Ihre Frau sind nicht zu sehen.

アナウンス が よく 聞こえません。 Die Durchsage ist nicht gut zu verstehen. Die Grundbedeutung ist in beiden Fällen können, bzw. in der Negation nicht können. „Linda und Ihre Frau kann ich nicht sehen." „Die Durchsage kann ich nicht hören." Zu beachten ist, dass diese Konstruktionen mit が (und nicht mit を) verwendet werden .

ANMERKUNGEN

1. すもう ist eine traditionelle japanische Sportart, die sich bis heute großer Beliebtheit erfreut. Zwei Sumō Ringer, 力士 genannt, kämpfen im Ring (土俵). Wer es schafft, den Gegner zu Boden zu werfen oder ihn aus dem Ring zu drängen, hat gewonnen. Champion wird der Ringer, der während des 15tätigen Turniers die meisten Einzelturniere gewinnt. Sumōkämpfe zeichnen sich weniger durch Brutalität als durch Geschicklichkeit und Zeremoniell aus.

2. さぁ、私たち も ... 座って みましょう。

さぁ am Satzanfang soll die Aufmerksamkeit des Angesprochenen wecken und leitet einen Vorschlag ein.

3. ビール でも 飲みながら ...

Die schlichte Frage: ビール を 飲みません か。 klingt häufig zu direkt, weshalb es umschrieben wird.

4. この とりくみ が 終わる まで ここ で いい です。

で いい drückt Zustimmung aus.

Beispiel: 1. 手紙 を タイプ しました が、これ で いい です か。

Ich habe den Brief abgetippt, ist es so o.k.?

2. すみません。コーヒー も ジュース も ありません。
  水 で いい です。

  Es tut mir leid, aber wir haben weder Kaffee noch Saft.

  Dann bringen Sie mir Wasser.

  何 か のみます か。コーヒー。お茶。

  水 が いい です。

  Was trinken Sie?
  Ich nehme Wasser.

5. この 取り組み が 終わる まで ...

  まで „bis" steht nicht nur nach Ausdrücken der Zeit, sondern auch nach der normal-höflichen Form (=Grundform, Dictionary-Form) der Verben.

  Beispiel: 昨日 私たち は 暗く なる まで テニス を しました。

  Gestern haben wir bis zum Anbruch der Dunkelheit Tennis gespielt.

6. ふじのみえ、さくらりゅう

  Diese Namen von Sumō Ringern bedeuten „Spitze des Fujisan" (im Dt. meist Fujiyama.) und „Kirschdrachen". Namen von Sumōringern werden mit glücksbringenden und erfolgversprechenden Kanji gebildet, wie denen für schön, nobel, unendlich usw. Auch Fluss-, See- oder Bergnamen aus der Heimat des Sumō Ringers sind häufig, oder solche in Anlehnung an berühmte Sumō Ringer, die bereits aus dem aktiven Sumō Sport ausgeschieden sind.

7. どう いう 人 です か。

  Sowohl „どう いう" als auch „どんな" werden mit „was für ein" übersetzt. Doch „どう いう" beinhaltet die Erwartung einer Antwort, die über bloße Erscheinungsformen oder ojektive Qualitätsmerkmale hinausgeht.

8. 行司 は ジャッジ では ない ん です か。

  えぇ、実 は 決定けん は ない ん です。

  Dies ist ein Beispiel für den unterschiedlichen Gebrauch von „ja" und „nein" in Antwortsätzen auf einen negativen Fragesatz. Hier wird im Japanischen „ja" gebraucht, wohingegen im Deutschen der Gebrauch von „nein" üblich wäre.

9. ちょっと なっとく できません ね。

  „なっとく" an sich bedeutet „Konsens, Übereinkunft". Frei übersetzt bedeutet obenstehender Ausdruck: „Das überzeugt mich nicht." In diesem Fall hat es auch die Bedeutung von „Das ist merkwürdig."

EINFACHE SATZSTRUKTUREN ZUM EINPRÄGEN

1. その 話を 聞いて、安心しました。
2. 木村さんは 歩いて 会社に 行きます。
3. ジョンソンさんを 成田空港まで むかえに 行ったのは 鈴木さんです。
4. ホテルの まどから ふじさんが 見えます。

1. Als ich das hörte, war ich beruhigt.
2. Herr/Frau Kimura geht zu Fuß zur Firma.
3. Der, der Herrn Johnson vom Flughafen Narita abgeholt hat, war Herr Suzuki.
4. Von Ihrem Hotelfenster aus können Sie den Fuji-san sehen.

ÜBUNGEN TEIL A

I. Bilden Sie Dialoge, indem Sie die unterstrichenen Satzteile ersetzen.

F: どう　したんですか。
A: あつくて　のむ　ことが　できないんです。
　　1. おもい、一人で　もちます
　　2. 暗い、よみます
　　3. ふくざつ、せつめいします
　　4. こんでいます、入ります
　　5. 林さんが　いません、そうだんします

II. Üben Sie das folgende Muster durch Ersetzen der unterstrichenen Satzteile wie im Beispiel.

A. ニュースを　きいて　安心しました。
　　1. 母から　てがみを　もらいました、安心しました
　　2. 夜中に　でんわが　ありました、おどろきました
　　3. へんじが　きません、困っているんです
　　4. しけんに　おちました、がっかりしました
B. 走って　いしゃを　よびに　行きました。
　　1. すわる、話しましょう
　　2. 急ぐ、しりょうを　あつめてください
　　3. でんわを　する、聞きます
　　4. ちずを　かく、せつめいしました

III. Bilden Sie Dialoge, indem Sie die unterstrichenen Satzteile ersetzen.

A. F: 毎日　べんきょうしていますか。
　　A: ええ、毎日　べんきょうするのは　大変です。
　　　　1. 夜　おそくまで　仕事を　します、大変
　　　　2. 子供と　あそびます、たのしい
　　　　3. しょくじを　作ります、めんどう
　　　　4. 朝　5時に　おきます、むずかしい
B. F: よく、絵を　かきますね。
　　A: ええ、絵を　かくのが　好きなんです。

1. 山を 歩きます

2. じょうだんを 言います

3. りょこうを します

4. えいがを 見ます

C. **F**: 何を 忘れたんですか。

  A: <u>しゅくだいを もってくるの</u>を 忘れたんです。
1. 電話します
2. お金を 払います
3. せっけんを 買います
4. 田中さんに 連絡します

D. **F**: <u>今日 来るの</u>は だれですか。

  A: ええと、<u>今日 来るの</u>は 田中さんです。
1. 友だちに 会います、いつ、土よう日
2. パーティーに 来ません、だれ、スミスさん
3. 昨日 じこが ありました、どこ、東京ホテルの 近く
4. スペインごが 上手です、だれ、林さんの あたらしい ひしょ

E. **F**: おたくから <u>ふじさん</u>が 見えますか。

  A: 天気が いい ときは よく 見えます。
1. 海
2. 東京タワー
3. とおくの 山

IV. Üben Sie das folgende Satzmuster durch Ersetzen der unterstrichenen Satzteile.

  Beispiel: <u>こうえんで</u> <u>子供たちが あそんでいるの</u>が 見えます。
1. プール、田中さんが およいでいます、見えます
2. スーパーの まえ、鈴木さんが タクシーを まってい
ます、見えます
3. どこか、ピアノを ひいています、聞こえます
4. となりの へや、子供が うたを うたっています、聞
こえます

V. Bilden Sie Dialoge, indem Sie die unterstrichenen Satzteile ersetzen.

  A. **F**: <u>ひるごはんを 食べない</u>んですか。

  Aa: ええ、食べません。

  An: いいえ、食べますよ。

1. 時間が　ありません。
2. 今朝の　しんぶんを　よみませんでした。
3. 忘れ物を　とりに　行きませんでした。

B. F: 昨日　いつまで　まっていたんですか。

A: かいぎが　おわるまで　まっていました。

1. 暗く　なります。
2. へんじが　きます。
3. しりょうが　とどきます。

Neues Vokabular	
夜中	Mitternacht
おどろく	überrascht sein
へんじ	Antwort
おちる	durchfallen, fallen
がっかりする	enttäuscht sein
はしる	laufen
あつめる	versammeln, sammeln
めんどう（な）	lästig（ な -Adj.）
じょうだんを　いう	einen Witz reißen
じょうだん	Witz
しゅくだい	Hausaufgabe
せっけん	Seife
ええと	lass mich überlegen
タワー	Turm
とおく	weit
ひく	(Klavier) spielen

KURZE DIALOGE

1. 鈴木：もしもし、もしもし、聞こえますか。
　山川：もしもし、お電話が　とおいんですが、もう　少し　大きい
　　　　こえで　おねがいします。
　鈴木：こちらは　鈴木ですが、聞こえますか。
　山川：あ、聞こえました。鈴木さんですね。

Suzuki:　　Hallo, können Sie mich hören?
Yamakawa: Hallo, ich kann Sie nicht verstehen. Sprechen Sie bitte etwas lauter.
Suzuki:　　Hier spricht Suzuki. Können Sie mich jetzt hören?
Yamakawa: Ja, jetzt kann ich Sie hören. Herr Suzuki, nicht wahr?

2. A: 失礼ですが、田中さんじゃ ありませんか。

   B: はい、田中ですが・・・。

   A: Entschuldigung, aber sind Sie nicht Herr Tanaka?
   B: Ja, ich bin Tanaka.

Neues Vokabular

電話が とおい   Ich kann Sie nicht hören

ÜBUNGEN TEIL B

I. Lesen Sie den Lektionstext und beantworten Sie die folgenden Fragen.

   1. リンダさんと 田中さんの おくさんは すもうを 見ながら
      何を していますか。

   2. うるさくて アナウンスが よく 聞こえないと 言ったのは
      だれですか。

   3. はでな きものを きて 土俵の 上で 動きまわっているのは
      だれですか。

   4. 本当の ジャッジは どこに いますか。

II. Ergänzen Sie, falls nötig, die fehlenden Partikeln.

   1. 天気 ( ) いい とき、ふじさん ( ) 見えます。

   2. わたしは てがみ ( ) とどく ( ) を まっていました。

   3. よる おそく 車 ( ) 音 ( ) きこえました。

   4. くろい きもの ( ) きている ( ) は 田中さんの おく
      さんです。

   5. これは 本当 ( ) はなしです。じょうだんでは ありません。

III. Ergänzen Sie die folgenden Fragen.

   1. あの 人は ( ) 人ですか。
      だいとうりょうの むすこで、有名な ピアニストです。

   2. ( ) まで ここで まつんですか。
      かいぎが おわるまで まっていてください。

   3. ( ) を 見ているんですか。
      ケーキを 作っているのを 見ているんです。

   4. 3月 3日は ( ) 日ですか。
      女の子の おまつりの 日で、ともだちを よんで パーティーを
      したり する 日です。

IV. Vervollständigen Sie die Sätze durch die passenden Verbformen.

1. ニュースを（　　）、おどろきました。（聞きます）
2. ちかてつの　中で　テープを（　　）ながら、日本語を　べんきょうしています。（聞きます）
3. あそこで（　　）のが　見えますか。
   （　　）て　よく　見えません。（つりを　しています、とおいです）
4. てがみを（　　）のを　忘れました。（出します）
5. じかんが（　　）て　行く　ことが　できません。（ありません）
6. しょくじが（　　）まで　テレビでも　見ましょう。（できます）
7. はなしが（　　）で　よく　分かりません。（ふくざつです）
8. 電話を（　　）ながら（　　）のは　あぶないです。（します、うんてんします）

V. Kreuzen Sie das korrekte Wort in der Klammer an.

1. あついですね。ビール（や、でも、ごろ）飲みませんか。
   いいですね。
2. 6時までに（かならず、わざわざ、たいてい）連絡してください。
3. 合格するのは　むずかしいと　思っていましたが、（かならず、やっぱり、たぶん）だめでした。
4. あなたは　知らなかったんですか。
   ええ、（ぜひ、それに、実は）知らなかったんです。

VI. Beantworten Sie die Fragen

1. あなたは　すもうを　見た　ことが　ありますか。
2. あなたの　へやから　何が　見えますか。
3. 夜　あなたの　へやに　いる　とき、車の　音が　聞こえますか。
4. あなたは　山に　のぼるのが　好きですか。
5. しょくじを　はじめる　とき、日本語で　なんと　言いますか。

ZUM AUFWÄRMEN

1. Was bedeuten die folgenden Sätze?

   (1) 仕事が　忙しいので、夏休みの　りょこうを　中止しなければ　なりません。つまも　私も　がっかりしています。

   (2) となりに　住んでいる　人が　まいばん　とても　うるさいんです。つまも　私も

困っています。

(3) となりの ひとに 「しずかに してくださ
い」と 言いましたが、ぜんぜん しずか
に しないんです。つまも わたしも *お
こっています。

(4) むすこが きゅうに けっこんすると 言
いました。 つまも わたしも おどろい
ています。

(5) むすこに 子供が うまれました。つまは
よろこんでいます。わたしも うれしいで
す。

(6) つまの 兄が びょうきに なりました。
つまも わたしも *心配しています。

(7) つまの 兄が 亡くなりました。つまは
*かなしんでいます。わたしも *かなしい
です。

| NeuesVokabular |

* おこる	wütend werden
* 心配する	sich sorgen
* かなしむ	traurig sein
* かなしい	traurig

2. Prägen Sie sich die folgenden Adjektive gut ein.

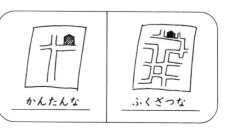

せまい	ひろい

あぶない

あんぜんな

はでな

じみな

ひとが　おおい

ひとが　すくない

SATZMUSTER 1, 2

1，2 ＿＿＿＿＿＿＿＿＿＿＿＿＿て

ANWENDUNG DER SATZMUSTER 1, 2

1. Betrachten Sie die Bilder und bilden Sie Sätze wie im Beispiel.

（例）かるいです
(1) 小さいです
(2) べんりです
(3) ＊デザインが　いいです
(4) 使い方が　かんたんです

＊デザイン　Design

（例）かるくて　とても　気に入っています。
(1) ＿＿＿＿＿＿＿＿＿＿＿＿＿＿＿＿＿＿とても　気に入っています。
(2) ＿＿＿＿＿＿＿＿＿＿＿＿＿＿＿＿＿＿とても　気に入っています。
(3) ＿＿＿＿＿＿＿＿＿＿＿＿＿＿＿＿＿＿とても　気に入っています。

(5) 　(6) 　(7) 　(8)

むずかしい　人が　たくさん　いる　しんぶんを　よむ　しけんに　おちる

(4)＿＿＿＿＿＿＿＿＿＿＿＿＿＿＿＿＿とても　気に入っています。

(5)＿＿＿＿＿＿＿＿＿＿＿＿＿わかりません。

(6)＿＿＿＿＿＿＿＿＿＿＿＿＿見る　ことが　できません。

(7)＿＿＿＿＿＿＿＿＿＿＿＿＿おどろきました。

(8)＿＿＿＿＿＿＿＿＿＿＿＿＿がっかりしました。

2. Betrachten Sie die Bilder. Was bedeuten die Sätze?

(1) 歩いて　行きました。

(2) 走って　行きました。

(3) バスに　のって　行きました。

(4) すわって　たべました。

(5) 立って　たべました。

(6) 歩きながら　たべました。

(7) ぶちょうと　そうだんして　決めました。

(8) よく　考えて　決めました。

(9) かいぎを　して　決めました。

(10) テープを　聞いて　れんしゅうしました。

(11) 何回も　かいて　れんしゅうしました。

(12) ゲームで　あそびながら　れんしゅうしました。

(13) よく　*しらべて　しりょうを　作りました。

(14) パソコンを　使って　しりょうを　作りました。

(15) おんがくを　聞きながら　しりょうを　作りました。

*しらべる　　　　　　untersuchen

93

3 ＿＿＿＿＿＿＿＿の

ANWENDUNG DER SATZMUSTER 3

1. Lesen Sie die Texte und beantworten Sie die Fragen.

1-1

> ビジーさんは　らいしゅうの　日よう日に　＊横浜に　サッカーを　見
> に　行きます。　昨日　田中さんが　きっぷを　くれたので、いっしょ
> に　見に　行きます。

＊横浜　　　　　　　　　　(Stadt) Yokohama

(1) ビジーさんが　サッカーを　見に　行くのは　いつですか。

＿＿＿＿＿＿＿＿＿＿＿＿＿＿＿＿＿＿＿＿＿＿＿＿＿＿＿

(2) ビジーさんが　サッカーを　見に　行くのは　どこですか。

＿＿＿＿＿＿＿＿＿＿＿＿＿＿＿＿＿＿＿＿＿＿＿＿＿＿＿

(3) ビジーさんに　サッカーの　きっぷを　くれたのは　だれですか。

＿＿＿＿＿＿＿＿＿＿＿＿＿＿＿＿＿＿＿＿＿＿＿＿＿＿＿

1-2

> ビジーさんは　昨日　10時から　とりひきさきで　かいぎが　ありま
> した。お客さんの　会社は　ぎんざに　あります。ビジーさんは　10
> 時15分まえに　東京駅で　タクシーに　のりました。いつもは　10分
> ぐらいで　つきますが、昨日は　東京駅の　近くで　じこが　あった
> ので、道が　とても　こんでいました。お客さんの　会社まで　30分
> も　かかりました。ビジーさんは　かいぎに　15分　おくれました。

(1) おきゃくさんの　会社は　どこに　ありますか。

＿＿＿＿＿＿＿＿＿＿＿＿＿＿＿＿＿＿＿＿＿＿＿＿＿＿＿

(2) じこが　あったのは　どこですか。

＿＿＿＿＿＿＿＿＿＿＿＿＿＿＿＿＿＿＿＿＿＿＿＿＿＿＿

(3) ビジーさんが　タクシーに　のったのは　何時ですか。

＿＿＿＿＿＿＿＿＿＿＿＿＿＿＿＿＿＿＿＿＿＿＿＿＿＿＿

(4) ビジーさんが　お客さんの　会社に　ついたのは　何時ですか。

＿＿＿＿＿＿＿＿＿＿＿＿＿＿＿＿＿＿＿＿＿＿＿＿＿＿＿

2. Betrachten Sie die Bilder. Was bedeuten die Sätze?

(1) やせるのは 大変(たいへん)です。

(2) 仕事(しごと)の あとで べんきょうするのは 大変(たいへん) です。

(3) 日本(にほん)の 生活(せいかつ)に なれるのは 大変(たいへん)です。

(4) 子供(こども)と あそぶのは たのしいです。

(5) 友(とも)だちと りょこうに 行(い)くのは たのしい です。

(6) 新(あたら)しい *ようふくを 買(か)うのは たのしい です。

(7) 雪(ゆき)の 日(ひ)に 車(くるま)を うんてんするのは あぶない です。

(8) 夜(よる) おそく 一人(ひとり)で 歩(ある)くのは あぶない です。

(9) ビデオを とるのは かんたんです。

(10) パソコンで しりょうを 作(つく)るのは かんたん です。

(11) 有名(ゆうめい)な 大学(だいがく)に 合格(ごうかく)するのはむずかしい です。

(12) かんじで 住所(じゅうしょ)を かくのは むずかしい です。

*ようふく　　　　　　　(westliche) Kleidung, Kleider

SATZMUSTER 4

4 _____ が 見(み)えます／聞(き)こえます

ANWENDUNG DER SATZMUSTER 4

1. Betrachten Sie die Bilder und vervollständigen Sie die Sätze.

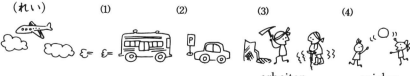

(れい)　　　(1)　　　(2)　　　(3)　　　(4)

arbeiten　　　spielen

95

（例）ひこうきが とんでいるのが 見えます。

(1) ＿＿＿＿＿＿＿＿＿＿＿＿＿＿＿＿＿＿ が 見えます。

(2) ＿＿＿＿＿＿＿＿＿＿＿＿＿＿＿＿＿＿ が 見えます。

(3) ＿＿＿＿＿＿＿＿＿＿＿＿＿＿＿＿＿＿ が 見えます。

(4) ＿＿＿＿＿＿＿＿＿＿＿＿＿＿＿＿＿＿ が 見えます。

（例）だれかが せきを しているのが 聞こえます。

(5) だれかが ＿＿＿＿＿＿＿＿＿＿＿＿＿＿ が 聞こえます。

(6) だれかが ＿＿＿＿＿＿＿＿＿＿＿＿＿＿ が 聞こえます。

(7) だれかが ＿＿＿＿＿＿＿＿＿＿＿＿＿＿ が 聞こえます。

(8) だれかが ＿＿＿＿＿＿＿＿＿＿＿＿＿＿ が 聞こえます。

FÜR WAGEMUTIGE

1-1. Lassen Sie sich den Text (1-2) vorlesen. Schreiben Sie den Buchstaben des passenden Bildes in die Klammer.

(1) どの 人が ベイカー部長ですか。 （　　　　　　　）

(2) どの 人が うえだ課長ですか。 （　　　　　　　）

(3) どの 人が 小川さんですか。 （　　　　　　　）

(4) どの 人が もりさんですか。 （　　　　　　　）

(5) どの 人が 東さんですか。 （　　　　　　　）

1-2. Lesetext.

　　JBP コンピューターの *こうほう部の *社員を ごしょうかいします。
こうほう部の 仕事は JBP コンピューターの PR を する ことです。
　　こうほう部の 社員は 6人です。ベイカー部長、うえだ
課長、小川さん、もりさん、東さんです。そして、私は 北山です。
　　しょるいを よみながら コーヒーを 飲んでいるのが ベイカー
部長です。ベイカー部長は アメリカ人ですが、日本語と 中国語が
とても よく できます。
　　*ソファーに すわって お客さまと 話しているのが うえだ課長
です。めがねを かけているのが 課長です。お客さまは たぶん
ざっし社の 人だろうと 思います。
　　電話で 話しているのが 小川さんです。小川さんの となりで パソ
コンを 使っているのが もりさんです。もりさんは 先月 システム
部から こうほう部に 来ました。今 *データベースを 作っています。
　　コピーを しているのが 東さんです。東さんは 去年 入った
ばかりです。そして、私、北山は PRの ざっしを *担当しています。

*こうほうぶ	Abteilung für Öffentlichkeitsarbeit, Presseabteilung
*社員	Angestellte(r)
*ソファー	Sofa
*データベース	Datenbank, (engl. data base)
*担当する	zuständig sein

2-1. Lassen Sie sich den Text (2-2) vorlesen und markieren Sie die Aussagen
　　mit R (richtig) oder F (falsch).

(1) (　) 小林さんの しゅみは ピアノを ひく ことです。
(2) (　) 小林さんは いま *ジャズより *クラシックを ひくのが すきです。
(3) (　) ビジーさんの しゅみは スポーツを する ことです。
(4) (　) ビジーさんは よく スポーツの ゲームを 見に 行きます。
(5) (　) 小川さんの しゅみは 本を よむ ことです。
(6) (　) 小川さんは 休みの 日は 一日中 ねています。

| *ジャズ | Jazz |
| *クラシック | klassisch(e Musik), Klassik |

2-2. Lesetext.

　　「しゅみ」は ドイツ語で Hobby と いう いみです。小林さんと
ビジーさんと 小川さんが しゅみに ついて 話します。よく 聞い
てください。

(1) 小林です。私の しゅみは ピアノを ひく ことです。子供の
　　ころは れんしゅうするのが きらいでしたが、今は とても たのしい

97

です。前は　クラシックだけ　ひいていましたが、今は　ジャズを　ひく
のが　好きです。日曜日は　たいてい　一日中　ピアノを　ひいていま
す。

(2) ビジーです。私の　しゅみは　スポーツを　見る　ことです。*やきゅう、
*サッカー、すもう、*マラソン、テニス、何でも　好きです。ゲームを
見に　行くのが　一番　おもしろいんですが、きっぷが　高くて　あま
り　行く　ことが　できません。たいてい　テレビで　見ています。

   *やきゅう　　　　　　　　Baseball
   *サッカー　　　　　　　　Fußball
   *マラソン　　　　　　　　Marathonlauf

(3) 小川です。私は　何も　しゅみが　ありません。仕事が　とても
いそがしいので、休みの　日は　うちで　一日中　ねています。あまり
本も　よまないし、えいがも　見ないし、スポーツも　しません。仕事
が　しゅみかもしれません。

3-1. Lassen Sie sich den Text (3-2) vorlesen und markieren Sie die Aussagen
    mit R (richtig) oder F (falsch).

(1)(　) 吉田さんは　昨日　うちに　かぎを　忘れました。
(2)(　) 吉田さんの　おくさんは　昨日　友だちと　しょくじに行きました。
(3)(　) 吉田さんは　昨日　さいふを　会社に　忘れました。
(4)(　) 吉田さんは　昨日　さとうさんと　飲みに　いきました。
(5)(　) 吉田さんは　朝の　4時まで　うちに　入る　ことが　できませんで
    した。

3-2. Lesetext.
吉田さんと　さとうさんが　話しています。
吉田：　さとうさん、ちょっと　聞いてください。昨日は　大変だったんです。
さとう：どう　したんですか。
吉田：　9時ごろ　うちに　かえったんですが、会社に　かぎを　忘れて
    うちに　入る　ことが　できなかったんです。
さとう：おくさんは　うちに　いなかったんですか。
吉田：　ええ、昨日は　友だちと　食事に　出かけたんです。
さとう：それで　どう　したんですか。
吉田：　どう　したと　思いますか。
さとう：飲みに　行ったんじゃ　ありませんか。
吉田：　でも、さいふも　会社に　忘れたので、お金が　なかったんです。
さとう：それで　どう　したんですか。
吉田：　*ずっと　げんかんで　家内を　まっていたんです。

さとう：おくさんは　何時<ruby>時<rt>なんじ</rt></ruby>ごろ　かえってきたんですか。

吉田：　何時に　かえってきたと　<ruby>思<rt>おも</rt></ruby>いますか。

さとう：おそかったんですか。

吉田：　<ruby>家内<rt>かない</rt></ruby>が　かえってきたのは　<ruby>朝<rt>あさ</rt></ruby>の　4<ruby>時<rt>じ</rt></ruby>だったんです。

さとう：それは　<ruby>大変<rt>たいへん</rt></ruby>でしたね。

＊ずっと　　　　　　　　　　　die ganze Zeit über, dauernd

NEUE KANJI

1. 飲む

(12)

2. 終わる

(11)

3. 上
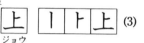
(3)

4. 動く

(11)

5. 黒い

(11)

6. 安心

(4)

Lesungen

着：　着く，着る　　　　言：　言う，発言

発：　出発，発言　　　　安：　安い，安心

Verwandte Wörter　　上 ⟷ 下

黒い ― 青い ― 赤い ― 白い

LEKTION **15** DER VERGESSENE REGENSCHIRM

Herr Braun kümmert sich um den Schirm von Herrn Yamamoto.

ブラウン： 昨日 スポーツクラブに 行ったら 山本さんに 会い
　　　　　 ました。

わたなべ： 山本さん？ おととい ここに 来た 山本さんですか。

ブラウン： ええ、彼も そこの 会員だと 言っていました。

わたなべ： あっ そうそう、山本さんが かさを 忘れて 帰りま
　　　　　 したが、どうしましょうか。

ブラウン： 私が その かさを あずかりましょう。また 会うか
　　　　　 もしれませんから。今度 スポーツクラブへ 行く 時、
　　　　　 持っていきます。

わたなべ： じゃ これ、おねがいします。

ブラウン： 山本さんに 会ったら わたします。もし 会わなかっ
　　　　　 たら 受付に あずけます。

Im Fitness-Studio

受付： おはようございます。

ブラウン： おはようございます。山本たろうさんは 今日 来ますか。

受付： 会員の 山本さまですね。今日は 山本さまは 夕方 6時
　　　 に いらっしゃいます。

ブラウン： そうですか。これ、山本さんの かさなんですが、6時に
　　　　　 来るなら 今 あずけても いいですか。

受付： はい、どうぞ。

ブラウン： じゃ、彼が 来たら わたしてください。

受付： はい、たしかに。

Braun:　　　Als ich gestern ins Fitness-Studio ging, bin ich Herrn Yamamoto be-
　　　　　　gegnet.
Watanabe:　Herr Yamamoto? Der Herr Yamamoto, der vorgestern hier war?
Braun:　　　Ja. Er hat mir gesagt, dass er dort Mitglied ist.
Watanabe:　Ach, übrigens, Herr Yamamoto hat seinen Regenschirm bei uns ver-
　　　　　　gessen. Was sollen wir damit machen?

Braun:	Ich werde mich um den Regenschirm kümmern. Ich werde ihm wahrscheinlich wieder begegnen. Wenn ich nächstes Mal ins Fitness-Studio gehe, werde ich ihn mitnehmen.
Watanabe:	Gut, dann nehmen Sie ihn bitte.
Braun:	Wenn ich Herrn Yamamoto treffe, gebe ich ihn ihm. Falls nicht, gebe ich ihn an der Rezeption zur Aufbewahrung ab.
Rezeptionist:	Guten Morgen.
Braun:	Guten Morgen. Wird Herr Tarō Yamamoto heute hierher kommen?
Rezeptionist:	Sie meinen den Herrn Yamamoto, der bei uns Mitglied ist? Er kommt heute Abend um sechs Uhr.
Braun:	Ach, ja? Das ist sein Regenschirm. Kann ich ihn für ihn hier lassen, wenn er um sechs kommt?
Rezeptionist:	Ja, selbstverständlich.
Braun:	Wenn er kommt, geben Sie ihn ihm bitte.
Rezeptionist:	Ja, bestimmt.

Neues Vokabular

～たら	als
山本	Yamamoto
会員	Mitglied
そうそう	übrigens
もし	wenn
あずける	anvertrauen, abgeben *はずかる (annehmen)*
たろう	männl. Vorname (Tarō)
～さま	= さん (höflicher als) さん
いらっしゃいます	くる (höflicher als) くる
～なら	wenn
たしかに	gewiss

GRAMMATIK UND LERNZIELE

- -たら

昨日 スポーツ クラブ に 行ったら 山本さん に 会いました。

Die Struktur „A... -たら" drückt in der Grundbedeutung eine abgeschlossene Handlung aus. -たら (-かったら, だったら) wird mit Verben, Adjektiven und Substantiven verbunden und bedeutet, dass zunächst die Handlung A und anschließend B erfolgt ist. Da B (-ました) unerwartet, als Überraschung gekommen ist, wird hier -たら gebraucht. In Sätzen wie 昨日 田中さん が 来た時、彼 に 話しました „Als Herr Tanaka gestern hier war, habe ich mit ihm (darüber) gesprochen/es ihm erzählt." - erscheint 時<ruby>とき</ruby> (statt eines - たら -Musters), weil das Gespräch mit Herrn Tanaka kein zufälliges Ereignis ist.

Beachten Sie bitte den Unterschied zwischen - て und - たら . Die Aussage 昨日 スポーツ クラブ に 行って 山本さん に 会いました („Ich bin gestern ins Fitness-Studio gegangen und habe dort Herrn Yamamoto getroffen") würde zum Ausdruck bringen, dass Braun die Absicht hatte, Herrn Yamamoto im Fitness-Studio zu treffen. Die neutrale Version 昨日 スポーツ クラブ に 行った 時 山本さん に 会いました ist die Antwort auf die Frage: いつ 山本さん に 会いましたか („Wann haben Sie Herrn Yamamoto getroffen?"). 山本さん に 会ったら 渡します。 もし 会わなかったら 受付 に 預けます。

Bei Bezug auf die Zukunft (Futur-Zeitstufe) (A... - たら B... - ます /- ましょ う /- て く だ さ い) drückt dieses Muster eine Annahme aus, denn nichts in der Zukunft ist absolut sicher, so dass in diesem Fall die (konditionale) Übersetzung „falls" angebracht ist. Wird erwartet, dass die Situation tatsächlich eintritt, so ist die (temporale) Übersetzung „wenn" zu wählen.

Beispiel: 1. 明日 雨 が 降ったら、ピクニック は 止めます。 „Falls es morgen regnet, wird das Picknick ausfallen."

2. 暗 く なったら、花火 を 始めましょう。 „Wir beginnen mit dem Feuerwerk, wenn/sobald es dunkel wird."

Die Kombination mit Verben, Adjektiven und Substantiven ist wie folgt:

	aff.	neg.
行く 見る	行ったら 見たら	行かなかったら 見なかったら
高い	高かったら	高く なかったら
静かな	静か だったら	静か で /じゃ なかったら
雨	雨 だったら	雨 で /じゃ なかったら

• なら

6時 に 来る なら、今 預けて も いい です か

なら wird zwar auch bei Ungewissheit gebraucht, kann sich aber von - たら in einigen Aspekten unterscheiden. Im vorliegenden Beispiel hat sich Herr Braun endgültig entschieden, den Schirm an der Rezeption zur Aufbewahrung abzugeben, da er damit rechnet, dass Herr Yamamoto ins Fitness-Studio kommt. Gelegentlich können - たら oder - なら dieselbe Bedeutung zum Ausdruck bringen. Die folgenden beiden Sätze unterscheiden sich allerdings in ihrer Bedeutung:

Beispiel: 1. かとうさん が 来たら 帰ります。 „Nachdem Herr Katō gekommen ist, werde ich (weg)gehen."

2. かとうさん が 来る なら 帰ります。 „Falls Herr Katō kommt, gehe ich (jetzt weg)."

Beachten Sie die Zeitenfolge beim Satzmuster A... たら B. Die Handlung B im Hauptsatz geschieht stets nach Abschluss der Handlung A. Hier zwei andere Beispiele, in denen - なら und - たら nicht gegeneinander austauschbar sind:

Beispiel: 1. この本、読むなら持って行っていいですよ。 „Falls Du dieses Buch wirklich lesen willst, kannst Du es mit nach Hause nehmen."

2. 読んだら返して下さい。 „Nachdem Du es gelesen hast, gib es mir bitte wieder zurück."

なら kann auf Adjektive folgen - 安いなら, 便利なら - oder auf Substantive wie in 雨ならかさを持って行きましょう。 „Falls es regnet, werde ich meinen Regenschirm mitnehmen."

なら impliziert stets eine Annahme des Sprechers und kann sich nicht auf Dinge beziehen, die offensichtlich sind. ~~今晩暗くなるなら~~..., - „Falls es heute Abend dunkel wird...," - ist grammatikalisch falsch.

ANMERKUNGEN

私がそのかさをあずかりましょう。
これ、山本さんのかさなんですが、6時にくるなら、今あずけてもいいですか。

Wie aus den obigen Beispielen ersichtlich, werden sowohl あずかる (Reg. I-Verb), „für einige Zeit zur Aufbewahrung gegeben/anvertraut werden", als auch あずける (Reg. II-Verb), „etwas zur Aufbewahrung geben/anvertrauen", mit derselben Objektform und derselben Partikel gebraucht. Beachten Sie daher bitte besonders Verbformen wie die folgenden, deren Bedeutung sich leicht verwechseln lässt:

Vergleiche: 1. ブラウンさんはわたなべさんからかさをあずかりました。 „Herr Braun wurde von Herrn Watanabe der Regenschirm zur Aufbewahrung gegeben/anvertraut."

2. ブラウンさんは受付にかさをあずけました。 „Herr Braun hat den Regenschirm an der Rezeption zur Aufbewahrung abgegeben."

3. 受付の人はブラウンさんからかさをあずかりました。 „Dem Rezeptionisten wurde von Herrn Braun ein Regenschirm zur Aufbewahrung anvertraut."

EINFACHE SATZSTRUKTUREN ZUM EINPRÄGEN

1. 京都まで車で行ったら 10時間 かかりました。
2. もし予定が かわったら 知らせます。
3. ひこうきで行くなら 早く きっぷを 買った ほうが いいですよ。

1. Als wir mit dem Auto nach Kyōto fuhren, dauerte es zehn Stunden.
2. Ich sage dir Bescheid, wenn sich mein Plan ändert.
3. Wenn sie mit dem Flugzeug fliegen, sollten sie die Tickets frühzeitig kaufen.

ÜBUNGEN TEIL A

I. Üben Sie die folgenden Satzmuster, indem Sie die unterstrichenen Satzteile ersetzen.

. <u>スポーツクラブに　行ったら</u>、<u>昔の　ともだちに　会いました</u>

1. <u>かどを　曲がりました</u>、<u>海が　見えました</u>
2. <u>たんじょう日の　プレゼントを　あけました</u>、<u>かわいい　犬が　出て　きました</u>
3. <u>うんどうしました</u>、<u>背中が　いたく　なりました</u>
4. <u>朝　起きました</u>、<u>雪が　ふって　いました</u>
5. <u>うちに　帰りました</u>、<u>てがみが　きていました</u>

II. Bilden Sie Dialoge, indem Sie die unterstrichenen Satzteile ersetzen.

A. **F:** かいぎは　いつ　はじめますか。
   A: <u>10時に</u>　なったら　すぐ　はじめます。
   1. 社長が　来ます
   2. 全員が　そろいます
   3. ちゅうしょくが　すみます
   4. しりょうの　コピーが　できます

B. **F:** <u>ひまが　あったら</u>　どう　しますか。
   A: <u>ひまが　あったら</u>　日本中　りょこう<u>したいです</u>。
   1. お金、大きい　うちを　かいます
   2. たくさん　お金、半分　きふします
   3. 車、北海道を　まわります
   4. お金と　じかん、世界中の　ともだちを　たずねます

C. **F:** <u>道が　分からない</u>かもしれませんよ。
   A: もし　<u>分からなかったら</u>　<u>こうばんで　聞きます</u>。
   1. お金が　足りません、友だちに　借ります
   2. 今日は　かいぎが　ありません、ほかの　しごとを　します
   3. バスが　走っていません、タクシーで　かえりましょう

III. Üben Sie die folgenden Satzmuster, indem Sie die unterstrichenen Satzteile ersetzen.

<u>あつかったら</u>　<u>まどを　あけて</u>ください。

1. さむい、ヒーターを つけても いいです
2. 高い、買わないでください
3. つごうが わるい、ほかの 日に しましょう
4. 気分が よくない、休んだ ほうが いいですよ
5. つまらない、よまなくても いいです

IV. Bilden Sie Dialoge, indem Sie die unterstrichenen Satzteile ersetzen.

A.　F: 雨だったら どうしますか。
　　A: 雨なら 予定を 変えます。

1. スト、行きません
2. 田中さんが るす、また あとで でんわします
3. けっかが だめ、もう一度 やります
4. 使い方が ふくざつ、買うのを やめます

B.　A: ひるごはんを たべたいんですが。
　　B: ひるごはんを たべるなら あの レストランが いい ですよ。

1. スポーツクラブに 入ります、いい クラブを しょうかい
　 しましょう
2. 海に 行きます、わたしの 車を 使っても いいですよ
3. テープレコーダーを 買います、小さい ほうが べんり
だと 思います
4. 九州に 行きます、フェリーが いいと 思いますよ
5. ヨーロッパを りょこうします、5月ごろが きれいで いい
　 ですよ

Neues Vokabular

昔	früher, in alter Zeit
かわいい	süß, niedlich
犬	Hund
出てくる	herauskommen
うんどうする	sich bewegen
うんどう	Bewegung, körperl. Training
せなか	Rücken
全員	alle Personen, alle Mitglieder
そろう	sich versammeln, zusammenkommen

すむ	vorübergehen, zu Ende sein
日本中（にほんじゅう）	in ganz Japan
中（じゅう）	überall in...
半分（はんぶん）	halb
きふする	spenden
きふ	donation, contribution
世界中（せかいじゅう）	in der ganzen Welt
世界（せかい）	Welt
るす	nicht da sein, abwesend
しょうかいする	jemanden vorstellen
フェリー	Fähre

KURZE DIALOGE

1. A: この　辺（へん）に　荷物（にもつ）を　あずける　ところは　ありませんか。

   B: あそこに　コインロッカーが　あります。もし　いっぱいなら、改札（かいさつ）口（ぐち）の　そばにも　ありますよ。

   A: Gibt es hier in der Gegend einen Ort, an dem man sein Gepäck aufbewahren lassen kann?

   B: Dort drüben sind Schließfächer. Falls diese alle voll sein sollten: es gibt noch weitere neben der Sperre.

2. ケルン：　かいぎは　なかなか　おわりませんね。

   わたなべ：　9時（じ）に　なったら　おわるでしょう。

   ケルン：　そうですか。そんなに　おそく　なるなら　お先（さき）に　失礼（しつれい）します。

   Kern:　　Die Besprechung will einfach nicht aufhören...

   Watanabe: Um 9:00 Uhr wird sie wohl enden.

   Kern:　　Ach so (lange noch). Wenn das so spät wird, dann gehe ich jetzt.

3. A: 中国語（ちゅうごくご）の　通訳（つうやく）を　さがしているんですが。

   B: 中国語（ちゅうごくご）から　日本語（にほんご）への　通訳（つうやく）ですね。

   A: ええ、だれか　いい　人（ひと）が　いたら　ぜひ　しょうかいしてください。

   A: Ich suche einen Dolmetscher für Chinesisch.

   B: Ist es Dolmetschen vom Chinesischen ins Japanische?

   A: Ja. Wenn Sie einen guten kennen/wenn es einen guten gibt, stellen Sie ihn mir bitte vor.

Neues Vokabular

この 辺（へん）	in dieser Gegend
辺（へん）	Gegend, Umgebung
コインロッカー	Schließfach
そば	bei, in der Nähe von
そんなに	so sehr
通訳（つうやく）	Dolmetschen, Dolmetscher
さがす	suchen

ÜBUNGEN TEIL B

I.　Lesen Sie den Lektionstext und beantworten Sie die folgenden Fragen.

1.　ブラウンさんは　山本（やまもと）さんの　忘（わす）れた　かさを　だれから　あずかりましたか。

2.　ブラウンさんは　どこで　山本（やまもと）さんに　その　かさを　わたしたいと　思（おも）っていますか。

3.　ブラウンさんは　スポーツクラブに　行（い）った　とき、山本（やまもと）さんに　会（あ）う　ことが　できましたか。　*いいえ*

4.　山本（やまもと）さんは　この　スポーツクラブの　会員（かいいん）ですか。

II.　Ergänzen Sie, falls nötig, die fehlenden Partikeln.

1.　ブラウンさんは　受付（うけつけ）の　人（ひと）（に）荷物（にもつ）（を）あずけました。

2.　会員（かいいん）（の）山本（やまもと）さまは　今日（きょう）　夕方（ゆうがた）　6時（じ）（に）いらっしゃいます。

3.　山本（やまもと）さんが　かさ（を）忘（わす）れて　帰（かえ）りました。
　　じゃ、わたし（が）その　かさ（を）あずかりましょう。スポーツクラブ（で）山本（やまもと）さん（に）会（あ）ったら、わたします。

4.　ちゅうしょく（が）すんだら、きっぷ（を）買（か）い（に）行（い）ってください。

wie kingohan ← Mittagessen　　*vorbei sein*

III.　Ergänzen Sie die folgenden Fragen.

1.　もし　山本（やまもと）さんが　来（こ）なかったら、（どう）しましょうか。
　　手紙（てがみ）で　知（し）らせてください。→ *しらせる ⇒ Bescheid geben*

2.　（いつ）ひっこすんですか。→ *Umziehen*
　　うちが　できたら　ひっこします。 → *Gohan できた*

3.　（だれ）に　しょうたいじょうを　わたしましたか。

wie kingohan

ひしょに　わたしました。

4.（どうして）パーティーに　行かないんですか。

　　パーティーは　たいくつなので　行きたくないんです。

IV. Vervollständigen Sie die Sätze durch die passenden Verbformen.

1. パソコンを（　　）なら、いい　店を　おしえましょう。（買います）

2. 全員が（　　）たら、（　　）ください。（そろいます、はじめます）

3. タクシーに（　　）たら、気分が（　　）なりました。（のります、わるいです）

4. （ひま）なら、えいがを（みに）に　行きませんか。（ひまです、見ます）

5. この　かばんは　使っていません。

　　（　　）なら、（すてた）ほうが　いいですよ。（使いません、すてます）

6. （　　）たら、少し（　　）ください。（つかれます、休みます）

7. （　　）たら、ジュースを（　　）ください。（忙しくないです、買ってきます）

8. 作り方が（　　）なら、（　　）のを　やめます。（めんどうです、 *lästig* 作ります）

9. 明日（雨だ）たら、出かけません。（雨です）

10. 京都に（行く）なら、この　地図を（あげ）ましょう。（行きます、あげます） *anvertrauen*

11. 荷物が（おもい）ので、（あずか）ください。（おもいです、あずかります）

V. Beantworten Sie die Fragen.

verlieren / runterfallen

1. さいふを　おとしたら、あなたは　どう　しますか。

2. 1ヶ月　休みが　あったら、何を　しますか。 *LOVELETTER*

3. ともだちの　ガールフレンド／ボーイフレンドから　ラブレターを　もらったら　どう　しますか。

ZUM AUFWÄRMEN

1. Tragen Sie die Verben, Substantive und Adjektive in der passenden Form in die Tabelle ein.

ぶ　wird zu　んで

			～たら	～なかったら
Verb	(れい)	いく	いったら	いかなかったら
	(1)	そろう		
	(2)	いそぐ		
	(3)	さがす		
	(4)	すむ		
	(5)	えらぶ		
	(6)	まもる		
	(7)	なる		
	(8)	わかる		
	(9)	ある		
	(10)	あずける		
	(11)	できる		
	(12)	こんでいる		
	(13)	でてくる		
	(14)	うんどうする		
-い -Adj.	(れい)	たかい	たかかったら	たかくなかったら
	(15)	かわいい		
	(16)	わかい		
-な -Adj.	(れい)	しずかな	しずかだったら	しずかでなかったら
	(17)	ひまな		
	(18)	めんどうな		
Sub-stantiv	(れい)	あめ	あめだったら	あめでなかったら
	(19)	いい　てんき		
	(20)	るす		

SATZMUSTER 1

1 _____ たら _____

1. Beschreiben Sie, was Sie in der Kiste fanden.

（例） 昨日 イギリスの ともだちから 荷物が とどきました。

あけたら 中に ウィスキーが 入っていました。

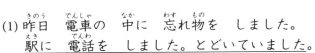

（れい） ウイスキー	(1)	(2)	(3)

2. Verbinden Sie die beiden Sätze wie im Beispiel.

（例） 昨日 道で かばんを ひろいました。

かばんを あけました。中に 300万円 入って

いました。

→ かばんを あけたら 中に 300万円 入って

いました。

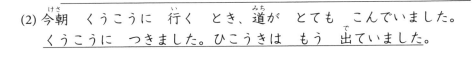

(1) 昨日 電車の 中に 忘れ物を しました。

駅に 電話を しました。とどいていました。

→ _____

(2) 今朝 くうこうに 行く とき、道が とても こんでいました。

くうこうに つきました。ひこうきは もう 出ていました。

→ _____

3. Herr Sausewind berichtet über dies und das. Lesen Sie die Sätze genau und erzählen Sie die Episoden nach, von Herrn Sausewinds Standpunkt aus betrachtet.

———— ちょっと 聞いてください ————

(1) せんしゅう 空港に 友だちを むかえに 行ったら ＊ハリソン・フォードが いました。えいがで 見た とき より ハンサムでした。「サインを ください」と 言ったら サインを くれました。とても うれしかったです。

(2) 土よう日に ぎんざに 行ったら ぎんざまつりを していました。デパートで ＊セールを していたり、道で ＊コンサートを していたり して おもしろかったです。セールで セーターと くつを 買いました。とても 安かったです。

(3) おととい　しゅっちょうで　大阪に　行きました。大阪駅に　つい
たら　雨が　ふっていました。東京を　出る　ときは、いい　天気
だったので、かさが　なくて　困りました。

(4) 昨日　うちに　帰ったら　アメリカから　あたらしい　じてんしゃ
が　とどいていました。先月　アメリカで　買った　じてんしゃで
す。日よう日に　*サイクリングに　行くのが　たのしみです。

(5) 今朝　会社に　ついたら　ドイツから　ファックスが　とどいてい
ました。今日中に　へんじを　しなければ　ならないので、今日は
ざんぎょうに　なるかもしれません。

*ハリソン・フォード　　　　Harrison Ford

*セール　　　　　　　　　Ausverkauf, Sonderangebot (engl.: sale)

*コンサート　　　　　　　Konzert

*サイクリング　　　　　　Radfahren (engl.: cycling)

4. Herr Sausewind berichtet über erstaunliche Begebenheiten in der letzten
Zeit. Üben Sie die Rolle von Herrn Sausewind.

Abholen

(1) ビジー：昨日　くうこうに　友だちを　むかえに　行ったんです。

　　よしだ：そうですか。それで？

　　ビジー：*そう　したら　ハリソン・フォードが　いたんですよ。

　　よしだ：それは　すごいですね。

　　ビジー：サインを　くださいって　言ったら・・・。

　　よしだ：そう　したら？

　　ビジー：サインを　くれたんですよ。本当に　うれしかったです。

　　よしだ：よかったですね。

　　　*そう　したら　　　und (was) dann?

(2) ビジー：昨日　すもうを　見に　行ったんです。

　　よしだ：そうですか。それで？　→ und dann?

　　ビジー：そう　したら　土俵の　すぐ　下の　席だったんです。

　　よしだ：それは　すごいですね。

　　ビジー：とりくみが　はじまったら・・・。

Kampf

111

よしだ：そう　したら？

ビジー：力士（りきし）が　＊おちてきたんですよ。

よしだ：本当（ほんとう）ですか。けがを　しませんでしたか。

ビジー：ええ、おどろきましたが、＊だいじょうぶでした。

＊おちてくる　　　　auf einen fallen, „heruntergefallen kommen"

＊だいじょうぶ　　　in Ordnung

5. Betrachten Sie die Bilder und finden Sie heraus, was gerade passiert. Üben
   Sie dann beide Rollen.

(1)

もう　かえっても
いいですか。

まだ　いけ
ません。

A　　　B

もう　いい
ですか。

じゅぎょうがおわ
ったら　かえって
もいいです

A　　　B

Zusammen
kommenkeit

(2)

もう　たべても
いいですか。

ちょと　まって
ください。

A　　　B

もう　いい
ですか。

みんなが　そろった
ら　たべましょう。

A　　　B

(3)

oberster Boss

もう　はじめても
いいですか。

ちょっと　ま
ってください。

A　　　B

もう　いい
ですか。

しゃちょうが　きたら
はじめてください。

A　　　B

112

6. Lesen Sie die Texte und beantworten Sie die Fragen.

6-1

にゅうしゃ
入社しけん

> 9時に　なったら　テストを　はじめます。
> テストの　時間は　2時間です。
> 11時に　なったら　全員　やめてください。
> テストの　けっかは　あとで　連絡します。

* 入社しけん　　　　　　　　(Firmen)Aufnahmeprüfung, Einstellungstest

(1) いつ　テストを　はじめますか。

_____

(2) いつ　テストを　やめますか。

_____

6-2

> * 入社式
> 　まず、はじめに　社長が　あいさつを　します。社長の　あいさつが　おわったら　*役員を　しょうかいします。役員の　しょうかいが　おわったら　*新入社員の　*代表が　あいさつを　します。次に、部長が　けんしゅうに　ついて　くわしく　せつめいします。部長の　せつめいが　おわったら　入社式は　おわります。

* 入社式	(Firmen)Eintrittszeremonie
* 役員	Vorstandsmitglied, Mitglied der Geschäftsführung
* 新入社員	neue(r) Angestellte(r)
* 代表	Repräsentant, (ein) Vertreter (für alle)

(1) いつ　役員を　しょうかいしますか。

_____

(2) いつ　新入社員の　代表が　あいさつを　しますか。

_____

(3) いつ　部長が　けんしゅうに　ついて　せつめいしますか。

_____

7. Beachten Sie, wie sich die Stimmungslage von Herrn B auf den Bildern ändert. Vervollständigen und üben Sie dann die Dialoge.

(例)

B：でも、こんでいるかもしれません。

A：<u>こんでいたら</u>　やめましょう。

(1) B：日よう日は　雨かもしれません。

A：＿＿＿＿＿＿＿＿＿＿＿やめましょう。

(1)

(2) B：高いかもしれませんよ。

A：メニューを　みて、＿＿＿＿＿やめましょう。

(2)

(3) B：よやくが　できないかもしれません。

A：電話を　して、＿＿＿＿＿やめましょう。

(3)

8. Lesen Sie das folgende Gespräch und üben Sie beide Rollen.

5000万円　＊あたったら

＊宝くじを　買いに　たくさん　人が　＊あつまっています。

＊アナウンサー：すみません。テレビ JBP ですが、5000万円　あたったら　どう　しますか。

学生 A：　　　　5000万円　あたったら　イタリアの　車が　買いたいです。

会社員 A：　　　5000万円　あたったら　うちを　買いたいです。

会社員 B：　　　5000万円　当ったら　すきな　人と　いっしょに　＊ふねで　世界を　まわりたいです。

114

学生 B：	5000万円　当ったら　銀行に　あずけます。
会社員 C：	5000万円　当ったら　*カジノで　使います。
会社員 D：	5000万円　当ったら　今の　会社　をやめて、　あたらしい　*ビジネスを　はじめたいです。

*当たる	gewinnen, wörtlich: treffen
*宝くじ	Lotterie, Los
*アナウンサー	(Rundfunk)Sprecher, Ansager
*ふね	Schiff
*カジノ	Spielbank, Spielkasino
*ビジネス	Business

SATZMUSTER 2

2 ＿＿＿＿＿＿＿＿＿＿ なら ＿＿＿＿＿＿＿＿＿＿

ANWENDUNG DER SATZMUSTER 2

1. Herr A fragt Herrn B um Rat. Übernehmen Sie den Part von Herrn B.

(1)

(2)

(3)

* すし屋　　　　　　　　　　Sushi-Restaurant
* すしまさ　　　　　　　　　Sushimasa (Name eines Restaurants)
* ゆっくり　　　　　　　　　langsam, gemütlich, in aller Ruhe
* はこね　　　　　　　　　　Hakone (Name einer Gegend)

2.　Üben Sie beide Rollen wie im Beispiel.

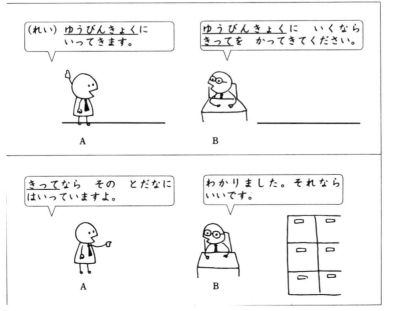

（例）ゆうびんきょく／切手

(1) くすりや／かぜぐすり

(2) カメラ屋／フイルム

(3) 電気屋／電池

(4) ＊コンビニ／しんぶん

＊コンビニ　　　24-Stundenladen, (engl.: convenience store)

FÜR WAGEMUTIGE

1-1. Lesen Sie den folgenden Auszug aus Herrn Sausewinds Tagebuch.

——————— 雪 の 日 ———————

　朝 おきて、カーテンを 開けたら 雪が ふっていました。4月に なっ
てから 雪が ふるのは ＊めずらしいです。

　いつもより 少し 早く うちを 出ました。駅に 着いたら 人が た
くさん 電車を まっていました。駅の人に 聞いたら 電車は 動いてい
ないと 言いました。いそいで タクシーのりばに 行ったら さとうさん
が いました。さとうさんと いっしょに タクシーに のりました。雪が
たくさん ふっていたので、タクシーは いつもより ゆっくり 走ってい
ました。今日は 午前中に ＊大切な 部の かいぎが あったので、さと
うさんと ＊心配しました。

　会社に 着いたら 10時半でした。かいぎしつの ドアを 開けたら
かいぎは もう はじまっていました。「すみません。電車が とまってい
たんです。」と 言いながら かいぎしつに 入りました。

＊めずらしい　　　　　　　　selten
＊大切な　　　　　　　　　　wichtig
＊心配する　　　　　　　　　sich Sorgen machen, (hier: auf glühenden Kohlen sitzen)

1-2. Betrachten Sie die Bilder und erzählen Sie die Geschichte aus der Sicht von
　　 Herrn Sausewind.

2   Lesen Sie die Spielregeln. Betrachten Sie die Bilder und erklären Sie die Spielregeln.

* さいころゲームを　しましょう。まず、あなたからです。いいですか。

1が　出たら　うたを　うたってください。
2が　出たら　ケーキを　買ってきてください。
3が　出たら　私に　ばんごはんを　ごちそうしてください。
4が　出たら　私に　花を　プレゼントしてください。
5が　出たら　明日　かんじの　しけんを　します。
6が　出たら　私の　ボールペンを　あげます。

では　始めましょう。

* さいころ　　　　　　　Würfel

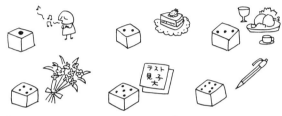

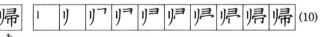

次は　あなたが　ルールを　決めてください。

NEUE KANJI

1. 会員
   カイイン

   員　｜ロ口尸呂呂冒冒員員 (10)

2. 帰る
   かえ

   帰　｜リリ⎺リ⎺リ⎺リ⎺リ⎺帰帰帰 (10)
   キ

3. 持つ
   も

   持　⎺十扌扩扩持持持 (9)
   ジ

4. 受付
   うけつけ

   受　⎺⎺⎺⎺⎺⎺学受 (8)
   ジュ

   付　ノイ仁付付 (5)
   フ

Lesungen: 山：　あそ山，山本　　　　　本：　日本語，山本
　　　　　　　　　　　サン　やまもと　　　　　　　　　ニホンゴ　やまもと

　　　　　　　　会：　会社，会う　　　　　　　今：　今，今日中，今度
　　　　　　　　　　　カイシャ　あ　　　　　　　　いま　キョウジュウ　コンド

118

Herr Yamanaka fragt Herrn Hayashi am Telefon, ob ihm das Design für den neuen Ausstellungsraum gefällt.

山川： もしもし、林部長ですか。こちらは　Ｍせっけいじむしょの
山川ですが、ごいらいの　ショールームの　せっけいが　で
きあがりました。

林　： ああ、さっき　ファックスで　図面を　いただきました。な
かなか　いいですね。

山川： 何か　もんだいは　ありませんか。来週から　工事を
はじめれば、来月中に　できあがります。→ できあがります

林　： そうですねえ。

山川： もし　もんだいが　なければ、さっそく　はじめたいと　思
いますが・・・。

林　： 年末に　なると　ぎょうしゃも　いそがしく　なりますから
ね。

山川： ええ　早ければ　早いほど　いいと　思うんですが・・・。

林　： すみませんが、はじめる　前に　ちょっと　そうだんしたい
ことが　あるんですが・・・。

山川： わかりました。そちらの　ごつごうが　よければ、これから
うかがいます。

林　： できれば　そう　してください。6時に　なると　表の
入口は　閉まります。はんたいがわに　まわると　うら口が
ありますから、そこから　入ってください。

山川： わかりました。

林　： うら口は　10時まで　開いています。じゃ、よろしく
おねがいします。

Yamakawa: Hallo, ist dort Herr Hayashi? Hier spricht Yamakawa von der Firma
M-Design. Wir haben das von Ihnen gewünschte Ausstellungs-
raum-Design fertiggestellt.

Hayashi: Ja, ich habe die Pläne vorhin per Fax erhalten. Sie gefallen mir (eigentlich) recht gut.

Yamakawa: Gibt es (irgendwelche) Probleme? Wenn die Bauarbeiten nächste Woche beginnen, können sie Ende nächsten Monats abgeschlossen sein.

Hayashi: Ja, freilich.

Yamakawa: Falls es keine Probleme gibt, möchten wir unverzüglich anfangen.

Hayashi: Am Jahresende sind die Baufirmen (Auftragnehmer) ziemlich (mit anderen Dingen) beschäftigt, nicht wahr?

Yamakawa: Ja, je früher, desto besser.

Hayashi: Allerdings möchte ich gerne vor Baubeginn noch einmal mit Ihnen Rücksprache nehmen.

Yamakawa: Selbstverständlich. Wenn Sie Zeit haben, komme ich sofort (zu Ihnen).

Hayashi: Ich bitte darum. Der Vordereingang wird um sechs Uhr geschlossen. Wenn Sie zur anderen Seite (des Gebäudes) herumgehen, kommen Sie zum Hintereingang. Kommen Sie bitte dort herein.

Yamakawa: Alles klar.

Hayashi: Der Hintereingang ist bis um zehn Uhr offen. Ich erwarte Sie also. (Wörtlich: Ich bitte Sie, entsprechend/in der richtigen Weise zu handeln.)

Neues Vokabular

せっけい	Planung, Design
ごいらい	Wunsch (eines anderen), Bestellung, Anfrage
ショールーム	Ausstellungsraum, „Show-room"
できあがる	fertig sein
図面	Skizze, Blaupause
いただきました	(höflich für) もらいました
何か	irgendetwas, irgend-...
工事	Bauarbeiten
～ば／～ければ	wenn
さっそく	sofort, ohne Verzögerung
年末	Jahresende
ぎょうしゃ	Gewerbetreibender, Geschäftsmann
～（けれ）ば～ほど	je...desto...
うかがう	besuchen, fragen
～と	wenn (Partikel)
表	Vorderseite
閉まる	geschlossen sein
はんたいがわ	entgegengesetzte Seite
はんたい	Gegenteil
～がわ	Seite
うら口	Hintereingang
うら	Rückseite
よろしく	gut, dürfte ich Sie darum bitten

● - ば / - ければ

来週 から 工事 を 始めれば 来月中 に できあがります。そちら の
ご都合 が 良ければ...

- ば / - ければ wird als Konditionalform bezeichnet und von Verben, beiden Adjek-
tivtypen und Substantiven gemäß der folgenden Tabelle gebildet. Beachten Sie unbedingt die negativen Formen (Gegenstand der Üüngen zu dieser Lektion).

		aff.	neg.
Verb	思う (Reg. 1)	思えば	思わなければ
	はじめる (Reg. 2)	はじめれば	はじめなければ
	来る (Unregelm.)	来れば	来なければ
	する (Unregelm.)	すれば	しなければ
- い -Adj.	はやい	はやければ	はやく なければ
	いい / よい	よければ	よく なければ
- な -Adj	べんりな	(べんり であれば)	べんり で/じゃ なければ
		べんり なら (ば)/だったら	
Substantiv	雨	(雨 であれば)	雨 で/じゃ なければ

ならば ist Bestandteil der Schriftsprache und der Höflichkeitssprache. Die Beziehung zwischen der Konditionalform und anderen Verbformen geht aus der Verb-
tabelle in Anhang B hervor.

● - ば...ほど... *Je früher desto besser (je ... desto ...)*

早ければ 早い ほど いい。

Dieses Muster kombiniert die Konditionalform eines - い -Adjektivs mit der
Grundform desselben Adjektivs und ほど zu einer Schlussfolgerung.

Beispiel:　大きければ 大きい ほど いい です。 „Je größer, desto besser."

Bei - な -Adjektiven ist das Muster しずか なら しずか な ほど いい です。
„Je ruhiger, desto besser."

Ebenso lässt sich dieses Muster auch auf die Konditionalform eines Verbs und
dessen Grundform, gefolgt von ほど, anwenden.

Beispiel:　見れば 見る ほど ほしく なります。 „Je länger/mehr ich es
betrachte, desto lieber/mehr möchte ich es haben."

● Partikel と *mehr (wenn man doppelt Verb anwendet)*

6時 に なる と 表 の 入口 は 閉まります。

はんたいがわ に まわる と うら口 が あります。

Ein auf と endender Nebensatz, gefolgt von einem Hauptsatz mit Präsensverb-
form, ist eine Möglichkeit, den Sachverhalt auszudrücken, dass, falls oder wenn A
erfolgt, daraufhin auch als natürliches oder zu erwartendes/gewohnheitsmäßiges
Resultat B eintritt. Die Bedeutung ist daher häufig mit „immer dann, wenn" wie-
derzugeben. Dabei sind unbedingt zwei Punkte zu beachten: と steht nach der

Grundform oder der normal-höflichen Negativform des Verbs, und dieses Muster ist nicht geeignet, eigene Bitten, Vorschläge und Absichten oder die Erteilung einer Erlaubnis auszudrücken. Insbesondere wird das Muster nicht auf die Bildung von Sätzen angewendet, die z.B. auf - て ください、- ましょう oder ま せん か enden.

Beispiel 1. たいよう が しずむ と、暗く なります。 „Wenn die Sonne untergeht, wird es dunkel.“

2. この ボタン を 押す と、きかい が うごきます。 „Wenn man diese Taste drückt, beginnt die Maschine zu laufen.“

と、- たら、なら und - ば sind in manchen Fällen gegeneinander austauchbar, und zwar insbesondere dann, wenn sie sich mit „falls“ übersetzen lassen. Allerdings ist der Gebrauch dieser Wörter jeweils bestimmten Regeln und Einschränkungen unterworfen, die jeweils in den zugehörigen Grammatikteilen erläutert sind.

ANMERKUNGEN

1. ぎょうしゃ

Dieser Ausdruck bezieht sich auf Händler, Lieferanten und Hersteller, die Güter und Dienstleistungen für größere Unternehmen und Behörden bereitstellen. Er ist vergleichbar mit dem Ausdruck 取引先, der allerdings eher eine Beziehung auf gleicher Ebene impliziert.

2. 年末

年末 - die letzten Tage im Dezember - wurde seit jeher als die passende Zeitspanne zum Abschluss noch unerledigter Geschäfte des laufenden Jahres betrachtet. Dieses Gefühl ist immer noch allgemein in der Gesellschaft verbreitet, obwohl inzwischen für die Überwiegende Zahl der Firmen das Geschäftsjahr von Anfang April bis Ende März läuft. Die Menschen bemühen sich daher sehr, anstehende Probleme noch innerhalb des laufenden Jahres zu lösen, damit sie die Neujahrsfeiertage entspannt genießen können.

EINFACHE SATZSTRUKTUREN ZUM EINPRÄGEN

1. ビールは ありますか。
   いいえ、ありませんが、さかやに 電話すれば すぐ もってきます。
2. 春に なると さくらの 花が さきます。
3. 魚は あたらしければ あたらしいほど いいです。

1. Gibt es Bier? / Haben Sie Bier?
   Nein. Aber ich kann den Spirituosenhändler anrufen und die bringen sofort welches.
2. Wenn es Frühling wird, blühen die Kirschbäume (wörtl. Kirschblüten).
3. Je frischer Fisch ist, desto besser schmeckt er.

Neues Vokabular

春 (はる)　　Frühling
さく　　　　blühen

ÜBUNGEN TEIL A

I. Bilden Sie die Konditionalform wie in den Beispielen und prägen Sie sich diese gut ein.

行く→行けば、行かなければ　　たべる→たべれば、たべなければ
来る→来れば、来なければ　　　する→すれば、しなければ

1. 洗う (あら)
2. 立つ (た)
3. 売る (う)
4. たのむ
5. 使う (つか)
6. 歩く (ある)
7. できる *できなければ*
8. おりる
9. つとめる *つとめなければ*
10. 知らせ (し) る *しらせれば*
11. 持ってくる *もってこなければ*
12. でんわする

II. Üben Sie die folgenden Satzmuster, indem Sie die unterstrichenen Satzteile ersetzen.

うちから　駅 (えき) まで　歩 (ある) けば　<u>30分</u>　かかります。　*aufbrauchen*

1. めがねを　かけます、　よく　見えます
2. *langsam/entspannt* ← ゆっくり　はなします、　わかります　*abholen*
3. 駅に　つく　時間 (じかん) が　わかります、　むかえに　行きます
4. しつもんが　ありません (*nakereba*)、　これで　おわります *⇒ beenden dastier*
5. *deutlich/klar* ← はっきり　言いません、　わかりません
6. 会員 (かいいん) に　なりません、　この　プールを　利用 (りよう) する　ことが
   できません

III. Bilden Sie die Konditionalform der Adjektive wie im Beispiel und prägen Sie sich diese gut ein.

あつい→あつければ、あつくなければ　　*よけ*

1. わるい
2. おもしろい
3. かたい
4. おもい
5. めずらしい
6. 少 (すく) ない
7. 都合 (つごう) が　いい
8. あたまが　いたい
9. はなしたい　*⇒ verb + tai wird wie adjektiv behandelt*

IV. Üben Sie die folgenden Satzmuster, indem Sie die unterstrichenen Satzteile ersetzen.

A.　<u>安 (やす) ければ</u>　買 (か) いますが、　<u>高 (たか) ければ</u>　買いません。

1. あたらしい、古 (ふる) い
2. おいしい、まずい
3. いい、わるい
4. おもしろい、つまらない

B.　*wenn es nicht passt* 都合 (つごう) が　わるければ　<u>でんわを　ください</u>。

1. おもしろい、わたしも　見 (み) たいと　思 (おも) います
2. 忙 (いそが) しい、他 (ほか) の　人 (ひと) に　たのみます

123

3. むずかしい、しなくても いいですよ

4. 忙しくない、いっしょに えいがに 行きませんか

5. 行きたくない、行かなくても いいです

V. Bilden Sie Dialoge, indem Sie die unterstrichenen Satzteile ersetzen.

A. **A**: スポーツクラブに 入りませんか。

   B: 駅に 近ければ 入りたいと 思います。

    1. 高くないです

    2. プールが あります → あれば

    3. いい コーチが います

    4. こんでいません → nicht voll sein → でけれ ば

    5. ゴルフの れんしゅうが できます

    6. 朝 早くから あいています → あいていれば → öffnen

B. 田中夫人： あなたも フラワーショーに 行きますか。 *Flower show*

   スミス夫人：ひまが あれば 行きます。

    1. 時間が あります → Erklärung

    2. えいごの せつめいが あります 見つれば

    3. ベビーシッターが 見つかります → 見つかれば

    4. その 日に ほかの 予定が ありません

    5. 天気が わるくないです → Plan

    6. 夫の 都合が いいです → Sonder Plan umstände 、 よければ

VI. Bilden Sie Dialoge, indem Sie die unterstrichenen Satzteile ersetzen.

A. **A**: 仕事は 早ければ 早いほど いいですね。 → je schneller desto besser

   B: ええ、わたしも そう 思います。 ぜいきん ⇒ Steuern

    Jünstic desto besser Mich

    1. やちん、安い   3. ぜいきん、少ない

    2. きゅうりょう、多い   4. 休み、長い

B. **A**: そんなに 買いたいんですか。

   B: ええ、見れば 見るほど 欲しく なります。

    さ なんですか。

    1. テニスが すき、やる、おもしろい

    2. けっこんしたい、会う、すき   *Je mehr ich nachdenke,*

    3. むずかしい、考える、わからない → *desto weniger verstehe ich*

VII. Üben Sie die folgenden Satzmuster, indem Sie die unterstrichenen Satzteile ersetzen.

   まっすぐ 行くと 左がわに ポストが あります。

    1.（お）さけを のみます、たのしく なります

    2. 改札口を 出ます、目の 前に スーパーが あります

Hauptein/ausgang

3. さとうさんは 会社に つきます、まず コーヒーを のみます

4. たばこを たくさん 吸います、がんに なりますよ

5. 休みません、病気に なりますよ → Krebs

VIII. Bilden Sie Dialoge, indem Sie die unterstrichenen Satzteile ersetzen.

F: どうすると 開くんですか。

A: ボタンを 押すと 開きます。

1. ジュースが でてきます、お金を 入れます → Türschließen

2. でんきが 消えます、ドアを しめます → まわすと

3. まどが 開きます、レバーを 引きます

4. ラジオの 音が 大きく なります、これを 回します

Neues Vokabular

しつもん	Frage
はっきり	genau, klar → ehrlich rein aus Kontext
利用する	ausnutzen
利用	Gebrauch
かたい	hart ± やわらかい =) weich
めずらしい	selten
少ない	wenig
まずい	unappetitlich, schmeckt schlecht
早くから	seit früher
夫人	Frau, Dame
フラワーショー	Blumenausstellung
ベビーシッター	Babysitter
見つかる	gefunden werden
夫	Ehemann
やちん	Miete
きゅうりょう	Gehalt
目の 前	„vor den Augen", vor der Nase
がん	Krebs (Krankheit)
ボタン	Knopf
押す	drücken
入れる	hineingeben, hineinlegen
消える	ausgelöscht werden, ausgehen, (ver)löschen
レバー	Hebel
引く	ziehen
音	Laut, Klang
回す	etwas drehen

KURZER DIALOG

A: 大変。もう　10時半ですか。ひこうきの　時間に　間に合わないか
　もしれません。

B: 車で　空港まで　送りましょう。いそげば　間に合いますよ。

A: じゃ、ごめいわくでなければ　おねがいします。

→ to make it in time

A: Oh jeh, es ist schon halb elf. Ich werde wohl das Flugzeug verpassen.

B: Ich fahre sie mit dem Auto zum Flughafen. Wenn wir uns beeilen, schaffen
wir es noch/kommen wir noch rechtzeitig an.

A: Vielen Dank. (Wörtlich: Wenn es Ihnen keine allzugroßen Umstände bereitet,
bitte ich Sie darum.)

Neues Vokabular

大変	sehr (anstrengend)
間に合う	pünktlich sein, es (zeitlich) schaffen
送る	schicken, begleiten
ごめいわく	Unannehmlichkeiten

ÜBUNGEN TEIL B

I.　Lesen Sie den Lektionstext und beantworten Sie die folgenden Fragen.

1. 山川さんは　林さんに　ファックスで　何を　送りましたか。

2. 山川さんは　来週から　工事を　始めれば　いつ　できあがると
言いましたか。

3. 林さんの　会社に　何時までに　行けば　表の　入口から　はい
る　ことが　できますか。

4. ABCの　うら口は　何時に　なると　しまりますか。

II.　Ergänzen Sie, falls nötig, die fehlenden Partikeln.

1. なに（ か ）のみものは　ありませんか。

2. いつまで（ に ）払わなければ　なりませんか。
はやけれ（ ば ）はやいほど　いいだろう（ と ）思います。

3. この　店は　昼から　夜　12時（ まで ）あいています。

4. あたらしい　じむしょ（ の ）せっけいが　できあがりましたの
で、ファックス（ を ）送ります。 → *senden*

III. Ergänzen Sie die folgenden Fragen.

1. さくらの　花は（ いつ ）さきますか。 → *Blühen*
4月に　なると　さきます。

2. (ここ) か あいている へやは ないでしょうか。

かいぎしつが あいていますよ。

3. 山田さんが かいた 絵は ( ) でしたか。

なかなか よかったですよ。

IV. Bilden Sie die - ば / ければ -Form der folgenden Verben und Adjektive.

1. あう 　　4. ふる 　　　7. おくれる 　　　10. ない
2. かく 　　5. 見える 　　8. けっこんする 　11. めずらしい
3. 閉まる 　6. 間に合う 　9. 持ってくる 　　12. いい

V. Vervollständigen Sie die Sätze durch die passenden Verbformen.

1. よく ( ) ば、元気に ( ) でしょう。(休みます、なります)
2. 東京タワーに ( ) ば、海が ( ) でしょう。(のぼります、見えます)
3. 次の かどを 右に ( ) と 花屋が あります。(曲がります)
4. おさけを ( ) と、( ) なります。(のみます、たのしいです)
5. ご都合が ( ) ば、ごご ( ) たいと 思います。(いいです、うかがいます)
6. ( ) ば、( ) なりません。(れんしゅうしません、上手です)
7. ボタンを ( ) と ドアが しまります。(押します)
8. ( ) ば、もっと ( ) ましょう。(欲しいです、持ってきます)
9. でんわで ( ) ば、( ) と 思います。(たのみます、持ってきます)
10. ( ) ば、( ) ほど わからなく なります。(考えます、考えます)

VI. Kreuzen Sie das passende Wort in der Klammer an.

1. いつ しょるいを あずけたんですか。

昨日 (はっきり、たしかに、なかなか) 受付に あずけました。

2. 何時ごろ うかがいましょうか。

ごぜんちゅうは 忙しいので、(できれば、なかなか、さっき)
ごご 2時ごろ 来てくれませんか。

3. 時間が ないので、(さっき、たしかに、さっそく) 始めてください。

127

1. Tragen Sie die Verben, Substantive und Adjektive in der passenden Form in die Tabelle ein.

			Konditionalform aff.	Konditionalform neg.
Verb	(れい)	まにあう	まにあえば	まにあわなければ
	(1)	うかがう	うかがえば	うかがわな
	(2)	さく		
	(3)	ひく	ひえ.ば	
	(4)	まわす ＝drehen		
	(5)	おす	おせば	
	(6)	みつかる ＝gefunden werden	みつかれば	
	(7)	おくる		
	(8)	しまる		
	(9)	かける		
	(10)	みえる	みえれば	みえなければ
	(11)	おきる		
	(12)	いれる		
	(13)	もってくる	もってくれば	もってこなければ
	(14)	りょうする *ausnutzen*	りょうすれ	
- い - Adj	(れい)	かたい	かたければ	かたくなければ
	(15)	めずらしい	めずらしければ	
	(16)	すくない		

			Konditionalform aff.	Konditionalform neg.
- な - Adj	(れい)	べんりな	べんりなら/だったら	べんりでなければ
	(17)	まじめな		
	(18)	めんどうな *lastig*	めんどうなら	めんどうでなければ
Sub- stantiv	(れい)	あめ	あめなら/だったら	あめでなければ
	(19)	いい てんき		いいてんきでなければ
	(20)	うりきれ ＝ausverkauft		

128

2. Schreiben Sie das am besten passende Wort in die Klammer.

(1) これから　そちら（に）うかがいます。→vorbeikommen

(2) 入口（が）しまっていたら、うら口から　入ってください。

(3) 春に　なったら　花（が）さきます。

(4) ひこうきの　時間（　）間に合いません。

(5) 空港まで　ともだち（を）送ります。→hinbringen

(6) 仕事（が）見つからないので、はたらく　ことが　できません。

SATZMUSTER 1

1 ＿＿＿＿＿＿＿　ば　＿＿＿＿＿＿＿

ANWENDUNG DER SATZMUSTER 1

1. Herr B erklärt was nötig ist, um sein Ziel zu erreichen. Üben Sie die Dialoge. Was bedeuten die Sätze?

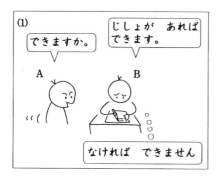

2. Wählen Sie das jeweils am besten passende Wort aus dem Kästchen aus und vervollständigen Sie damit die Sätze.

（例）　A：ハイキングに　行きますか。

　　　　B：天気が　よければ　行きます。

(1) A：歩いて　行きますか。

　　B：<u>近ければ</u>　　　　　　　　　　　　　歩いて　行きます。

(2) A：この　えいがを　見ますか。

　　B：<u>おもしろければ</u>　　　　　　　　　　　　　　　みます。

(3) A：今　持って　帰りますか。

　　B：<u>　　　　　るければ　　　　　</u>　　持って　帰ります。

(4) A：スポーツクラブに　入りますか。

　　B：<u>かいひが　安ければ</u>　　　　　　　　　はいります。

(5) A：タクシーで　行きますか。

　　B：<u>道が　すいてりれば</u>　　　　　　タクシーで　行きます。

(6) A：ちかてつで　行きますか。

　　B：<u>道が　こんでいれば</u>　　　　　　　ちかてつで　行きます。

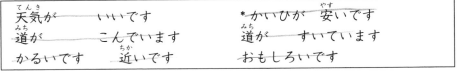

天気が　　　　いいです	＊かいひが　安いです
道が　　　　こんでいます	道が　　　すいています
かるいです　　　近いです	おもしろいです

＊かいひ　　　　　　　　　　Mitgliedsbeitrag

3. Betrachten Sie die Bilder und wählen Sie das jeweils am besten passende
Wort aus dem Kästchen aus.

（例）　A：この　シャツは　きれいに　なりますか。

　　　　B：<u>洗えば</u>　きれいに　なります。

130

(1) A：この くつは きれいに なりますか。

B：<u>みがけれ ば</u> きれいに なります。

(2) A：この 時計（とけい）は まだ 使（つか）う ことが できますか。

B：<u>なおせれば</u> 使（つか）う ことが できます。

(3) A：この へやは しずかに なりますか。

B：テレビを <u>けせ ば</u> しずかに なります。

(4) A：この ＊ごみ箱（ばこ）は 汚（きたな）いですね。

B：ごみを <u>すてれば</u> きれいに なります。

＊ごみ箱（ばこ）　　　　　Abfalleimer, Mülleimer

(5) A：わたしの かばんは どこですか。

Wenn du auf dem Tisch aufräumen... ware es sichtbar

B：テーブルの 上（うえ）を <u>かたづければ</u> 見（み）つかります。

洗（あら）う	すてる	けす	みがく	かたづける	＊直（なお）す

＊直（なお）す　　　　　reparieren   *aufräumen*

SATZMUSTER 2

2 ＿＿＿＿＿＿＿と＿＿＿＿＿＿＿

ANWENDUNG DER SATZMUSTER 2

1. Lesen Sie die folgenden Texte. Erzählen Sie, was Sie daraus erfahren haben.

(1) 1の ボタンを 押（お）すと テープが
止（と）まります。

2の ボタンを 押（お）すと でんちが
＊チェックできます。　　*Batterie*

3の ボタンを 押（お）すと 音（おと）が 大（おお）
きく なります。

4の ボタンを 押（お）すと テープが
出（で）てきます。

1	2	3	4
pause	batt	vol	eject
Pause	Batterie	Lautstärke	Cassettenauswurf

＊チェック　　　　　prüfen, (engl.: check)

(2) ビジーさんの 家（いえ）　　*Eingangstür*

ここは ビジーさんの 家（いえ）です。げんかんの ドアを 開（あ）けると 左（ひだり）に
Wohnzimmer ← いまが あります。いまには 大（おお）きい まどが あります。冬（ふゆ）に なる
と いまの まどから 富士山（ふじさん）が よく 見（み）えます。いまの となりは
台所（だいどころ）です。台所（だいどころ）の まどを あけると となりの 家（いえ）の にわが 見（み）え

ます。2階に 行くと *ベッドルームが あります。夜に なると
ベッドルームの まどから *東京タワーが きれいに 見えます。
ベッドルームの となりは *バスルームです。バスルームには 小
さい まどが あります。

*ベッドルーム　　　　　Schlafzimmer, (engl. bedroom)
*東京タワー　　　　　　Tōkyō Tower
*バスルーム　　　　　　Badezimmer, (engl. bathroom)

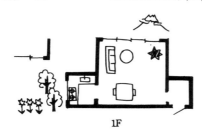
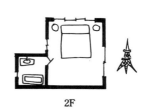

1F　　　　　　　　　　　　　　　　2F

2. Ja oder Nein? Kreuzen Sie die richtigen Aussagen an.

あなたの 場合は どうですか。

(1) (　) なつに なると ビールが のみたく なります。
(2) (　) 冬に なると スキーに 行きたく なります。
(3) (　) かんじを みると あたまが いたく なります。
(4) (　) 高い ところに のぼると 気分が わるく なります。
(5) (　) せまい ところに いると 気分が わるく なります。
(6) (　) カラオケに 行くと 元気に なります。
(7) (　) 日本語の テープを 聞くと ねむく なります。
(8) (　) ワインを のむと あたまが いたく なります。
(9) (　) かぜぐすりを のむと ねむく なります。
(10) (　) 6時間 以上 ねないと 次の 日に ねむく なります。

3-1. Lassen Sie sich den Text (3-2) vorlesen. Verschiedene Leute erzählen, wie
sie sich fit halten. Wer hat welche Gesundheitsmethode? Tragen Sie den
Buchstaben des dazugehörenden Bildes in die Klammern über den jeweiligen Personen ein.

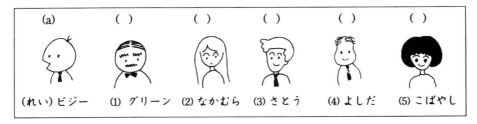

(a)　　　　　(　)　　　　(　)　　　　(　)　　　　(　)　　　　(　)

(れい) ビジー　(1) グリーン　(2) なかむら　(3) さとう　(4) よしだ　(5) こばやし

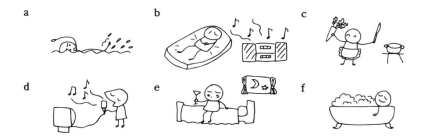

a　　　　b　　　　c

d　　　　e　　　　f

3-2. Lesetext.

（例）

　　　ビジーです。わたしは　つかれた　とき、スポーツクラブに　泳よ
ぎに　行きます。泳ぐと　元気に　なります。

(1)　　グリーンです。わたしは　つかれた　とき、*クラッシック音楽を
聞きます。好きな　音楽を　聞くと　気分が　よく　なります。

(2)　　中村です。わたしは　つかれた　とき、ねる　まえに、少し　おさ
けを　のみます。おさけを　のむと　よく　ねる　ことが　できます。

(3)　　さとうです。わたしは　つかれた　とき、りょうりを　作ります。
おいしい　ものを　たべると　とても　元気に　なります。

(4)　　吉田です。わたしは　つかれた　とき、*カラオケに　行って、う
たを　うたいます。好きな　うたを　大きい　声で　うたうと　と
ても　たのしく　なります。

(5)　　小林です。わたしは　つかれた　とき、ゆっくり　おふろに　入り
ます。ゆっくり　おふろに　入ると　よる　よく　ねる　ことが
できます。

* クラッシック音楽　　　　klassische Musik
* カラオケ　　　　　　　　Karaoke, Playbackmusik

4. Betrachten Sie die Bilder und vergegenwärtigen Sie sich die jeweilige Situation. Berichten Sie in eigenen Worten über den Bildinhalt.

(1) はたらかないと　あ
とで　こまりますよ。

(2) いま　おきないと
あとで　*こうかいし
ますよ。

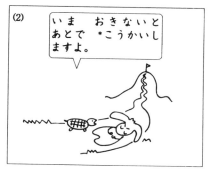

133

* こうかいする　　　　　　bedauern

SATZMUSTER 3

3 ＿＿＿＿＿＿ ば ＿＿＿＿＿＿ ほど ＿＿＿＿＿＿＿

ANWENDUNG DER SATZMUSTER 3

1. Finden Sie die richtigen Antworten und verbinden Sie diese mit den jeweiligen Satzanfängen, wie im Beispiel, durch Linien.

（例）安ければ　安いほど　いい　ものは　・　　・きゅうりょうです。
(1) 少なければ　少ないほど　いい　ものは　・　　・りょうりです。
(2) 多ければ　多いほど　いい　ものは　・　　・やちんです。
(3) 長ければ　長いほど　いい　ものは　・　　・ぜいきんです。
(4) おいしければ　おいしいほど　いい　ものは　・　　・にもつです。
(5) かるければ　かるいほど　いい　ものは　・　　・夏休みです。

134

2. Betrachten Sie die Bilder und lesen Sie die Sätze.

(1)

みれば みるほど たべたく なります。

(2)

あえば あうほど すきに なります。

(3)

かんがえれば かんがえるほど
わからなく なります。

(4)

よめば よむほど にほんごが
じょうずに なります。

FÜR WAGEMUTIGE

1. Lesen Sie die folgenden Passagen. Üben Sie dann, um Rat nachzufragen
   und Ratschläge zu erteilen.

——————————— *なやみそうだん ———————————

　私は 2年前から 日本語を べんきょうしていますが、なかなか
上手に なりません。かいぎの ときは、日本人が 話している こと
が わかりません。ひる休みも みんなの 会話に 入る ことが で
きないんです。どうすれば 日本語が もっと 上手に なるでしょう
か。おしえてください。

日本語の　へたな　M*より

*なやみそうだん　　　　　Beratung (bei privatem Kummer)

*〜より　　　　　　　　　von...

● こたえ 1

　かんたんです。日本人の 友だちを つくれば いいんです。友だち
が できれば Mさんの 日本語は すぐに 上手に なります。早
く 日本人の 友だちを つくってください。*そう すれば みんな
の 話している ことも わかって たのしくなるでしょう。

135

● こたえ　2

　Mさんは　毎日　日本語の　テキストを　よんだり、テープを　聞いたり　していますか。ことばは　毎日　べんきょうする　ことが　*大切です。毎日　べんきょうしなければ　上手に　なりません。毎日　べんきょうすれば　上手に　なります。1日　10分で　いいんです。*つづけてください。そう　すれば　上手に　なるでしょう。

- *こたえ　　　　　　　　　Antwort
- *そう　すれば　　　　　　wenn Sie es so machen, wenn es so geschieht
- *大切　　　　　　　　　　wichtig
- *つづける　　　　　　　　weitermachen, etwas fortsetzen

2-1. Lesen Sie die folgende Erklärung.

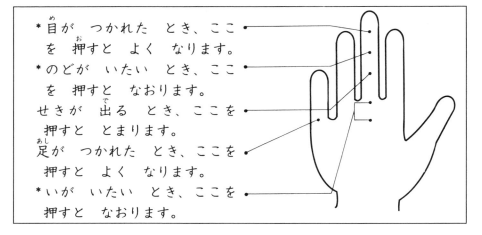

```
*目が　つかれた　とき、ここ
　を　押すと　よく　なります。
*のどが　いたい　とき、ここ
　を　押すと　なおります。
せきが　出る　とき、ここを
　押すと　とまります。
足が　つかれた　とき、ここを
　押すと　よく　なります。
*いが　いたい　とき、ここを
　押すと　なおります。
```

- *目　　　　　　　　　　　Auge
- *い　　　　　　　　　　　Magen

2-2.Bilden und sprechen Sie Sätze wie im Beispiel.

（例）　F：のどが　いたい　とき、どこを　押すと　なおりますか。
　　　　A：ここを　押すと　なおります。

1. 林

はやし / リン

2. 来週
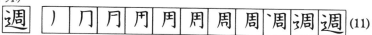
ライ シュウ

3. 工事

コウ ジ

4. 年末

ネンマツ / すえ

5. 入口
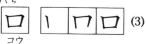
いりぐち / コウ

6. 閉まる
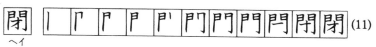
し / ヘイ

Lesungen:

中 ： 中 ， 一年中 ， 来週中
　　　なか　イチ ネン ジュウ　ライシュウチュウ

何 ： 何名 ， 何
　　　なん メイ　なに

Als einen Teil seines Japanischstudiums muss Herr Braun ein Tagebuch führen.

12月31日（水）はれ　のち　くもり

　今日は　大みそかだ。となりの　大野さんの　うちでは、朝から　かぞく　全員で　そうじを　していた。みんなで　へいや　車や、そして　犬まで　あらっていた。

　午後は　日本語で　ねんがじょうを　書いたが、字が　下手だから　よみにくいだろう。夕方、田中さん　一家と　そばを　食べに　行った。

　夜は　ふだんは　あまり　見ない　テレビを　見た。チャンネルを　次々に　かえると、さわがしい　ショーや　さむらいの　時代げき　を　やっていた。3チャンネルでは　ベートーベンの　"第九"を　えんそうしていた。先日、中村さんが「毎年、12月に　なると　日本　各地で　"第九"を　えんそうするんですよ」と　言っていたが、おもしろい　国だ。

1月1日（木）はれ

　日本で　新年を　むかえた。町は　人も　車も　少なくて、大変　しずかだ。工場も　会社も　休みなので、いつもは　汚れている　東京の　空が、今日は　きれいで　気持ちが　いい。近所の　店も　スーパーも　みんな　休みだった。

　あの　ラッシュアワーの　サラリーマンや　学生は　どこに　行っ

たのだろうか。

　日本人の　どうりょうや　ともだちから　ねんがじょうが　とどいた。ぎょうしゃからも　来た。いんさつの　ものが　多いが、ふでで　書いた　ものも　ある。やはり　うつくしい。もらった　ねんがじょうは　ほとんど　全部　くじつきである。

Mitwoch, 31. Dezember
Klarer Himmel, später bewölkt.

　　Heute ist Silvester. Im Haus der Ōnos von nebenan waren seit dem Morgen alle Familienmitglieder mit Putzen beschäftigt. Alle haben etwas gewaschen: den Zaun, das Auto und sogar den Hund.

　　Am Nachmittag habe ich Neujahrskarten auf Japanisch geschrieben, aber wegen meiner schlechten Kanji-Handschrift sind sie wohl schwer leserlich/unleserlich. Am frühen Abend bin ich mit den Tanakas Soba essen gegangen.

　　Später am Abend habe ich ferngesehen, was sonst nicht meine Gewohnheit ist. Beim Umschalten zwischen den Kanälen bin ich z.B. auf eine laute Show und einen Samurai-Film gestoßen. Auf Kanal 3 wurde die Neunte Sinfonie von Beethoven aufgeführt. Neulich hat mir Herr Nakamura Folgendes gesagt: „Jedes Jahr im Dezember wird überall in Japan 'Beethovens Neunte' aufgeführt."Interessantes Land.

Donnerstag, 1. Januar
Klarer Himmel

　　Ich begrüße das neue Jahr in Japan. In der Stadt sind nur wenige Leute und Autos unterwegs, so dass es sehr ruhig ist. Da auch die Betriebe geschlossen haben, ist die (sonst) immer schmutzige Luft in Tōkyō heute sauber; was für ein gutes Gefühl. Auch alle Geschäfte und Supermärkte in der Nachbarschaft haben geschlossen. Wo sind (bloß) alle die während der Stoßzeiten sonst so zahlreichen Angestellten und Schüler geblieben?

　　Von meinen japanischen Kollegen und Freunden sind Neujahrskarten eingetroffen. Auch von Geschäftsfreunden sind welche gekommen. Die meisten waren Drucksachen, aber einige waren auch mit dem Pinsel geschrieben. Wie zu erwarten - sehr schön. Die Neujahrskarten sind fast alle gleichzeitig auch Lose.

Neues Vokabular	
はれ	klares, schönes Wetter
のち	später
くもり	bewölkt
おおみそか	letzter Tag des Jahres
おおの	Nachname
へい	Zaun, Mauer
字	Handschrift, Schriftzeichen, Buchstabe
下手（な）	ungeschickt
～にくい	schwer zu ...

139

一家 (いっか)	Haushalt, Familie
そば	Buchweizen-Nudeln
夜 (よる)	Abend, Nacht
ふだん（は）	gewöhnlich (- な -Adj.)
チャンネル	Kanal
次々に (つぎつぎ)	einer nach dem anderen, nach und nach
さわがしい	laut, unruhig
ショー	Schau („Show"), Aufführung
さむらい	Samurai
時代げき (じだい)	Samurai-Film
げき	-Stück, -Spiel, -Drama
やる	hier: aufführen, machen
ベートーベン	Beethoven
第9 (だいく)	Neunte Sinfonie
第 (だい)	Nummer... (Präfix)
えんそうする	Spielen, Aufführen (Musikstück)
えんそう	Aufführung, Spiel
先日 (せんじつ)	neulich, vor kurzem
毎年 (まいとし)	jedes Jahr
各地 (かくち)	überall, an allen Orten
新年 (しんねん)	Neujahr
大変 (たいへん)	sehr
工場 (こうじょう)	Fabrik
汚れる (よご)	schmutzig werden
空 (そら)	Himmel
気持ち (きも)	Gefühl
近所 (きんじょ)	Nachbarschaft
みんな	alle, alles
ラッシュアワー	Hauptverkehrszeit, Rush Hour
サラリーマン	Angestellter („salaried man")
（の）だろうか	wird wohl, ich frage mich, ob
いんさつ	Druck
ふで	Pinsel
やはり	= やっぱり，wie erwartet
うつくしい	schön, hübsch
ほとんど	fast
全部 (ぜんぶ)	alles, alle
くじつき	mit Los

| くじ | Lotterie, Glücksziffer |
| ～つき | mit, inklusiv |

GRAMMATIK UND LERNZIELE

• Die normal-höfliche Form
Bisher ist die normal-höfliche Form im vorliegenden Lehrbuch lediglich
innerhalb von Sätzen vorgekommen. Als die abschließenden Verben in Sätzen
ist die normal-höfliche Form der wichtigste Ausdruck des Höflichkeitsgrads.
Die normal-höfliche Form ist z.B. in einem Tagebuch, einer Doktorarbeit oder
in der informellen gesprochenen Sprache üblich.

In der informellen gesprochenen Sprache gibt es je nach Geschlecht und
Lebensalter der Sprecher und ihrer sozialen Beziehung eine große Gebrauchs-
vielfalt. Die Situation und der Gesprächsgegenstand können ebenfalls den
Grad der Formalität und Höflichkeit bei grammatischen Formen und Diktion
beeinflussen. Lesen Sie die kurzen Dialoge in dieser und der folgenden Lektion aufmerksam durch, und achten Sie darauf, wie sich die verschiedenen
Sprachebenen nach diesen Faktoren richten.

Die folgende Tabelle gibt einen Überblick über diese Ausdrücke, von denen
die meisten bereits eingeführt worden sind.

です /- ます -Form	normal-höfliche Form
1. すもう を 見た こと が あります。	すもう を 見た こと が ある。
2. 昨日 大阪 へ 行きました。	昨日 大阪 へ 行った。
3. 田中さん は 来ない かもしれません。	田中さん は 来ない かもしれない。
4. 明日 は 雨 でしょう。	明日 は 雨 だろう。
5. 東京 は おもしろい まち です。	東京 は おもしろい まち だ。
6. 今日 は 気持ち が いい です。	今日 は 気持ち が いい。

ANMERKUNGEN

1. 字 が 下手 だから 読みにくい だろう。

- にくい angefügt an die - ます -Stammform eines Verbs verleiht diesem die
Bedeutung von „schwer" oder „schwierig zu tun/machen". Im Zusammenhang
der vorliegenden Lektion bietet sich die Übersetzung „unleserlich" an. Das
Antonym ist - やすい , wie z.B. in 読みやすい , „gut leserlich, leicht zu
lesen". Sowohl - やすい als auch - にくい werden in der-selben Weise wie
-**i**-Adjektive flektiert;
Beispiel: 読みにくく ない - „nicht schwierig zu lesen/nicht unleserlich".

2. 田中さん 一家 と そば を 食べ に 行った。

そば in vielen Varianten zählt zu den Grundnahrungsmitteln in Japan. Die
Buchweizennudeln, die speziell für Silvester hergestellt werden, sind unter
dem Namen としこし そば bekannt und bezeichnen das Vergehen (こし) des
Jahres (年) und implizieren daher den unmittelbar bevorstehenden Anbruch

des neuen Jahres.

3. チャンネル を 変えると ... 時代げき を やっていた。

Neben dem Muster　　と ... - ま　す (Kapitel 16, Grammatik und Lernziele, Partikel と) existiert noch das Muster と ... - ました mit der Bedeutung „A hat die Handlung X ausgeführt und dann die Situation Y vorgefunden" oder „X ist geschehen und daraufhin Y eingetreten".

Beispiel: 山本さん が 来ると、受付 の 人 は かさ を わたしました。

「„Als Herr Yamamoto (ins Fitness-Studio) kam, händigte ihm der Rezeptionist seinen Regenschirm aus."

Wenn man im Gespäch sagen will, dass etwas im Fernsehen übertragen oder auf der Bühne aufgeführt wird, ist　やっ て いる der am meisten übliche Ausdruck. Bei futurischer Bedeutung wird やる gebraucht.

4. あの ラッシュ アワー の サラリーマン や 学生 は どこ に 行った の だろう か。 Wie bereits in Lektion 1 angemerkt, ist die Anwendung der こ -, そ - und あ -Wörter nicht auf Greifbares oder unmittelbar Zugängliches beschränkt. Der erweiterte Gebrauch von あ - kann z.B. bedeuten: „etwas, von dem wir beide (Du/Sie und ich) Kenntnis haben". In diesem Satz unterstreicht あの die Unvergesslichkeit der Erfahrung während der Stoßzeiten in der U-Bahn.

5. もらった ねんがじょう は ほとんど 全部 くじ付き である。

Auch in Japan werden Weihnachtskarten verschickt, allerdings bei weitem nicht in den Mengen wie die traditionellen Neujahrskarten (über 3 Millionen). Diese speziell gedruckten Karten im üblichen japanischen Postkartenformat tragen Losnummern und sind ab November in jedem Postamt erhältlich. Werden die Karten bis spätestens 20. Dezember verschickt, so ist die Zustellung bis zum Neujahrstag garantiert. Die Ziehung der Losnummern findet am 15. Januar - 成人 の 日 , „Tag der Mündigkeitserklärung" - statt, und die glücklichen Gewinner erhalten Sachpreise wie Fahrräder oder Fernsehgeräte; als Trostpreise werden Sondermarken vergeben. Der Abschluss dieses Satzes で ある ist typischer Schriftstil und in seiner Bedeutung identisch mit です .

EINFACHE SATZSTRUKTUREN ZUM EINPR\GEN

1. 昨日は　あつかったから、ともだちと　およぎに　いった。
2. はこを　あけると、中は　からだった。

1. Da es gestern warm war, ging ich mit meinem Freund/meiner Freundin schwimmen.
2. Als ich die Schachtel öffnete, war sie leer.

| Neues Vokabular |

空　　　　　　　　　　　　　leer

ÜBUNGEN TEIL A

I.　Üben Sie die folgenden Satzmuster, indem Sie die Verben bzw. Adjektive wie im Beispiel verändern.

A. わたしは　京都へ　行きます。
　　→わたしは　京都へ　行く。
　　　わたしは　京都へ　行かない。
　　　わたしは　京都へ　行った。
　　　わたしは　京都へ　行かなかった。
　　　1. スミスさんと　ダンスを　します
　　　2. 田中さんは　10時に　きます
　　　3. ジョンソンさんに　会います
　　　4. ともだちと　えいがを　見ます
　　　5. ここに　かぎが　あります
B. 田中さんは　忙しいです。
　　→田中さんは　忙しい。
　　　田中さんは　忙しくない。
　　　田中さんは　忙しかった。
　　　田中さんは　忙しくなかった。
　　　1. べんきょうは　たのしいです
　　　2. 車が　少ないです
　　　3. あたまが　いいです
　　　4. あの　レストランは　まずいです
　　　5. 都合が　わるいです
C. スミスさんは　元気です。
　　→スミスさんは　元気だ。
　　　スミスさんは　元気では　ない。
　　　スミスさんは　元気だった。
　　　スミスさんは　元気では　なかった。
　　　1. この　ホテルは　しずかです
　　　2. スミスさんは　ビールが　好きです
　　　3. スミスさんは　りょうりが　上手です
　　　4. デパートは　休みです
　　　5. 山本さんは　パイロットです
D. 昨日　がっこうを　休んだ。
　　→昨日　がっこうを　休みました。
　　　1. 明日　ぜいむしょに　行かなければ　ならない
　　　2. 6時に　うちに　かえる　ことが　できない
　　　3. 月に　行った　ことが　ない
　　　4. 大金を　ひろった　ことが　ある
　　　5. テニスを　したり　つりを　したり　した

143

6. 田中さんは　行くだろう
7. 早く　休んだ　ほうが　いい
8. 田中さんは　スライドを　見ていた
9. 明日は　雪かもしれない
10. まだ　ジョンソンさんに　会っていない

II. Bilden Sie Dialoge, indem Sie die unterstrichenen Satzteile ersetzen.

A.　F: <u>あの　人の　話し方</u>は　どうですか。

　　A: <u>早くて　聞き</u>にくいです。

1. この　しんぶん、字が　小さい、よむ
2. この　テープ、音が　わるい、聞く
3. なっとう、くさい、たべる
4. この　くすり、にがい、のむ

B.　F: その　くつは　いかがですか。

　　A: <u>はきやすくて</u>　気に　入っています。

1. その　ペン、かく
2. この　じしょ、ひく
3. その　スーツ、きる
4. あたらしい　ワープロ、使う

III. Üben Sie die folgenden Satzmuster, indem Sie die unterstrichenen Satzteile ersetzen.

<u>へやに　入る</u>と　でんわが　なっていました。

1. まどを　あけました、すずしい　風が　入ってきました
2. 外に　出ました、雨が　ふっていました
3. うちに　かえりました、ともだちが　まっていました
4. きんこを　あけました、中は　空でした

Neues Vokabular

ダンス	Tanzen
パイロット	Pilot
ぜいむしょ	Finanzamt
～しょ	-Amt
たいきん	große Geldsumme
なっとう	gegorene Sojabohnen
くさい	stinkend (- い -Adj.)
にがい	bitter (- い -Adj.)
はきやすい	leicht anzuziehen

144

はく	anziehen, tragen
～やすい	einfach zu...
ひく	nachschlagen
スーツ	Anzug
なる	klingeln, läuten
かぜ	Wind
入ってくる	hereinkommen
外	außen, außerhalb
きんこ	Safe, Tresor

KURZE DIALOGE

---

1. 男A：　もう　あの　えいが　見た？
   男B：　ううん、まだ。君は？
   男A：　うん、もう　見た。
   男B：　どうだった？
   男A：　あんまり　おもしろくなかった。

Mann A: Hast du den Film schon gesehen?
Mann B: Ähm, nee, noch nicht.
Mann A: Mhm, hab ihn schon gesehen.
Mann B: Wie war`s?
Mann A: Nichts Besonderes. (wörtlich: er war nicht sonderlich interessant)

2. 女：　もうすぐ　お正月がつね。しごとは　いつまで？
   男：　12月28日まで。年末は　いつも　忙しくていやなんだ。
   女：　お正月は　どっかに　行く？
   男：　ううん、どこにも。正月は　のんびりしたいね。

Frau:　Bald ist Neujahr. Bis wann arbeiten Sie?
Mann:　Bis zum 28. Dezember. Ich mag das Jahresende nicht, da sind wir
　　　　immer so beschäftigt.
Frau:　Fahren Sie weg über Neujahr?
Mann:　Nee, nirgendwohin. An Neujahr möchte ich mal ausspannen.

Neues Vokabular

ううん	nein (umgangssprachlich)
君	du
うん	ja (umgangssprachlich)
あんまり	= あまり (umgangssprachlich)
お正月	Neujahr
いや（な）	eklig, unangenehm

どっか	irgendwo
	= どこか (umgangssprachlich)
のんびりする	gemächlich, sorglos, ausspannen

ÜBUNGEN TEIL B

I. Lesen Sie den Lektionstext und beantworten Sie die folgenden Fragen.

1. ブラウンさんは　おおみそかの　夕方　だれと　何を　食べに
行きましたか。
2. 12月には　日本各地で　ベートーベンの　"第九"を　えんそう
すると　ブラウンさんに　話したのは　だれですか。
3. お正月に　ブラウンさんの　近所の　店はあいていましたか。
4. ブラウンさんは　だれから　ねんがじょうを　もらいましたか。
5. ブラウンさんは　ふでで　かいた　ねんがじょうを　うつくしい
と　思っていますか。

II. Ergänzen Sie die folgenden Fragen.

1. (　　) に　出かける？
9時に　出る。
2. 昨日の　えいがは (　　) だった？
あんまり　おもしろくなかった。
3. (　　) に　住みたい？
安全な　ところが　いい。
4. 彼は (　　) 来る？
明日　来るだろう。
5. (　　) と　いっしょに　行く？
一人で　行く。

III. Ergänzen Sie die Sätze durch die passenden Verbformen.

1. この　肉は (　　)、(　　) にくい。(かたい、たべる)
2. 彼の　せつめいは (　　)、(　　) にくい。(ふくざつ、わかる)
3. この　きかいは (　　)、(　　) やすい。(便利、使う)
4. ことしは (　　)、ねんがじょうを　ぜんぜん (　　) ことが
できなかった。(忙しい、かく)
5. へやが (　　)、きもちが　いい。(きれい)

IV. Beantworten Sie die folgenden Fragen.

1. あなたの　国では　おおみそかや　お正月に　何を　しますか。

146

2. お正月の　休みは　何日までですか。

3. あなたの　住んでいる　まちでは　クリスマスと　お正月と　どちらが　にぎやかですか。　しゃんたい！五ぶん5文！

V 日本語で　日記を　かいて　ください。

ZUM AUFWÄRMEN

1. Bilden Sie die normal-höfliche Form von den unterstrichenen Satzteilen.

(1) 田中さんは　東京大学の　学生でした。

　　 田中さんは　東京大学の　学生 でった

(2) 今日中に　かいぎの　レポートを　かかなければ　なりません。

　　 今日中に　かいぎの　レポートを ＿＿＿＿＿＿＿＿＿＿

(3) くすりを　のんだら、ねむく　なりました。

　　 くすりを　のんだら、ねむく ≠＿＿＿＿＿＿

(4) 今日　行った　としょかんは　あまり　しずかでは　ありませんでした。

　　 今日　行った　としょかんは　あまり ＿＿＿＿＿＿＿＿＿＿

(5) 私が　りょこうしたい　ところは　古い　まちです。

　　 私が　りょこうしたい　ところは　古い　まち だ

(6) 今年は　たぶん　あつく　なるでしょう。

　　 今年は　たぶん　あつく　なる たろぅ

(7) 安ければ　買いますが、高ければ　買いません。

　　 安ければ かうが が、高ければ かわない

(8) まだ　ひるごはんを　たべていません。

　　 まだ　ひるごはんを 食＿＿＿＿＿＿＿

(9) 来年は　国に　帰るかもしれません。

　　 来年は　国に　帰る＿＿＿＿＿＿＿

(10) しゃしんで　見た　ことは　ありますが、行った　ことは　ありません。

　　 しゃしんで　見た　ことは ＿＿＿＿＿が、行った　ことは ＿＿＿＿＿＿

SATZMUSTER 1

2. Normal-höfliche Form

ANWENDUNG DER SATZMUSTER 1

1. Lesen Sie das Tagebuch von Herrn Sausewind genau durch und geben Sie den Inhalt in eigenen Worten wieder.

147

——————— ビジーさんの *日記 ———————

201X 年 *秋

10 月 20 日（金）雨
　今日 会社で 仕事を していた 時、大きい じしんが あった。ぼくの じむしょは ビルの 20 階に あるので、大きく *ゆれた。日本では よく じしんが あるが、今日のは 今までの じしんの 中で 一番 大きかった。僕の 国は じしんが ないから、じしんが あると 早く 国に 帰りたく なる。

10 月 21 日（土）くもり
　今日は 会社が 休みだったので、うちの 近くの *家庭用品店へ 買い物に 行った。じしんの ときに ひつような ものを いろいろ 売っていた。昨日 じしんが あったので、たくさん 人が 来ていた。ぼくは *サバイバルキットを 買って 帰った。

201X 年 冬

2 月 2 日（金）くもり
　午前 1 時。今 ぼくは *スキーじょうの ホテルに いる。昨日 仕事が おわってから、ともだちの 車で ここに 来た。道が じゅうたいしていたので、東京から 6 時間 以上 かかった。明日は 早く おきて 一日中 スキーを する。夜は おんせんに 入りたい。

2 月 3 日（土）はれ
　今日は とても いい 天気に なった。6 時に おきて、*リフトで *山の 上に のぼった。夕方まで スキーを して、夜は ホテルの レストランで *スイスりょうりを たべた。それから 温泉に 入った。*星を 見ながら 入る おふろは *さいこうだった。ぼくは この スキーじょうが とても 気に 入った。

201X 年 はる

4 月 1 日（月）はれ
　今日は *入社式だった。今年は 東京支社に あたらしい 人が 20 人 入った。みんな 今年の 3 月に 大学を そつぎょうした ばかりだと きいた。ぼくの 課には 小川さんと いう 女の 人が 入った。小川さんは 5 月に やめる ひしょの 中村さんの 仕事を する。

148

4月2日（火）くもり

　今日は　かとうさんの　かんげいかいを　した。かんげいかいの　あとで　近くの　こうえんに　さくらを　見に　行った。おおぜいの　人が　さくらの　木の　下で　おさけを　のんだり、うたを　うたったりしていた。日本人は　*ふつうは　しずかだが、おさけを　のむと　うるさく　なる。ぼくは　しずかな　ところで　さくらを　見たいと　思った。

* 日記（にっき）	Tagebuch
* 秋（あき）	Herbst
* ゆれる	schwanken, schaukeln
* 家庭用品（かていようひん）	Haushaltswarengeschäft
* サバイバルキット	Überlebenspaket", Erdbeben-Vorsorgepaket (engl.: survival kit)
* スキーじょう	Ski-Ort
* リフト	(Ski)Lift
* 山（やま）	Berg
* スイスりょうり	schweizerische Küche
* 星（ほし）	Stern
* さいこう	der/die/das beste
* 入社式（にゅうしゃしき）	(Firmen)Eintrittszeremonie
* ふつう	normal, gewöhnlich

2. Lassen Sie sich die Texte (2&3) vorlesen.

　2-1. Markieren Sie die Aussagen mit R (richtig) oder F (falsch).

　(1) (F) れいこさんと　いずみさんは　大学生（だいがくせい）です。

　(2) (R) れいこさんと　いずみさんは　会社（かいしゃ）に　つとめています。

　(3) (F) れいこさんと　いずみさんは　かぞくです。

　2-2. Beantworten Sie die Fragen.

　(1) いずみさんは　ようこさんが　けっこんする　ことを　知（し）っていましたか。

　　いいえ！

　(2) ようこさんは　だれと　けっこんしますか。

　　もりさんと

　(3) ようこさんは　けっこんしたら　会社（かいしゃ）を　やめますか。

　　いえ、やめません。

3. Lassen Sie sich die Texte (2&3) vorlesen.

3-1. Markieren Sie die Aussagen als (R)ichtig oder (F)alsch.

(1) (R) 吉田さんは　これから　出かけます。

(2) (F) 吉田さんは　今　会社から　かえりました。

(3) (　) 吉田さんは　明日　外国に　行きます。

3-2. Beantworten Sie die Fragen.

(1) 今日　吉田さんは　うちで　ばんごはんを　たべますか。

食べません。
_____

(2) どうしてですか。Why isn't that way
_____

(3) 中村さんは　会社を　やめて、どう　しますか。
_____

2&3. Lesetexte 2 und 3.

2　れいこさんと　いずみさんが　話しています。

れいこ：　いずみ！

いずみ：　あら、れいこ。なに？

れいこ：　ようこが　けっこんするの　しってる？

いずみ：　ええ？だれと？

れいこ：　えいぎょうぶの　もりさんと。

いずみ：　本当？ぜんぜん　知らなかった。会社　やめるの？

れいこ：　ううん。やめないって　いってた。

3　吉田さんふうふが　話しています。

吉田：　　今日は　おそく　なるよ。

吉田夫人：ばんごはんは　いらないの？

吉田：　　ひしょの　中村さんの　そうべつかいが　あるから、い
　　　　　らないよ。

吉田夫人：ああ、去年　入った　ばかりの　人ね。　やめて、ど
　　　　　うするの。

吉田：　　外国に　べんきょうに　行くって　言ってたよ。

吉田夫人：そう。ざんねんね。

150

4. Betrachten Sie die Bilder und vervollständigen Sie die Sätze wie im Beispiel.

（例）このくつは　はきやすい　　このくつは　はきにくい ✓tragen!

(1) この　ペンは ＿＿＿＿＿＿＿＿＿＿＿＿＿

(2) この　パソコンは　かんたんで ＿＿＿＿＿＿＿

(3) しんぶんの　字は　小さくて　よみにくい ＿＿＿＿

(4) この　じしょは　字が　大きくて　ひくいやすい。

ひく

SATZMUSTER 2

2 ＿＿＿＿＿＿＿＿＿＿＿と＿＿＿＿＿＿＿＿＿＿＿た

ANWENDUNG DER SATZMUSTER 2

1. Etwas ist passiert und jemand informiert gerade die Polizei. Lassen Sie sich den Bericht (1-2) vorlesen und vervollständigen Sie die Notizen des Polizisten.

（例）

A：はい、110番です。何が　ありましたか。

B：うちに　かえったら　まどと　ドアが　全部　開いていたんです。

A　　　　　　　　　　　B

151

110番 メモ

(例) うちに 帰ると 全部 まどと ドアが 開いていた。

(1) 朝 *おきる* と 車が *なかった*

(2) アパートの まえを ＿＿＿＿＿＿＿＿ と 上から かびんが ＿＿＿

(3) 道を ＿＿＿＿＿＿＿ と 人が ＿＿＿＿＿＿＿

(4) こうえんを ＿＿＿＿＿＿＿ と 100万円 ＿＿＿＿＿＿＿

Der Bericht

(1) 朝 おきたら 車が なかったんです。

(2) アパートの 前を とおったら 上から かびんが おちてきたんです。

(3) 道を 歩いていたら 人が 死んでいたんです。

(4) こうえんを さんぽしていたら 100万円 おちていたんです。

FÜR WAGEMUTIGE

1-1. Lassen Sie sich den Text (1-2) vorlesen und markieren Sie die Aussagen mit R (richtig) oder F (falsch).

しんぶんしゃの 人が 大学生の 田中さんに インタビューしています。田中さんは 昨日 *いんせきを ひろいました。いんせきは Meteorit です。

(1) ( ) 田中さんが いんせきを 見つけたのは 1月15日だ。

(2) ( ) 田中さんは うちで 「ドーン」と いう 音を 聞いた。

(3) ( ) 「ドーン」と いう 音を 聞いた とき、ひこうきが おちたと 思った。

(4) ( ) *石を 見た とき、すぐ いんせきだと 分かった。

(5) (R) いんせきの おちた ところは 黒く なっていた。

(6) (F) 田中さんは いんせきを けいさつに 持っていった。

(7) (R) 田中さんは いんせきを 大学に 持っていった。

*いんせき　　　　　　　　Meteorit
*石　　　　　　　　　　　Stein

1-2. Lesetext.

*記者：いつ　いんせきを　見つけたんですか。

田中：1月15日の　午後です。道を　歩いていたら、「ドーン」と
　　　いう　音が　聞こえたんです。そらを　見ると　あかるい　も
　　　のが　見えました。

記者：何だと　思いましたか。

田中：ひこうきが　おちたんだと　思いました。それで　いそいで
　　　見に　行ったんです。

記者：それで？

田中：そう　したら、みちに　見た　ことが　ない　石が　おちてい
　　　たんです。

記者：すぐに　いんせきだと　分かりましたか。

田中：いいえ。でも、いんせきかもしれないと　思いました。石が
　　　おちていた　ところが　あつく　なっていましたから。

記者：それから、どう　したんですか。

田中：次の　日　大学に　持って　行ったんです。

記者：いんせきは　どう　したんですか。

田中：大学に　きふしました。

記者：そうですか。今日は　どうも　ありがとうございました。

*記者　　　　　　　　　Reporter

2. Welcher Text passt zu welchem Bild? Schreiben Sie die entsprechenden
Buchstaben unter die Bilder.

(1) (　C　)　　　(2) (　A　)　　　(3) (　B　)

A ──── コンピューター会社で　じこ　社員が　二人　けが ────

X月X日　午後　4時ごろ、東京都港区田町の　JBPコンピューターで
ショールームの　ヒーターが　おち、下で　はたらいていた　社員が
二人　けがを　した。*みなとしょでは　ショールームの　せっけい*
ミス*と　みて、ぎょうしゃに　*事情を　聞いている。

*みなとしょ　　　　　Polizeiamt Minato

*ミス　　　　　　　　Irrtum, Fehler (engl.: to miss; mistake)

*〜とみて　　　　　　erachten, ansehen als, vermuten

*事情　　　　　　　　Umstände, Situation

153

B

```
┌─────────────── レストラン　にわ ───────────────┐
さいきん　東京に　*オープンエアの　レストランが　ふえている。
その　中で　一番　人気が　あるのが　ここ、レストラン、にわ。
ピアノえんそうを　たのしみながら　つめたい　*シャンパンを
飲む。すずしい　かぜが　はこぶ　*ぜいたくな　時間。よやくは
お早めに。
└──────────────────────────────────────┘
```

*オープンエア	Freilicht..., unter freiem Himmel (engl.: open air)
*シャンパン	Sekt, Champagner
*ぜいたく	luxuriös, üppig, Luxus

C

```
┌────────── やせたい　あなたへ　とうふの　サラダ ──────────┐
体に　いい　とうふを　使って　作るサラダ。
毎日　食べて　元気に　やせる。
作り方
1　とうふは　水を　よく　きる。
2　やさいは　小さく　切って　*ボウルに　入れる。
3　2に　1を　入れて、*れいぞうこに　入れる。
4　*しょうゆドレッシングを　作る。
5　ドレッシングは　食べる　前に、*かける。
└──────────────────────────────────────┘
```

*切る	schneiden, abschneiden, hier: abtropfen lassen
*ボウル	Schüssel, (engl. bowl)
*れいぞうこ	Kühlschrank
*しょうゆドレッシング	Soja-Salatsoße, Dressing mit Sojasoße
*かける	hier: begießen, drauftun

3. Die Abenteuer von Herrn Sausewind

```
────────────── ビジーさんの　*ぼうけん ──────────────
　ぼくは　今　広い　海で　一人で　*ボートに　のっている。友だち
の　ボートで　つりを　していたら　きゅうに　*あらしが　来て、何
も　わからなく　なった。*気が　付いたら　友だちは　だれも　いな
かった。ぼくだけ　ボートに　のっていた。今日で　3日目だ。もう
のむ　水は　ない。
```

*ぼうけん	Abenteuer
*ボート	Boot
*あらし	Sturm

*気が付く　　　　　　　　wieder zu sich kommen

今朝から　ボートに　少しずつ　水が　入ってきた。とおくに　*島が　見えた。たぶん　島まで　ボートで　行く　ことは　できないだろう。ボートを　すてて、泳いで　行かなければ　ならない。ボートの　中には　食べ物が　少しと　時計と　ナイフと　つりの　どうぐが　*のこっていた。ぼくは　ナイフを　*ポケットに　入れて、つりの　どうぐを　持って　島まで　泳いだ。

*島　　　　　　　　　　　Insel
*のこる　　　　　　　　　zurückbleiben
*ポケット　　　　　　　　Tasche (in der Kleidung), (engl.: pocket)

島に　着いた。ねる　ところと　水を　さがして　歩いた。人は　だれも　住んでいない。近くを　とおる　*ふねも　ない。ここに　いるのは　ぼくだけだ。つかれた。*ゆっくり　*眠りたい。

*ふね　　　　　　　　　　Schiff
*ゆっくり　　　　　　　　gemächlich, langsam, gemütlich
*眠る　　　　　　　　　　(ein)schlafen

島に　来て、どのぐらいだろうか。食べものは　魚だけだ。もう　何日も　やさいを　食べていない。雨が　ふると　つりに　行く　ことも　できない。体の　具合が　少し　わるい。今日は　一日中　ねていた。

少し　元気に　なったので、食べ物を　さがしに　山に　のぼった。山の　上に　着いて、はんたいがわを　見た　とき、ぼくは　おどろいて　声が　出なかった。そこで　見た　ものは・・・・・。

SAUSEWINDS ABENTEUER

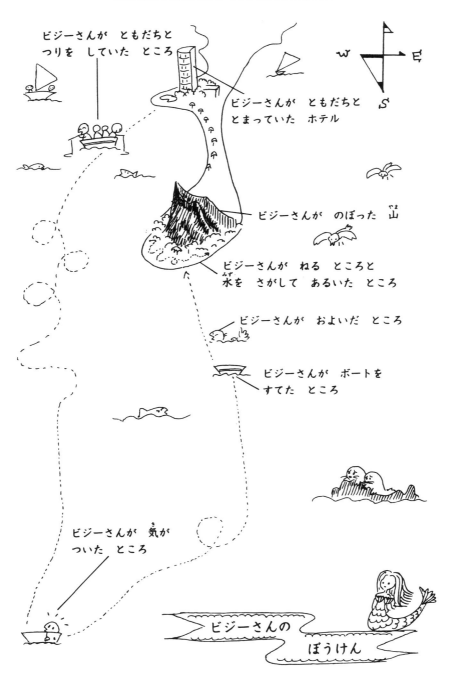

ビジーさんが ともだちと
つりを していた ところ

ビジーさんが ともだちと
とまっていた ホテル

ビジーさんが のぼった 山

ビジーさんが ねる ところと
水を さがして あるいた ところ

ビジーさんが およいだ ところ

ビジーさんが ボートを
すてた ところ

ビジーさんが 気が
ついた ところ

ビジーさんの
ぼうけん

NEUE KANJI

1. 朝
あさ
チョウ
朝 一 十 十 古 古 古 直 卓 朝 朝 朝 朝 (12)

2. 全員
ゼン イン
すべ(て)
全 ノ 人 今 今 全 全 (6)

3. 午後
ゴ ゴ
午 ノ ヒ ニ 午 (4)

4. 書く
か
ショ
書 フ ラ ヲ ヨ 彐 聿 書 書 書 書 (10)

5. 先日
センジツ
さき
先 ノ ヒ 屮 生 步 先 (6)

6. 毎年
マイ とし
毎 ノ 广 上 勾 勾 毎 (6)

7. 少ない
すく
ショウ
少 丿 小 小 少 (4)

8. 学生
ガクセイ
う(まれる)
生 ノ 广 牛 牛 生 (5)

Lesungen: 後 : 後 , 午後
            あと ゴ ゴ

           日 : 日 よう 日 , 日本語 , 先日
                ニチ   び   ニ ホン ゴ   センジツ

           一 : 一 , 一家
                イチ イッ カ

           年 : 一年 , 毎年
                イチネン マイ とし

           国 : 外国 , 国
                ガイコク くに

           近 : 近い , 近所
                ちか   キンジョ

           店 : 支店 , 店
                シ テン みせ

           新 : 新しい , 新年
                あたら   シンネン

Verwandte Wörter: 午前 ←→ 午後
                   ゴ ゼン   ゴ ゴ

Kanji zur Wiedererkennung: 第九
                           ダイ ク

157

LEKTION **18** BLUMEN ZUM GEBURTSTAG

Herr Sonntag möchte herausfinden, ob es in Ordnung ist, einer Bekannten in Japan zum Geburtstag Blumen zu schenken.

ゾンターク：すずきさん、ちょっと。

すずき：　何でしょう。

ゾンターク：日本の　しゅうかんを　知らないので　おしえて　くだ
　　　　　　さいませんか。友だちの　たんじょう日に　花をあげよう
　　　　　　と　思うんですが、おかしくないですか。

すずき：　女の人ですか。

ゾンターク：ええ、でも　とくべつな　友だちでは　ないんです
　　　　　　が・・・。

すずき：　おかしくないですよ。だいじょうぶです。デートですか。
　　　　　　いいですねえ。

ゾンターク：ううん、まあ。

Im Blumengeschäft.

ゾンターク：友だちに　花を　送ろうと　思うんですが、お願い　で
　　　　　　きますか。

花屋：　　はい。おとどけですね。できます。何日の　おとどけで
　　　　　　しょうか。

ゾンターク：明日　とどけてください。

花屋：　　かしこまりました。

ゾンターク：この　ばらは　いくらですか。

花屋：　　1本　250円です。

ゾンターク：じゃ、これを　20本　お願いします。たんじょう日の
　　　　　　プレゼントに　する　つもりですから、この カード を
　　　　　　つけて　とどけてくれませんか。

> 田中けい子さま
> おたんじょう日　おめでとうございます。
> 　　　　　　ミヒャエル・ゾンターク

花屋：　　　　はい。おとどけ先は　どちらですか。

ゾンターク：横浜です。

花屋：　　　　送料が　500 円　かかりますが、よろしいですか。

ゾンターク：ええ。じゃ　お願いします。

Sonntag:	Entschuldigen Sie bitte - Kann ich Sie etwas fragen, Herr Suzuki.
Suzuki:	Ja, was gibt es?
Sonntag:	Ich kenne die japanischen Umgangsformen nicht; könnten Sie mir (in dieser Beziehung vielleicht) helfen? Ich möchte jemandem Blumen zum Geburtstag schenken. Ist das unpassend?
Suzuki:	Handelt es sich um eine Dame?
Sonntag:	Ja, aber wir sind (eigentlich) nicht eng befreundet.
Suzuki:	Das ist nicht ungewöhnlich. Es ist in Ordnung. Haben Sie (etwa) ein Rendezvous? Beneidenswert.
Sonntag:	Tja, hmm...
Sonntag:	Ich möchte gerne jemandem Blumen schicken, können Sie mir da helfen?
Florist:	Eine Zustellung? Ja, selbstverständlich. An welches Zustellungsdatum denken Sie?
Sonntag:	Bitte liefern Sie die Blumen morgen.
Florist:	Gewiss/Jawohl, wird erledigt.
Sonntag:	Wieviel kosten diese Rosen?
Florist:	250 Yen pro Stück.
Sonntag:	Gut, geben Sie mir bitte 20 Stück. Sie sind als Geburtsgeschenk gedacht; könnten Sie deshalb diese Glückwunschkarte zusammen mit den Blumen abgeben?

```
Frau Keiko Tanaka

Herzlichen Glückwunsch zum Geburtstag!

                                   Michael Sonntag
```

Florist:	Selbstverständlich. Wohin soll die Zustellung gehen?
Sonntag:	Nach Yokohama.
Florist:	Das kostet 500 Yen Zustellungsgebühr. Ist Ihnen das recht?
Sonntag:	Ja, das ist in Ordnung.

Neues Vokabular

～（よ）う	(Wunschform)
おかしい	komisch, lustig
とくべつの／な	besonders, außergewöhnlich
大丈夫（な）	in Ordnung
ううん	mmh
送る	schicken

おとどけ	Auslieferung
つもり	Absicht
つける	beifügen, beinhalten
おめでとうございます	herzlichen Glückwunsch
おとどけ先	Lieferadresse, Empfänger
横浜	Yokohama (city)
送料	Porto, Transportkosten
よろしい	gut, in Ordnung

GRAMMATIK UND LERNZIELE

• - よう / おう , Wunschform zum Ausdruck einer Absicht/Willensäußerung

友だちに花をあげようと思うんですが,...

Verben, die auf -(y)ō (normal-höfliche Form) und - ましょう enden, stehen in der Wunschform und lassen sich i.a. durch „ich möchte/beabsichtige", „wir möchten/ beabsichtigen" oder „lasst uns" Übersetzen. Wie sonst auch, bringt die Verwendung der normal-höflichen Formen am Satzende eine nicht-formelle Sprachebene bzw. vertrauten Umgang zum Ausdruck.

Beispiel: タクシーで行こうか。„Sollen wir mit dem Taxi fahren/ein Taxi nehmen?"

近いから歩こうよ。„Es ist in der Nähe/nicht weit; (deswegen), lass uns zu Fuß gehen."

Beachten Sie bitte in Bezug auf die Wunschform von Reg. I-Verben die Form 歩 こう im obigen Beispiel, und denken Sie stets an die Übereinstimmung mit der Vokalfolge あ , い , う , え und お .

	- ます -Form	normale Form	Wunschform
Reg. I	送ります 書きます 会います	送る 書く 会う	送ろう 書こう 会おう
Reg. II	あげます 届けます 見ます	あげる 届ける 見る	あげよう 届けよう 見よう
Irr.	来ます します	来る する	来よう しよう

• つもり

たんじょう日のプレゼントにするつもりです。

つもり , seiner Form nach ein Substantiv, wird sehr häufig in diesem Muster gebraucht, um Absicht oder Zweck auszudrücken.

Beispiel 1. 今日 吉田さん が 来ます が、会わない つもり です。

"Herr Yoshida kommt heute, aber ich beabsichtige nicht/werde ihn nicht treffen."

2. 明日 東京 に 帰ります か。 "Hast Du vor, morgen/Wirst Du morgen nach Tokyo zurückfahren?"

えぇ、その つもり です。 "Ja, sicher/Ja, das ist meine Absicht."

- Höflichkeitsausdrücke

Die Höflichkeitsausdrücke in dieser Lektion lassen sich mit anderen, zuvor bereits eingeführten, vergleichen.

よろしい です か entspricht in seiner Bedeutung いい です か, ist jedoch höflicher. Die passende Erwiderung ist nicht よろしい です, sondern けっこう です, いい です oder einfach はい.

おとどけ です か。 "Soll es zugestellt werden?" Auch in diesem Fall ist die Voranstellung der Höflichkeitspartikel お eine Möglichkeit zum Ausdruck von Höflichkeit oder Respekt. (Siehe Band 2 A, Lektion 3, Anmerkungen)

Beispiel 1. いつ おかえり です か。 "Wann kommen Sie zurück?"

2. 林さん は 大変 およろこび でした。 "Herr Hayashi war sehr erfreut."

教えて くださいません か。 "Würden/Könnten Sie mir das bitte erklären?" - て くださいません か ist bedeutungsgleich mit - て くれません か, aber höflicher.

EINFACHE SATZSTRUKTUREN ZUM EINPRÄGEN

1. 毎日 日本語を べんきょうしようと 思います。 →Bedenklich ∧ mehr
2. 明日 晴れたら、テニスを する つもりです。 →Schon geplant

1. Ich beabsichtige, jeden Tag Japanisch zu lernen.
2. Ich habe vor morgen Tennis zu spielen, wenn das Wetter schön ist.

> **Neues Vokabular**

晴れる   aufklaren

ÜBUNGEN TEIL A

I. Bilden Sie die Wunschform der Verben wie in den Beispielen.

書く→書こう 食べる→食べよう 来る→来よう
言う→言おう おきる→おきよう する→しよう

1. 帰る（zurückkehren）4. 覚える 7. 借りる →leihen und anderes
2. 泳ぐ 5. あずける 8. 買ってくる →買ってくよう
3. 休む 6. 見る 9. りょうりする

II. Bilden Sie Dialoge, indem Sie die unterstrichenen Satzteile ersetzen.

F: 今日 田中さんに 会います か。

A: ええ、<u>会おう</u>と　思います。

  1. たばこを　やめる

  2. 社長に　そうだんする　*nach Rat fragen*

  3. 友だちに　子供を　あずける

  4. ひこうきで　行きます

III. Üben Sie die folgenden Satzmuster indem Sie die unterstrichenen Satzteile ersetzen.

  <u>この　プロジェクトが　終わったら　夏休みを　とろう</u>と　思います。

  1. 来週　天気が　よければ　富士山に　のぼる　→上ぼろう

  2. 子供が　できたら　仕事を　変える　*Situation Kase*

  3. ひまが　できた　時　この　本を　よむ

  4. 大学の　入学しけんに　しっぱいした　場合は　もう　1年
    がんばる　　*Prüfung*　　*vermasseln*

IV. Bilden Sie Dialoge, indem Sie die unterstrichenen Satzteile ersetzen.

  A. **F:** 会社を　やめて　何を　するんですか。

    A: <u>一人で　仕事を　始める</u>　つもりです。

    1. 大学に　入って　もう　一度　べんきょうします

    2. 国に　帰って　しょうらいの　事を　考えます

    3. デザイナーに　なって　自分の　店を　持ちます

    4. もっと　きゅうりょうの　いい　仕事を　さがします
    →*Einkommen* 給料

  B. **F:** <u>けっこんしない</u>んですか。　*Möchtest du etwa nicht heiraten?*

    A: ええ、<u>けっこんしない</u>　つもりです。

    1. もう　たばこを　吸いません　→吸れないんですか!

    2. だれにも　見せません

    3. カメラを　持っていきません　→ていがない

    4. 子供を　連れて行きません

  C. **F:** すみませんが、<u>塩を　取って</u>くださいませんか。

    A: はい。

    1. その　カメラを　見せる

    2. ここで　待っている

    3. クーラーを　消す

    4. いすを　運ぶのを　手伝う

Neues Vokabular

覚える	auswendig lernen, erinnern
りょうりする	kochen
りょうり	Essen
休みを　とる	Urlaub nehmen
（子供が）できる	schwanger werden
（時間が）できる	sich Zeit nehmen können
しっぱいする	Misserfolg haben
しっぱい	Misserfolg, Fehlschlag
がんばる	sich anstrengen
しょうらい	Zukunft
デザイナー	Designer
連れて行く	(Person) mitnehmen
連れる	mitnehmen (nur bei Personen)
塩	Salz
取る	reichen, nehmen
手伝う	helfen

KURZE DIALOGE

1. 課長： 帰りに　どう？　いっぱい　のもう。
   小川： 今日は　かないが　かぜを　ひいているので・・・。 ↘Ehefrau
   課長： ちょっとなら　いいだろう。
   小川： いえ、やっぱり　だめなんです。
   課長： そうか。じゃ、あきらめよう。 → あきらめる aufgeben

   Abteilungsleiter: Wollen wir auf dem Nachhauseweg einen trinken gehen?
   Ogawa: Meine Frau hat eine Erkältung...
   Abteilungsleiter: Nur auf ein Bierchen ... (Wenn wir nur ganz kurz in eine Kneipe gehen, ist das doch sicherlich in Ordnung, oder?)
   Ogawa Nein, (ich würde ja gerne mitkommen, aber) es geht wirklich nicht.
   Abteilungsleiter: Nun ja, dann lassen wir es halt sein.

2. かとう： 今年の　日本語スピーチコンテストに　でますか。 Vorbereitung
   ブラウン： ええ、その　つもりですが、十分　じゅんびが　でき なければ　来年に　するかもしれません。 genug, nicht じゅうぶん

   Katō: Nehmen Sie am diesjährigen Japanisch-Redewettbewerb teil?
   Braun: Ja, das habe ich vor, aber wenn die Zeit (für die Vorbereitung) nicht reicht, wird es wohl erst nächstes Jahr sein.

163

そうか　　　　　　　　　＝そうですか
あきらめる　　　　　　　aufgeben
スピーチコンテスト　　　Redewettstreit
　スピーチ　　　　　　　Rede
　コンテスト　　　　　　Wettbewerb
でる　　　　　　　　　　teilnehmen
十分
じゅうぶん　　　　　　　　　genug
じゅんび　　　　　　　　Vorbereitung

ÜBUNGEN TEIL B

I.　Lesen Sie den Lektionstext und beantworten Sie die folgenden Fragen.

   1. ジョンソンさんは　女の　友だちへの　プレゼントについて　ど
     うして　鈴木さんに　そうだんしましたか。→um Rat bitten

   2. ジョンソンさんは　だれに　プレゼントを　送ろうと　思ってい
     ますか。

   3. ジョンソンさんが　買った　ばらは　20本で　いくらですか。

   4. けいこさんは　どこに　住んでいますか。

II.　Bilden Sie die Wunschform der folgenden Verben.

   1. 話す　　　4. やめる　　　7. 別れる　　　10. 待つ
   2. とどける　5. つくる　　　8. 払う　　　　11. デートする
   3. 会う　　　6. 歩く　　　　9. しつもんする　12. 持ってくる

III. Vervollständigen Sie die Sätze durch die passenden Verbformen.

   1. 何を　（　　）いるんですか。
     棚の　上の　箱を　（　　）と　思うんですが、手が
     （　　）んです。（します、取ります、とどきません）

   2. どんな　パソコンを　（　　）つもりですか。
     小さくて、使いやすい　パソコンを　（　　）と　思うんですが、
     どれが　いいでしょうか。（買います、買います）

   3. 今から　ゆうびんきょくへ　（　　）と　思うんですが、何か　用
     事は　ありませんか。
     すみませんが、この　手紙を　（　　）くださいませんか。（行って
     きます、出します）

   4. 本当に　彼と　（　　）んですか。

ええ、もう（　　）つもりです。（　　）ば、また けんかします
から。（別れました、会いません、会います）
5. 日本語の べんきょうを（　　）と 思うんですが、どこか い
い 学校を（　　）くださいませんか。（始めます、教えます）

IV. Welcher Satz passt am besten zur Situation?

A. Sie gratulieren einem Freund zum Bestehen der Prüfung.
  1. 合格するでしょう。
  2. 合格 おめでとうございます。
  3. 合格しました。

B. Sie fragen Ihren Abteilungsleiter, ob Sie ihn morgen Abend spät
   anrufen dürfen.
  1. 明日の ばん おそく お電話くださいませんか。
  2. 明日の ばん おそく 帰ってから 電話する。
  3. 明日の ばん おそく 電話を しても よろしいですか。

C. Sie telefonieren mit der Frau Ihres Bekannten und fragen, wann er
   nach Hause kommt.
  1. ご主人は 何時頃 帰りましたか。
  2. ご主人は 何時頃 お帰りでしょうか。
  3. ご主人は 何時頃 帰る つもりですか。

D. Sie haben die Nase voll von Ihrer jetzigen Firma. Sie werden gefragt
   und antworten, dass sie Ihren Job wirklich kündigen wollen.
  1. はい、本当に やめる つもりです。
  2. はい、多分 やめたと 思います。
  3. はい、多分 やめるだろうと 思います。

V. Beantworten Sie die folgenden Fragen.
  1. あなたは 明日 何を しようと 思いますか。
  2. 日本語の べんきょうが 終わったら、日本の 会社で はたら
     くつもりですか。
  3. あなたは 世界中を 旅行したいと 思いますか。
  4. あなたの 来週の 予定を 話してください。

ZUM AUFWÄRMEN

1. Tragen Sie die Wunschform der Verben in die Tabelle ein.

		- ます -Form	Wunschform
Reg I	(れい)	てつだいます	てつだおう
	(1)	はたらきます	
	(2)	およぎます	
	(3)	さがします	
	(4)	もちます	
	(5)	しにます	
	(6)	えらびます	
	(7)	たのみます	
	(8)	のぼります	
	(9)	ことわります	
Reg II	(れい)	かんがえます	かんがえよう
	(10)	やめます	
	(11)	おぼえます	
	(12)	あきらめます	
	(13)	かります	
Unreg	(14)	きます	
	(15)	します	

2. Tragen Sie die am besten passenden Partikeln in die Klammern ein.
   (1) 私の　仕事（　　　　）手伝ってください。
   (2) 主人は　よく　子供（　　　）公園（　　　　）連れて行きます。
   (3) 部長は　昨日　休み（　　　）とりました。
   (4) 娘は　英語の　スピーチコンテスト（　　　）でます。
   (5) 毎日　漢字（　　　）5つ　覚えます。
   (6) 高いので、家を　買うの（　　　）あきらめました。

166

SATZMUSTER 1

1 _____う／ようと　思_{おも}います

ANWENDUNG DER SATZMUSTER 1

1. Die Personen sprechen über Ihre Urlaubspläne für die Sommerferien. Ändern Sie die Sätze wie im Beispiel.

なつやすみに
なにを　しますか。

（れい）ともだちと　ふじさんに　のぼります。
→ ともだちと　ふじさんに　のぼろうと　おもいます。

(1) カナダに　つりに　いきます。
→ _____

(2) くるまで　ほっかいどうを　まわります。
→ _____

(3) うちで　のんびりします。
→ _____

(4) えいがを　たくさん　みます。
→ _____

(5) よみたかった　ほんを　よみます。
→ _____

2-1. Die Personen sprechen von Ihren guten Vorsätzen für das neue Jahr. Lesen Sie die Texte und berichten Sie von den guten Absichten in eigenen Worten.

———— 新年_{しんねん}の　ほうふ ————

(1) ビジー

　わたしは　去年_{きょねん}　オリンピックで　じゅうどうの　*試合_{しあい}を　見_みて、じゅうどうが　とても　好_すきに　なりました。今年_{ことし}は　いい　先生_{せんせい}をさがして、じゅうどうを　ならおうと　思_{おも}います。

　*試合_{しあい}　　　　　　　　Wettkampf

(2) さとう

　わたしは　今年_{ことし}　32歳_{さい}に　なりますが、まだ　*独身_{どくしん}です。早_{はや}くけっこんしたいと　思_{おも}います。家_{いえ}も　買_かったし、*ちょ金_{きん}も　あるんで

167

すが、*相手が いないんです。今年は 必ず いい 人を さがそう
と 思います。

  *ちょ金   Ersparnisse
  *相手   der andere, der Partner

(3) 吉田婦人
　　私は 去年 新しい 家に ひっこしました。静かで とても いい
ところですが、買い物を する 店が 遠くて 不便なんです。今年は
車の *免許を 取ろうと 思います。

  *免許   Lizenz, Erlaubnis(Schein)

(4) グリーン
　　私は 去年 10キロ *太りました。仕事が 忙しくて ぜんぜん
運動を しなかったからだろうと 思います。今年は スポーツクラブ
に 入って、毎日 泳ごうと 思います。

  *太る   dick (und fett) werden, (Gewicht) zunehmen

2-2 Lesen Sie die Texte oben und ergänzen Sie die Sätze.

（例）

ビジーさんは 今年 <u>じゅうどうを 習おう</u> と 思っています。

  (1) さとうさんは 今年 _____と 思っています。
  (2) 吉田婦人は 今年 _____と 思っています。
  (3) グリーンさんは 今年 _____ と 思っています。

3-1 Lassen Sie sich die folgenden Dialoge vorlesen und geben Sie den Inhalt in
    eigenen Worten wieder.

  (1)
吉田婦人：運転免許を 取ろうと 思うんですが、どこか いい 学校
　　　　　を 知りませんか。
さとう： 自動車学校なら *Jドライビングスクールが いい ですよ。
　　　　　私も 5年前に そこで 免許を 取ったんですが、先生が
　　　　　とても 親切 でした。

吉田婦人：そうですか。じゃ、そこに します。

*Jドライビングスクール   J Fahrschule

  (2)
ビジー： じゅうどうを 始めようと 思うんですが、どこか いい 学校
　　　　　を 知りませんか。
さとう： じゅうどうを ならう ところは 道場と いうんですよ。

168

道場なら　駅の　うらに　＊こくさい道場が　あります。い
い　道場ですよ。じつは　わたしも　2年　前から　じゅう
どう　を　ならっているんです。

ビジー：　へえ、そうですか。じゃ、わたしも　そこに　します。

＊こくさい道場　　　　　Internationale Judo-(Trainings)Halle

(3)

小林：　ピアノを　ならおうと　おもうんですが、だれか　いい
先生を　知りませんか。

ビジー：　ピアノの　先生なら　グリーンさんの　おくさんが　いいで
すよ。

小林：　へえ、ピアノが　上手なんですか。

ビジー：　知らないんですか。わかい　とき、ピアニストだったんで
すよ。

小林：　へえ、そうなんですか。じゃ、さっそく　電話をします。

3-2. Lassen Sie sich die Dialoge (3-1) vorlesen und vervollständigen Sie die
Sätze.

(例)

運転免許を　とるなら　Jドライビングスクールが　いいです。

(1) じゅうどうを _____ が　いいです。

(2) ピアノを _____ が　いいです。

SATZMUSTER 2

2 _____つもりです

ANWENDUNG DER SATZMUSTER 2

1. Studenten sprechen Über Ihre Pläne nach dem Abschluss der Universität.
Ändern Sie die Sätze wie im Beispiel.

だいがくを　そつぎょうした
ら　どう　するんですか。

(れい) JBPに　つとめます。
→ JBPに　つとめる　つもりです。

(1) ともだちと　かいしゃを　つくります。
→ _____

(2) だいがくで　もっと　けんきゅうを　します。
→ _____

169

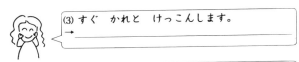

(3) すぐ かれと けっこんします。

→ _____

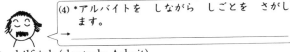

(4) *アルバイトを しながら しごとを さがします。

* アルバイト　　　　Aushilfsjob (deutsch: Arbeit)

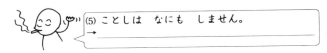

(5) ことしは なにも しません。

→ _____

2-1. In den folgenden Passagen versprechen die Personen, denselben Fehler nicht noch einmal zu machen. Übernehmen Sie den Part dieser Personen und geben Sie den Inhalt der Textpassagen in eigenen Worten wieder, so als hätten Sie selbst die Fehler gemacht.

(1) 昨日 主人と かぶきを 見に 行きました。でも、主人は 始めから おわりまで *ずっと ねていました。ぜんぜん たのしくなかったです。もう *ぜったいに 主人とは かぶきに 行かない つもりです。

* ずっと　　　　　　　die ganze Zeit über, dauernd
* ぜったいに　　　　　ganz bestimmt, absolut

(2) 先月 雪の 日に 車を 運転したら 車が 急に *スリップ しました。だれも けがを しませんでしたが、とても あぶなかったです。わたしは もう ぜったいに 雪の 日には 車を 運転しない つもりです。

* スリップ　　　　　　(aus)rutschen, gleiten (engl. slip)

(3) 先週 東京から 京都に 行く とき、しんかんせんの 中で ビールを たくさん のんだら ねむく なりました。おきたら もう 京都の 駅でした。いそいで おりたら さいふの 入った かばんを しんかんせんの 中に 忘れました。もう ぜったいに しんかんせんでは ビールを のまない つもりです。

(4) 昨日 子供を コンサートに 連れて 行きました。でも、子供が とても うるさくて おんがくを たのしむ ことが できませんでした。*周りの ひとに めいわくだっただろうと 思います。もう ぜったいに コンサートには 子供を つれて 行かない つもりです。

* 周り　　　　　　　　die Umgebung, drum herum

2-2. Versprechen Sie, die folgenden Dinge nie wieder zu tun. Verwenden Sie das Satzmuster „ もう ぜったいに ...- ない つもり です".

(1)　　　　　(2)　　　　　(3)　　　　　(4)

Nie!

FÜR WAGEMUTIGE

1-1. Lesen Sie die folgenden Texte.

(1) おざわ　いずみ　23才　銀行員
　　　私は　けっこんしたら　仕事を　やめる　つもりです。そして、いい　お母さんに　なる　つもりです。私が　子供の　ころ　母は　ずっと　仕事を　していました。学校から　帰って来ると　うちに　だれも　いませんでした。毎日　つまらなかったです。私は　子供が　生まれたら　いつも　いっしょに　いたいと　思います。

(2) やまかわ　れいこ　28才　＊インテリアデザイナー
　　　私は　けっこんしてからも　仕事を　やめない　つもりです。女性は　うちに　いた　ほうが　いいと　思っている　男性とは　けっこんしない　つもりです。子供が　生まれたら　＊ほいくえんに　あずけて、仕事を　＊続ける　つもりです。　子供を　＊育てながら　仕事を　つづけるのは　大変だろうと　思いますが、がんばる　つもりです。

　　＊インテリアデザイナー　　Innendesign, Inneneinrichtung
　　＊ほいくえん　　　　　　　Kinderhort, Kindertagesstätte
　　＊続ける　　　　　　　　　weiter machen, (etwas) fortsetzen
　　＊育てる　　　　　　　　　erziehen, (Kinder) aufziehen

(3) ふじた　じゅんこ　35才　＊ジャーナリスト
　　　私は　ずっと　けっこんしない　つもりです。けっこんしたら　女性だけが　＊家事を　しなければ　ならないし、子供が　できたら　仕事を　やめなければ　ならないし、あまり　いい　ことは　ないと　思います。私は　今の　仕事が　好きなので、ずっと　仕事を　つづける　つもりです。友だちが　たくさん　いれば　ずっと　一人でも　たのしいだろうと　思います。
　　＊ジャーナリスト　　　　　Journalist

171

*家事　　　　　　　　　　Haushaltsarbeit

(4) こんどう　あきこ　26才　ピアノ*教師

　　私は　けっこんは　したいと　思いますが、子供は　作らない
つもりです。家事は　夫と　二人で　する　つもりです。二人で
仕事を　して　生活を　たのしむ　つもりです。週末には　テニス
や　ゴルフを　して、年に　2かいは　外国に　旅行に　行く　つ
もりです。たくさん　ちょ金を　して　*老後は　夫と　二人で　の
んびり　生活する　つもりです。

*教師　　　　　　　　　　Lehrer
*老後　　　　　　　　　　im Alter

(5) さとう　たくや　32才　コンピューター会社社員.

　　私は　今　*けっこん相手を　さがしています。私は　子供が　大
好きなので、こうえんで　子供と　あそんでいる　お父さんを　見
ると、早く　自分の　子供が　ほしいと　思います。けっこん相手
は　子供が　好きな　人が　いいです。私は　女性も　仕事を　続
けた　ほうが　いいと　思いますから、家事や　子供の　世話を
てつだう　つもりです。

*けっこん相手　　　　　　Ehepartner

(6) ビジー　30才　コンピューター会社社員

　　私は　今　けっこんしたいと　思っています。いっしょに　生活
を　たのしむ　ことが　できる　人が　いいです。それから、スポ
ーツや　旅行が　好きな　人が　いいです。子供は　いなくても
いいと　思います。　私は　ずっと　一人で　*暮らしているので、
家事は　じょうずです。家事は　二人で　する　つもりです。

*暮らす　　　　　　　　　leben

1-2. Beantworten Sie die folgenden Fragen.

(1) 4人の　女性の　中で　一番　さとうさんに　*合う　人は　どの
人だと　思いますか。

*合う　　　　　　　　　　passen

_____

(2) 4人の　女性の　中で　一番　ビジーさんに　合う　人は　どの
172

人だと　思いますか。

---

2. Lassen Sie sich den Text (2) vorlesen und markieren Sie die Aussagen mit R (richtig) oder F (falsch).

2-1
(1) （　）こんばんは　レストランに　行って、*ステーキを　食べます。
(2) （　）今日の　ばんごはんは　すきやきです。
(3) （　）こんばんは　魚を　食べます。
　　*ステーキ　　　　　　　Steak

2-2
(1) （　）黒い　テーブルを　買って、*カードで　お金を　払いました。
(2) （　）二人は　白い　テーブルの　ほうが　好きです。
(3) （　）今日は　なにも　買いませんでした。
　　*カード　　　　　　　(Kredit)Karte

2-3
(1) （　）二人は　うちで　フランスりょうりを　食べました。
(2) （　）二人は　これから　うちに　かえって、ビデオを　見ます。
(3) （　）二人は　これから　えいがを　見に　行きます。

2-4
(1) （　）明日は　お母さんの　たんじょう日なので、プレゼントを　買いました。
(2) （　）これから　二人で　お母さんの　たんじょう日の　プレゼントを買いに　行きます。
(3) （　）お母さんの　たんじょう日に　*おすしを　食べに　行きます。
　　*おすし　　　　　　Sushi (Gericht mit fein gesäuertem Reis)

2. Lesetext.
ふうふの　会話です。
2-1
妻：　今日の　ばんごはん、どう　しよう。
夫：　ぼくは　肉が　食べたいな。
妻：　じゃ、ステーキに　しようか。
夫：　ステーキも　いいけど、今日は　すきやきは　どうかな。

妻：　そうねえ。それも　いいわね。うん、すきやきに　しよう。じゃ、買い物に　行ってくるわね。

2-2
妻：　いろいろ　見たけど、この　黒い　テーブルが　一番　いいわ。

夫：　そうだね。あの　白いのも　いいけど、うちの　いまには　黒い　ほうが　いいかもしれないね。

妻：　でも、ちょっと　お金が　たりないの。黒いのは　高いから。

夫：　じゃ、カードで　払おうよ。あれっ！　カード　うちに　忘れた。

妻：　じゃ、今日は　やめよう。

2-3
妻：　ああ、おいしかった。やっぱり　フランス料理は　うちで　作るより　おいしいわ。

夫：　うん、おいしかったね。

妻：　これから　どう　する？まだ　早いから　どっか　行く？

夫：　たまには　えいがでも　見ようか。

妻：　でも、こんでいるかもしれない。　土よう日だから。

夫：　そうだね。じゃ、ビデオを　借りて、うちで　見ようか。

妻：　それが　いいわ。

2-4
妻：　明日は　お母さんの　たんじょう日ね。　何か　プレゼント　買った？

夫：　明日か。忘れてたよ。

妻：　まだ　買ってないの。じゃ、これから　買いに　行く？

夫：　いいけど、何に　しようか。

妻：　そうねえ。何が　いいかなあ。むずかしいわね。

夫：　じゃ、食事にでも　行こうか。お母さんの　好きな　おすしは　どう？

妻：　それが　いいわね。じゃ、私は　お花を　買ってから、行くわ。

1. 友だち

とも

友 ユウ　一 ナ 方 友 (4)

2. 花

はな

花 カ　一 十 サ サ 花 花 花 (7)

3. 送る

おく

送 ソウ　丶 丷 丷 丷 关 关 关 送 送 (9)

4. お願いする

ねが

願 ガン　一 厂 厂 厂 庐 庐 原 原 原 原 原 原 原

願 願 願 願 願 (19)

5. 田中

たなか

田 デン　丨 冂 冂 田 田 (5)

6. 送料

ソウリョウ

料　丶 丷 丷 半 米 米 米 米 料 料 (10)

Lesungen

女 ： 女性 ， 女

　　　ジョセイ　おんな

送 ： 送る ， 送料

　　　おく　　ソウリョウ

本 ： 日本語 ， 20本

　　　ニ ホン ゴ　　ポン

LEKTION **19** DIE BIBLIOTHEK

Herr Chang und sein Nachbar Daisuke gehen zusammen spazieren.

チャン： あれは 何ですか。

だいすけ：図書館です。

チャン： だれでも 利用できますか。

だいすけ：ええ、もちろんです。だれでも 入れますよ。あそこ は
自分で 本を 手に 取って 見られますから、とても
利用しやすいですよ。

チャン： それは いいですね。ぼくは カードを 見て えらぶの
は 苦手 なんです。

だいすけ：でも チャンさんは かんじが 読めるでしょう。

チャン： ええ、いみは わかります。でも、ぼくは 自分で本を
見ながら えらべる 図書館が 好きなんです。

だいすけ：ちょっと ふべんな 所に あるけど、広いし しずか
だし、いいですよ。

チャン： 本を 借りたり コピーしたり する ことも できますか。

だいすけ：ええ。てつづきを すれば 借りられます。ぼくも 今 2
冊 借りています。

チャン： 新聞や ざっしも 借りられますか。

だいすけ：いいえ、本しか 借りられません。でも、新聞やざっ
しは コピーを たのめます。2、3分で 行けますから、
これから いっしょに 行きませんか。

Chang: Was ist das (da)?

Daisuke: Eine (öffentliche) Bibliothek.

Chang: Kann Sie jedermann benutzen?

Daisuke: Ja, selbstverständlich. Jedermann kann hineingehen. Drinnen kann
man nach Belieben Bücher herausnehmen und in Augenschein
nehmen; deshalb ist sie sehr einfach zu benutzen.

Chang: Das ist prima. Für mich ist es nämlich schwierig, Bücher nach einer
Kartei zu finden.

Daisuke: Aber Sie können doch Kanji lesen, nicht wahr?

Chang: Ja, ich verstehe die Bedeutung. Aber ich mag Bibliotheken, wo man sich die Bücher selbst ansehen und aussuchen kann.

Daisuke: Sie/Die Bibliothek befindet sich zwar an einer etwas umständlich zu erreichenden Stelle/einer etwas abgelegenen Stelle, aber sie ist geräumig und ruhig und daher (wirklich) angenehm.

Chang: Kann man auch Bücher ausleihen und Fotokopien machen?

Daisuke: Ja. Wenn man die Formalitäten erledigt, kann man Bücher ausleihen. Zur Zeit habe ich zwei Bände ausgeliehen.

Chang: Kann man auch Zeitungen und Zeitschriften ausleihen?

Daisuke: Nein, man kann nur Bücher ausleihen/nur Bücher sind ausleihbar. Aber man kann Kopien von Zeitungen und Zeitschriften anfertigen lassen. In ein paar Minuten können wir dort sein; sollen wir nun zusammen (dorthin) gehen?

Neues Vokabular

だいすけ	männl. Vorname
だれでも	jedermann
もちろん	natürlich, selbstverständlich
入れる	hineinpassen
手に 取る	in die Hand nehmen, erhalten
見られる	sichtbar sein
苦手	schwierig, ungeschickt
読める	lesen können
いみ	Bedeutung
えらべる	auswählen können
～けど	aber, jedoch
てつづき	Formalitäten
借りられる	leihen können
～冊	Zählsuffix für Bücher
～しか～ない	nur
たのめる	fragen können
行ける	gehen können, erreichen können

GRAMMATIK UND LERNZIELE

•Potentialform von Verben

だれ でも 利用 できます か

だれ でも 入れます。

あの 図書館 で 本 が 借りられます。

2,3 分 で 行けます。

Die Möglichkeit lässt sich mit dem Verb できる und durch das Muster こ と が できる ausdrücken. Zusätzlich haben viele Verben eine regelmäßig ableitbare Potentialform. Es ist zu beachten, dass das abschließende う von Reg. I-Verben durch える ersetzt wird, so z.B. 読む → 読める, „lesen können", „lesbar sein". Und えらぶ → えらべる, „wählen können", „gewählt werden können". (Rein formal lassen sich zwar 読める und えらべる als im Wörterbuch aufgenommene Grundformen betrachten, aber in der überwiegenden Mehrzahl der Fälle erscheinen solche Formen nicht in zweisprachigen Wörterbüchern, da sie regelmäßig von der Grundform des Verbs ableitbar sind.)

Reg. I-Verb

	- ない	- ます	Konditional	- て	- た
読める	読めない	読めます	読めれば	読めて	読めた
えらべる	えらべない	えらべます	えらべれば	えらべて	えらべた

Potentialverben werden wie Reg. II-Verben konjugiert, haben jedoch keine Wunschform. Weitere Beispiele: 行く → 行ける, 話す → 話せる, 帰る → 帰れる, おくる → おくれる, 書く → 書ける, 入る → 入れる.

Die folgenden Sätze zeigen die Bedeutungen eines Verbs und seiner Potentialform im Vergleich:

Beispiel: 1. チャンさん は 図書館 に 入ります。 „Herr Chang betritt die Bibliothek."
2. チャンさん は 図書館 に 入れます。 „Herr Chang kann die Bibliothek betreten."

Bei Reg. II-Verben wird - られる an den Stamm der - ない -Form angehängt; Beispiele: 見ない → 見られる, „sehen können", „sichtbar/zu sehen sein", und 借りない → 借りられる, „ausleihen können", „ausleihbar sein/ ausgeliehen werden können". Das unregelmäßige Verb くる wird zu 来られる, „kommen können", und an die Stelle von する tritt できる.

Eine einfachere und praktischere Möglichkeit zur Bildung dieser Form ist die Einfügung von - られ (oder in der Umgangssprache manchmal nur - れ) zwischen Stamm und abschließendem - う , - ます , - た usw.

Beispiel: 食べられる , 食べられない , 食べられます , 食べられた

Reg. II-Verben und unregelmäßige Verben

	- ない	- ます	Konditional	- て	- た
見られる 借りられる 出来る	見られない 借りられない 出来ない	見られます 借りられます 出来ます	見られれば 借りられれば 出来れば	見られて 借りられて 出来て	見られた 借りられた 出来た

Weitere Beispiele: 食べる → 食べられる , 届ける → 届けられる ,
いる → いられる

する → 出来る ; Beispiel: 子供 も 利用 します。 „Kinder benutzen (es)
auch.“ 子供 も 利用 できます。 „Kinder können (es) auch benutzen.“

Das „Topic“ (Satzthema) oder Subjekt eines Potentialverbs kann belebt
oder unbelebt sein. Beispiel: この ナイフ は よく 切れます。 „Dieses
Messer schneidet gut.“

Beispiel: 1. メーナーさん は かんじ が 読めます。 „Herr Mähner
kann Kanji lesen.“

2. この 字 は とても 小さくて 読めません。 „Diese Schriftzeichen sind sehr klein und daher unleserlich.“

Potentialverben haben früher ausschließlich die Partikel が verlangt, in
letzter Zeit ist jedoch を ebenfalls zulässig.

Beispiel: 1. チャンさん は かんじ が / を 読めます。 „Herr Chang
kann Kanji lesen.“

2. 本 が / を 借りられます。 „Man kann Bücher ausleihen.“

3. コピー が / を たのめます。 „Man kann Kopien anfertigen
lassen.“

Bei der Wahl zwischen Potentialform und こと が できる wird die erstere
oft bevorzugt, weil sie etwas kürzer ist. チャンさん は 図書館 に 入る
こと が できます。 ist zwar grammatikalisch korrekt, klingt aber etwas
gestelzt. Die beiden Formen sind jedoch austauschbar, so dass man wegen
dieser Unterschiede nicht übermäßig besorgt zu sein braucht.

Beispiel: 1. スミスさん は 新聞 が 読めます。 „Herr Smith kann
(japanische) Zeitungen lesen.“

2. 図書館 に 行けば、 十年 前 の 新聞 を 読む 事 が でき
ます。“

„Wenn man in die Bibliothek geht, kann man Zeitungen von vor
zehn Jahren lesen.“

ANMERKUNGEN

1. でも チャンさん は かんじ が 読める でしょう。

In dieser Verwendung wird でしょ / でしょう mit ansteigender Betonung
ausgesprochen und bedeutet: „Ich nehme (etwas) an. Habe ich nicht recht?“

2. ちょっと 不便 な ところ に ある けど。

けど ist die umgangssprachliche Verkürzung von けれど und けれども in der
Bedeutung „trotzdem“, „aber“. In bestimmten Kontexten besteht Bedeutungs-
gleichheit mit der Partikel が . (Siehe Band I, Lektion 12, Anmerkung 3)

Beispiel: もし もし、 ジョンソン です が / けど / けれど / けれども、
けいこさん は いらっしゃいますか。

3. 広いし しずかだし いいですよ。

Vor der verbindenden Partikel し kann sowohl die normal-höfliche Form als auch die です - oder ます -Form stehen (siehe Band 2-A, Lektion 5, Grammatik und Lernziele).

4. 本しか借りられません。

しか mit Verneinung bedeutet „nur", „lediglich/bloß" und unterstreicht, dass es neben X nichts anderes gibt.

      Beispiel: 1. さいふの中に 2000 円しかありません。„Ich habe nur 2.000 Yen in meinem Portemonnaie."

            2. 京都に しか行きません でした。„Ich bin nur nach Kyōto gegangen/ich war lediglich in Kyōto."

5. 2, 3 分で行けますよ。

Eine Möglichkeit zur Angabe benötigter Zeiten oder Geldbeträge ist das Muster で plus Potentialform. Bedeutungsmäßig bildet dieser Satz ein Paar mit 2, 3 分しかかかりません, statt mit 2, 3 分かかります。

      Beispiel: あの店に行けば 4000 円で買えますよ。„In dem Geschäft kann man es für 4.000 Yen kaufen."

EINFACHE SATZSTRUKTUREN ZUM EINPRÄGEN

1. ブラウンさんは 日本語が 話せます。
2. てつづきを すれば、だれでも 本が 借りられます。
3. わたなべさんは やさいしか 食べません。

1. Herr Braun kann Japanisch.
2. Jeder, der die Formalitäten erledigt, kann Bücher ausleihen.
3. Herr Watanabe isst nur Gemüse.

ÜBUNGEN TEIL A

I. Bilden Sie die Potentialform der Verben und prägen Sie sich diese gut ein.

    書く→書ける   いる→   いられる   来る→来られる

        書けない   いられない   来られない

    買う→買える   覚える→   覚えられる   する→できる

        買えない   覚えられない   できない

      1. 聞く   4. 入る   7. つとめる

      2. とぶ   5. 教える   8. 持ってくる

      3. 洗う   6. 起きる   9. 練習する

II. Bilden Sie Dialoge, indem Sie die unterstrichenen Satzteile ersetzen.

    A.   F: 外国語で うたが／を うたえますか。

        A: はい、うたえます。

          1. この かんじを 読む

2. 明日 朝 ７時に 出かける
3. 外国人の 名前を すぐ 覚える
4. 日本語で せつめいする

B. F: 駅前に 車が／を 止められますか。

A: いいえ、止められません。

1. すぐ しりょうを あつめる
2. あの 人の 話を 信じる
3. この 電話で こくさい電話を かける
4. 100 メートルを 10秒で 走る

C. F: ひらがなも かんじも 書けますか。

A: ひらがなは 書けますが、かんじは 書けません。
1. 自転車、オートバイ、乗る
2. 魚、肉、食べる
3. 田中さん、山本さん、来る
4. テニス、ゴルフ、する

D. F: 何時ごろ 帰れますか。

A: 8時までに 帰れると 思います。
1. だれが 直す、田中さんが 直す
2. だれに あずける、だれにも あずけない
3. いつ 田中さんに 会う、来週の 木よう日に 会う
4. どこで 借りる、図書館で 借りる
5. 何メートル 泳ぐ、10 メートルも 泳がない

E. F: 日本で イギリスの 新聞が 買えますか。

A: ホテルに 行けば 買えます。
1. 日本語の 新聞を 読む、じしょを 使う
2. コンピューターを 使う、せつめいを 読む
3. 明日 パーティーに 行く、仕事が ない
4. この 会話を 覚える、もう 少し 短い

F. F: てつづきは いつが いいですか。

A: 今週中なら いつでも いいです。
1. 料理、何、ぶた肉で なければ
2. 泊まる ところ、どこ、便利な ところだったら
3. 集まる 時間、何時、平日の 夕方なら
4. 受付を 手伝う 人、だれ、英語が できれば

181

G. F: お子さんは　何人　いますか。

A: 一人しか　いません。
1. 今　お金を　たくさん　持っている、500円
2. よく　練習できた、1時間
3. 何でも　食べる、やさい
4. あの　図書館は　だれでも　利用できる、15歳以上の　人

Neues Vokabular

外国語	Fremdsprache
信じる	glauben
こくさい電話	Auslandsgespräch
こくさい	international
メートル	Meter
～秒	Sekunden (Zählsuffix)
自転車	Fahrrad
オートバイ	Motorrad
ぶた肉	Schweinefleisch
平日	Werktag

KURZER DIALOG

A: かいぎの　受付が　一人　足りないんですが、あさって　手伝いに
　来られる　人は　いないでしょうか。
B: わたしで　よければ　お手伝いします。
A: 助かります。ぜひ　お願いします。

A: Eine Person reicht nicht aus am Empfang für die Versammlung. Kann jemand übermorgen (kommen und) mithelfen?
B: Ich kann helfen (wenn es Ihnen recht ist, dass ich das mache).
A: Danke (das hilft mir sehr). Ich bitte darum (, dass Sie das machen).

Neues Vokabular

手伝い	Hilfe
助かる	helfen, retten

ÜBUNGEN TEIL B

I. Lesen Sie den Lektionstext und beantworten Sie die folgenden Fragen.

1. チャンさんは　どんな　図書館が　好きですか。

2. この　図書館は　広くて　静かですか。

3. 本を　借りたい　人は　どう　すれば　借りられますか。

4. 図書館では　新聞や　ざっしも　借りられますか。

II. Ergänzen Sie, falls nötig, die fehlenden Partikeln.

1. 会員しか　その　スポーツクラブを　利用できませんか。

いいえ、だれ（　　）利用できます。

2. この　部屋は　広い（　　）きれいだ（　　）、気持ちが　いい。

3. この　花は　ジョンソンさんから　けいこさん（　　）の　プレゼントです。

4. ここ（　　）ぎんざ（　　）どのぐらい　かかりますか。

15分（　　）いけますよ。

5. ゆうべは　1時間（　　）勉強しませんでした。

6. 寒いけど　空気が　悪い（　　）、窓（　　）開けましょう。

III. Setzen Sie die folgenden Verben in die Potentialform, unter Beibehaltung der Höflichkeitsebene.

1. 待ちます　　　　5. 言いません　9. 忘れない

2. 書きません　　　6. えらびます　10. 着る (Kleidung tragen)

3. 話します　　　　7. 歌う　　　　11. 持ってくる

4. 約束しません　　8. あわない　　12. 休まない

IV. Ergänzen Sie die folgenden Fragen.

1. （　　）泳げますか。

100メートルぐらい　泳げます。

2. 次の　かいぎは（　　）が　いいですか。

いつでも　けっこうです。

3. （　　）に　行けば　買えますか。

デパートで　売っていますよ。

4. （　　）今日は　早く　帰るんですか。

妻の　たんじょう日なので、早く　帰ります。

V. Vervollständigen Sie die Sätze mit der Potentialform der Verben.

1. ここは　駐車禁止なので、車は（　　）。（止めません）

2. スキーに　行って　けがを　したので（　　）。（歩きません）

3. 1年に　何日　会社を　（　　）か。（休みます）

4. 来年（　　）か。（卒業します）

5. 今すぐ（　　）か。（出かけます）

6. ホワイトさんは　みそ汁が（　　）か。（作ります）

7. 受付に　ある　電話は(　　)か。(使います)

8. どこに　行けば　おいしい　すしが(　　)か。(食べます)

9. 試験に　合格しなければ、この　大学に(　　)。(入りません)

10. テレビで　日本の　古い　映画が(　　)。(見ます)

VI.Beantworten Sie die Fragen

1. あなたは　フランス語が　話せますか。

2. あなたは　かんじが　いくつぐらい　読めますか。

3. あなたは　ゆうべ　よく　寝られましたか。

4. あなたは　日本語の　じしょが　ひけますか。

5. あなたは　日本語で　手紙が　書けますか。

ZUM AUFWÄRMEN

1. Tragen Sie die passende Verbform in die Tabelle ein.

	Grundform (Dic. Form)	Potentialform der Verben				
			- ない -Form	- ます -Form	Konditional -form	- て -Form
(れい)	いく	いける	いけない	いけます	いければ	いけて
(1)	はなす					
(2)	はこぶ					
(3)	たのむ					
(4)	とる					
(5)	つくる					
(6)	でる	でられる				
(7)	かりる					
(8)	しんじる					
(9)	おぼえる					
(10)	でかける					
(11)	きます	こられる				
(12)	します	できる				

2. Betrachten Sie die Bilder und lesen Sie die Sätze.

みずの　なかで
つかえる　カメラ

さかなと　いっしょに
およげる　プール

よく　ねられる　ベッド

1ぱく　2000えんで　とまれる　ホテル

かんじが　すぐ　おぼえられる　ほん

SATZMUSTER 1

1. Potentialform der Verben.

ANWENDUNG DER SATZMUSTER 1

1. Vervollständigen Sie die Sätze unter Verwendung der Potentialform.

ビジーさんは　日本語の　新聞が　<u>読めます</u>（れい）。ゴルフが　<u>できます</u>（れい）。
　　　　　　　にほんご　しんぶん　　（読む）　　　　　　　　（する）

＊セイリングが (1)＿＿＿＿＿＿＿。日本の　うたが (2)＿＿＿＿＿＿＿。
　　　　　　　　　　（する）　　　　　　　　　　　（歌う）うた

日本語が (3)＿＿＿＿＿＿＿＿。かんじが (4)＿＿＿＿＿＿＿＿。
　　　　　　（話す）はな　　　　　　　　　　（書く）か

＊キムさんは　日本語が (5)＿＿＿＿＿。かんじが (6)＿＿＿＿＿＿＿。
　　　　　　　　　　　（話さない）　　　　　　　　　（書かない）

運転が (7)＿＿＿＿＿＿＿。お酒が (8)＿＿＿＿＿＿＿。
うんてん　　　　　　　　　　　さけ
　　　　　（しない）　　　　　　　　　（飲まない）の

＊セイリング　　　　　　　　das Segeln
＊キム　　　　　　　　　　　koreanischer Nachname (Kim)

2. Betrachten Sie die Bilder und vervollständigen Sie die Sätze.

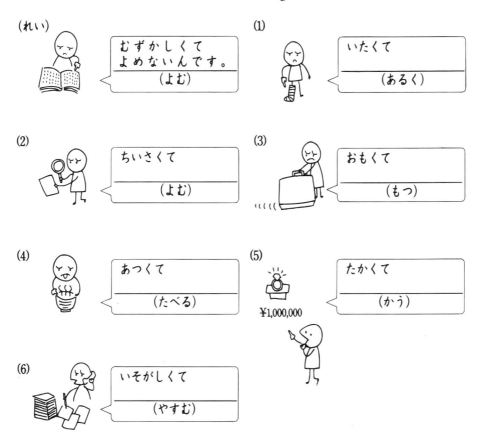

(れい)　むずかしくて
　　　　よめないんです。
　　　　　　（よむ）

(1)　いたくて
　　　　　　（あるく）

(2)　ちいさくて
　　　　　　（よむ）

(3)　おもくて
　　　　　　（もつ）

(4)　あつくて
　　　　　　（たべる）

(5)　たかくて
　　　　　　（かう）

¥1,000,000

(6)　いそがしくて
　　　　　　（やすむ）

3-1.Lesen Sie den folgenden Werbeprospekt genau. Er listet die Vorzüge eines
　　 Notebook-Computermodells auf.

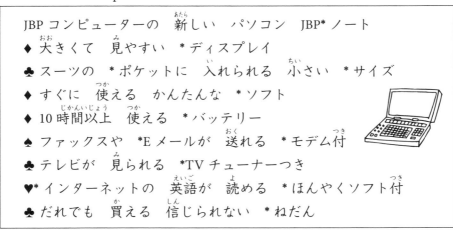

JBP コンピューターの 新しい パソコン　JBP* ノート
◆ 大きくて 見やすい *ディスプレイ
♣ スーツの *ポケットに 入れられる 小さい *サイズ
◆ すぐに 使える かんたんな *ソフト
◆ 10 時間以上 使える *バッテリー
♠ ファックスや *E メールが 送れる *モデム付
♣ テレビが 見られる *TV チューナーつき
♥*インターネットの 英語が 読める *ほんやくソフト付
♣ だれでも 買える 信じられない *ねだん

* ノート	Notizheft, hier: Notebook Computer
* ディスプレイ	Anzeige, Display
* ポケット	Tasche (in der Kleidung)
* サイズ	Größe
* ソフト	Software
* バッテリー	Akku
* E メール	E-mail
* モデム	Modem
* TV チューナー	Fernseh-Tuner, Fernsehempfangsteil
* インターネット	Internet
* ほんやくソフト	Übersetzungsprogramm
* ねだん	Preis

3-2. Herr Thomas erklärt einem Kunden die Vorzüge des JBP Notebook-Computers. Vervollständigen Sie die Sätze.

（例）小さいので、スーツの ポケットに 入れる ことが できます。

(1) ソフトが かんたんなので、_____

(2) バッテリーが 付いているので、10 時間 以上_____

(3) モデムが 付いているので、_____

(4) TV チューナーが 付いているので、_____

(5) ほんやくソフトが 付いているので、_____

(6) 安いので、_____

3-3. Herr Thomas erklärt einem Freund die Vorzüge des JBP Notebook-Computers. Vervollständigen Sie den Dialog.

トーマス： JBP ノートって 知っていますか。

トーマスさんの 友だち：いいえ。どんな ノートですか。

トーマス： ノートじゃありませんよ。JBP コンピューターの 新しい パソコンです。

トーマスさんの 友だち：*へえー、パソコン なんですか。どんな パソコンですか。

トーマス： それが すごいんですよ。
まず、ディスプレイが 大きくて 見やすいんです。
（れい）それに 小さくて、
スーツの ポケットに 入れられるんです。

(1) それから　ソフトが　かんたんで

_____

(2) バッテリーが　10時間　以上

_____

(3) モデムが　付いていて

_____

(4) TVチューナーも　付いていて

_____

(5) ほんやくソフトも　付いていて

_____

(6) 安くて

_____

どうです。すごいでしょ。

トーマスさんの　友だち：なるほど。すごいですね。

*へえー（ー）　　　　　　wirklich? Oh!

4. Lesen Sie die folgenden Passagen und erzählen Sie den Inhalt in eigenen
Worten.

(1) 小林
　　私には　何でも　話せる　友だちが　います。大学の　時の　友だ
ちです。彼は　今　シンガポールに　住んでいるので、なかなか　会
えません。日本に　帰ってくるのを　楽しみに　しています。

(2) チャン
　　わたしには　忘れられない　人が　います。明るくて　一緒に　い
ると　楽しい　人でした。でも、好きだと　言えませんでした。
*彼女は　ほかの　人と　けっこんしましたが、今でも　あきらめら
れません。

(3) ゾンターク
　　私には　うまれた　ばかりの　*双子の　娘が　います。一晩中
*泣いているので、毎晩　ぜんぜん　寝られません。日よう日も　ゆ
っくり　休めません。とても　疲れますが、かわいい　顔を　見る
と　元気に　なります。

(4) トーマス

うちには とても 頭の いい 犬が います。*ベートーベンと いいます。買い物が できるし、子供の 世話も できます。ごみを 捨てに 行けるし、くつも 上手に みがけます。安心して るすばんも たのめるので、本当に 助かっています。

*彼女	sie, Freundin
*双子	Zwillinge
*泣く	weinen, einen Laut von sich geben
*ベートーベン	Beethoven

SATZMUSTER 2

2 _____ば_____でも

ANWENDUNG DER SATZMUSTER 2

1-1. Lassen Sie sich die folgenden Dialoge vorlesen und üben Sie sie.

(1) A：安くて おいしい *すしやを 知りませんか。

B：*それなら *すしまさが いいですよ。
すしまさに 行けば ひとつ 100円で 何でも 食べられます。

A：そうですか。じゃ、早速 行きます。

(2) A：毎朝 とても 忙しいんです。かんたんで すぐ 作れる りょうりを 知りませんか。

B：それなら とうふの サラダが いいですよ。
とうふサラダなら だれでも 5分で 作れます。体にも いいですよ。

A：そうですか。じゃ、明日 早速 作ります。

(3) A：たばこを やめたいんですが、なかなか やめられないんです。

B：それなら きんえんガムが いいですよ。
きんえんガムを 食べていれば だれでも すぐに やめられます。

A：そうですか。じゃ、早速 買いに 行ってきます。

*すしや	Sushi-Restaurant
*それなら	wenn es das ist, was du willst...
*すしまさ	Name eines Sushi-Restaurants
*きんえんガム	Kaugummi zum Abgewöhnen des Rauchens

1-2. Lesen Sie die vorhergehenden Dialoge (1-1) und vervollständigen Sie die folgenden Sätze.

（例）すしまさに 行けば <u>一つ 100円で なんでも 食べられます。</u>

(1) とうふサラダなら _____

(2) きんえんガムを 食べていれば _____

SATZMUSTER 3

3 _____ しか _____

ANWENDUNG DER SATZMUSTER 3

1. Lesen Sie den folgenden Text und die Dialoge und üben Sie beide Rollen.

　吉田さんは 今日 JBPノートの 説明会を します。100人の お客さんの 前で *デモンストレーションを しなければ なりません。ビジーさんの 運転する 車で、説明会を する ホテルまで 行きます。

吉田：　　説明会まで あと 1時間しか ありませんよ。間に合いますか。

ビジー：　1時間 あれば *ぜったいに 間に合います。

吉田：　　間に合うでしょうか。間に合えば いいんですが・・・。

吉田：　　大変だ。ガソリンが あと 5*リットルしか ない。

ビジー：　5リットル あれば 行けますよ。

吉田：　　行けるでしょうか。行ければ いいんですが・・・。

吉田：　　ああ、よかった。間に合いましたね。

ビジー：　ええ、まだ 15分 ありますよ。

吉田：　　*心配です。あと 15分しか ない。

ビジー：　15分 あれば 大丈夫です。さあ、カタログを じゅんびして ください。

吉田：　　大変だ。カタログが 99枚しか ない。1枚 足りない。

ビジー：　99枚 あれば だいじょうぶですよ。来ない 人が いますから。

吉田：　　そうでしょうか。それなら いいんですが・・・。

190

* デモンストレーション　　Demonstration, Vorführung
* ぜったいに　　　　　　gewiss, sicher
* ～リットル　　　　　　...Liter
* 心配（しんぱい）な　　　　　besorgt

FÜR WAGEMUTIGE

1-1.Lassen Sie sich den Text (1-2) vorlesen und vervollständigen Sie die folgenden Sätze.

(1) ふじ大学（だいがく）の　*わたなべ先生（せんせい）は＿＿＿＿＿＿＿＿＿＿パソコンを　買（か）おうと　思（おも）っています。先生は　ビジーさんに　電話（でんわ）を　して、パソコンに　ついて　そうだんしました。

(2) ビジーさんが　JBPノートは＿＿＿＿＿＿＿＿＿＿と　言（い）ったので、わたなべ先生（せんせい）は　JBPノートに　決（き）めました。

(3) わたなべ先生（せんせい）は＿＿＿＿＿までに＿＿＿＿＿だい　ほしいと　言（い）いました。

(4) ビジーさんは　*横浜工場（よこはまこうじょう）の　*落合（おちあい）さんに　電話（でんわ）を　もらって、*明日（あした）＿＿＿＿＿やくそくを　しました。

(5) ビジーさんは　落合（おちあい）さんに　*お客（きゃく）さんが　＿＿＿＿＿＿＿＿＿＿と　伝（つた）えました。

(6) 落合（おちあい）さんは＿＿＿＿＿＿＿＿＿と　言（い）ったので、ビジーさんは　安心（あんしん）しました。

* わたなべ　　　　　　jap. Nachname
* 横浜工場（よこはまこうじょう）　　　　Werk Yokohama
* 落合（おちあい）　　　　　　jap. Nachname
* お客（きゃく）さん　　　　　Kunde

1-2.Lesetext

　JBPコンピューターの　新（あたら）しい　パソコン、JBPノートは　とても　人気（にんき）が　あります。とても　便利（べんり）な　ソフトウエアが　付（つ）いているので、たくさんの　会社（かいしゃ）や　学校（がっこう）から　毎日（まいにち）　*注文（ちゅうもん）が　きます。

わたなべ：　もしもし、ビジーさんですか。ふじ大学（だいがく）の　わたなべです。

191

ビジー： わたなべ先生、いつも たいへん お世話に なっています。

わたなべ： じつは、学生が 使える パソコンを 買おうと 思って
いるんですが、お願いできますか。

ビジー： それは ありがとうございます。それなら JBPノートは
いかがですか。*ノート型で 便利ですし、ソフトも 使い
やすいです。

わたなべ： じゃ、それを お願いします。月末までに 50台 ほしい
んですが、だいじょうぶですか。

ビジー： では、 横浜の 工場に *問い合わせて すぐ ご連絡し
ます。

わたなべ： よろしく お願いします。

落合： よこはま工場の 落合ですが、ビジーさん お願いします。

ビジー： 落合さん。いま お電話しようと 思っていたんです。

落合： 何でしょうか。

ビジー： そちらから どうぞ。

落合： たいした ことじゃ ないんです。じつは、明日の ばん
の *やきゅうの きっぷを もらったので、いっしょに
行こうと 思って、電話を したんです。行けますか。

ビジー： 行けます。行けます。もちろん 行けますよ。ところで、
おきゃくさんが JBPノートを 月末までに 50台 ほし
いと 言っているんですが、とどけられますか。

落合： 月末までに 50台ですか。だいじょうぶですよ。

ビジー： よかった。じゃ、お願いします。

落合： では、明日。

*注文	Bestellung
*〜型	-Typ, Größe...
*問い合わせる	anfragen
*やきゅう	Baseball

1. 図書館
   トショカン

館館 (16)

2. 自分
   ジブン

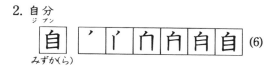

みずか(ら)

3. 手
   て

シュ

4. 読む
   よ

ドク

5. 広い
   ひろ

広 ` 宀 广 広 広 (5)

コウ

Lesungen

書 ： 書く ， 図書館
        か   トショカン

所 ： 住所 ， 所
        ジュウショ ところ

聞 ： 聞く ， 新聞
        き   シンブン

LEKTION 20 DIE KIRSCHBLÜTE

　桜前線と いう ことばを 聞いた ことが ありますか。

　日本の 春を 代表する 花は 何と いっても 桜でしょう。人々は 春が 近づくと、桜の さく 日を よそくしたり、友だちと お花見に 行く 日を やくそくしたり します。

　ところで、日本は 南から 北へ 長く のびている 島国です。九州、四国、本州、北海道では ずいぶん きおんの さが ありますから、桜の さく 日も 少しずつ ことなっています。九州の 南部では、3月の 末ごろ さきますが、北海道では 5月の はじめごろ さきます。このように やく 40日も かかって、日本れっとうを 南から 北へ 花が さいていく ようすを 線で あらわしたものが 桜前線です。

　桜前線の ほかに うめ前線や つつじ前線などの 花前線も あります。うめは 桜より ずっと 早く 九州を 出発しますが、北海道に 着くのは だいたい 桜と 同じころです。ですから、5月の 上旬から 中旬に かけて 北海道へ りょこうすれば、一度に 春の 花が 見られるのです。これとは はんたいに、秋に なると、こうよう前線は 山の 木々を 赤や 黄色に そめ

194

ながら、北から　南へ　すすんでいきます。
　人々は　春には　お花見、秋には　もみじがりなどを　して、き
せつを　たのしみます。

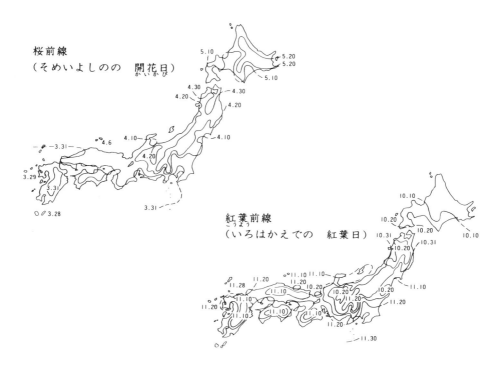

桜前線
（そめいよしのの　開花日）

紅葉前線
（いろはかえでの　紅葉日）

Haben Sie schon einmal den Ausdruck sakura zensen gehört?
　Die für den Frühling in Japan typische Blüte ist fraglos die Kirschblüte.
Wenn es Frühling wird, schätzen die Leute das Datum ab, an dem die
Kirschblüte beginnt, und verabreden mit ihren Freunden einen Tag, an dem sie
(zusammen) zum „Hanami" (Blütenbetrachten) gehen.
　Nun ist Japan aber ein Archipel, der sich über eine große Entfernung von
Süßen nach Norden erstreckt. In Kyūshū Shikoku, Honshū und Hokkaidō
gibt es ziemlich große Temperaturunterschiede, so dass auch der Beginn der
Kirschblüte jeweils verschieden ist. Im südlichen Teil von Kyūhū blühen die
Kirschbäume ungefähr Ende März, in Hokkaidō dagegen Anfang Mai. Auf
diese Weise schreitet die als Linie dargestellte sakura zensen („Kirschblütenfront") von Süden nach Norden entlang der japanischen Inselkette voran, und
zwar fast 40 Tage lang.
　Neben der „Kirschblütenfront" gibt es andere „Blütenfronten" wie die „Pflau-
menblütenfront" und die „Azaleenfront". Die Pflaumenblüte beginnt in Kyūhū

eine ganze Weile vor der Kirschblüte, erreicht aber Hokkaidō fast gleichzeitig mit dieser. Wenn man daher im ersten oder zweiten Maidrittel nach Hokkaidō reist, kann man die Frühlingsblüten fast gleichzeitig sehen. Demgegenüber schreitet im Herbst die „Herbstlaubfront" von Norden nach Süden voran, wobei sich die Bäume in den Bergen rot oder gelb färben.

Durch „Hanami" im Frühling und „Momijigari" (Herbstausflüge) im Herbst erfreuen sich die Menschen an den Jahreszeiten.

Neues Vokabular

桜前線	Kirschblütenfront
前線	Front
ことば	Wort
代表する	repräsentieren, typisch sein
代表	Repräsentation
何と　いっても	unzweifelhaft
人々	Leute
近づく	näher kommen
よそくする	vermuten, vorhersagen
よそく	Vorausberechnung, Vermutung
お花見	Betrachten der (Kirsch-)blüte
ところで	übrigens, nun
のびる	sich ausdehnen, ausbreiten
島国	Inselland
四国	Shikoku (Insel Japans)
本州	Hauptinsel Japans
ずいぶん	sehr, ziemlich
きおん	Lufttemperatur
さ	Unterschied
ことなる	verschieden sein
南部	der südliche Teil
末	das Ende
はじめ	Anfang
このように	auf diese Art und Weise
～よう	Art und Weise
やく	etwa
れっとう	Inselkette
さいていく	blühen (die Blüte zieht durch)
ようす	der Zustand
線	Linie

あらわす	zeigen
～の　ほかに	darüberhinaus, außerdem
うめ	japanische Pflaume
つつじ	Azalee
～などの	solche wie...
～など	und andere, usw.
ずっと	die ganze Zeit, dauernd, eine Menge
だいたい	ungefähr, fast
ですから	deshalb (wie だから)
上旬	erstes Drittel des Monats
中旬	mittleres Drittel des Monats
～から　～に　かけて	von...bis
こうよう	(rote) Herbstblätter
木々	Bäume
赤	rot
黄色	gelb
そめる	färben
すすんでいく	voranschreiten
もみじがり	Suche nach Ahornblättern
もみじ	Ahorn
かり / がり	die Jagd
きせつ	Jahreszeit
たのしむ	genießen, sich erfreuen

Zusätzliches Vokabular

そめいよしの	eine Kirschsorte
開花日	Tag, an dem die Blüte beginnt
いろはかえで	eine Ahornsorte
こうよう日	Tag, an dem die ersten Blätter sich färben

ANMERKUNGEN

1. 桜前線、こうよう前線

    Die **zensen** entsprechen Warm- und Kaltwetterfronten, weswegen es keine Überraschung ist, dass die Nachrichten über ihr Voranschreiten vom 気象庁 , dem Wetteramt, stammen. Zu den wetterbezogenen Funktionen dieser Institution gehören die Vorhersage der Erntetermine der verschiedenen Obstarten, wobei Vorhersagen und Berichte über und こうよう **zensen** mit allergrößter Spannung erwartet werden. Die Vorbotin der vielen Sorten von

197

Kirschblüten ist die als そめいよしの bekannte Art, und beim Ahorn spielt
die いろはかえで diese Rolle.

2. 桜

そめいよしの blüht lediglich für eine sehr kurze Zeit von fünf bis zehn
Tagen. Bei Regen oder Wind - typisch für das Frühlingswetter in Japan -
kann die Blütenpracht über Nacht verschwinden.

3. 何と いっても

Die wortwörtliche Übersetzung ist: „Ganz gleich, was man sagt..."

4. 約 40 日 も かかって ...

Die Partikel も betont die Zahl der Tage, die die Kirschblütenfront braucht,
um sich vom Süden in den Norden Japans zu bewegen. Dieser Gebrauch von
も reflektiert die Emotion des Sprechers, der hier die Zeitspanne durch „so
viele" oder „soviel" unterstreichen möchte.

5. 花が さいて いく。 (wortwörtlich) „Die Blüten blühen fortschreitend."
Durch Anfügen von いく mit der Bedeutung „gehen" an die - て -Form des
Verbs wird eine fortschreitende Handlung angezeigt.

> Beispiel: ツバメ は 10 月 頃 南 へ とんで 行きます。 „Schwalben
> fliegen („gehen Fliegen") im Oktober nach Süden."

6. 一度に 春 の 花 が 見られる の です。

の です ist bedeutungsgleich mit ん です , aber weniger umgangssprachlich.
(Siehe Lektion 11, Grammatik und Lernziele).

7. 木々 (きぎ)

Das Kanji 々 deutet die Wiederholung der direkt vorhergehenden Silbe(n)
an, u.U. mit phonetischer Wandlung. Im Japanischen ist die Schreibweise
und Aussprache von Substantiven i.a. unabhängig von singularischer oder
pluralischer Bedeutung (siehe Grundzüge der japanischen Grammatik in
Band 1), aber diese Silbenverdoppelung ist eine Möglichkeit zum Ausdruck
des Plurals. Weitere Beispiele dieser Art:
花々 , „Blumen" 国々 , „Länder", 島々 , „Inseln", 山々 , „Berge", 我々 ,
„Wir". (Siehe Band 3).
Es gibt nur wenige durch das Anhängen von Suffixen pluralisierte Wörter,
die jeweils für sich zu memorieren sind. あなた がた z.B. ist eine Möglichkeit zum Ausdruck des Plurals „ihr". Es gibt eine ganze Reihe von Wörtern
für „wir" wie ぼく ら , わた (く) し たち (am häufigsten gebraucht) und
わたし ども (bescheiden/formell), jeweils mit Konnotationen von vertraut
bis formell.

8. 春 には お花見、秋 には もみじ狩り

Bei der Auflistung oder Aufzählung von Dingen ist manchmal die Auslassung
des Prädikats zulässig, was einen dramatischen Effekt hervorrufen kann.

ÜBUNGEN TEIL A

I. Lesen Sie den Lektionstext und beantworten Sie die folgenden Fragen.
1. 日本の　春を　代表する　花は　桜ですか、つつじですか。
2. 日本人は　春に　なると　よく　何を　しますか。
3. 九州の　南部では　いつごろ　桜が　さきますか。
4. 九州では　桜と　うめと　どちらが　先に　咲きますか。
5. 北海道では　いつごろ　うめが　咲きますか。
6. 桜前線と　いうのは　何ですか。
7. こうよう前線も　南から　北へ　すすみますか。

II あなたの　国の　きせつに　ついて　書いてください。

ÜBUNGEN TEIL B

1. Bilden Sie die passende Verbform.
   (1) 日本語が　上手に　（　　　　　）ら　スピーチコンテストに
       （　　　　　）つもりです。　　　　　　（なります・でます）
   (2) 今日は　天気が　いいので、この　ビルの　36階に（　　　　　）
       と　富士山が　（　　　　　）かもしれません。

       　　　　　　　　　　　　　　　　（のぼります・みえます）

   (3) その　しりょうなら　ファイルを　（　　　　　）ば（　　　　　）
       だろうと　思います。　　　（さがします・みつかります）

2. Wählen sie aus dem Kästchen die jeweils passenden Verbindungswörter und
   schreiben Sie sie in die Klammern.

   > それに　　ところで　　それから　　ですから　　それでは

   (1) A：いい　コンサートでしたね。
       B：ほんとうですね。＊モーツァルトは　いいですね。
       A：（　　　　　）、いま　何時ですか。食事でも　して　帰りませんか。
   (2) まず、始めに　社長が　あいさつを　します。（　　　　　）、部長
       が　プロジェクトに　ついて　せつめいを　します。
   (3) この　カメラは　小さくて　便利です。（　　　　　）、旅行に
       行く　時　いつも　持っていきます。
   (4) もう　みなさん　集まりましたか。（　　　　　）、スピーチコ
       ンテストの　けっかを　発表します。

199

(5) A：新しい アパートは どうですか。

B：とても 気に 入っています。居間が とても 広いんです。

（　　　　　　　　　）、駅から 歩いて ５分しか かからないんです。

* モーツァルト　　　　　　　Mozart

3-1. Wählen Sie aus dem Kästchen das passende Wort aus.

ずっと　　ほとんど　　さっそく　　かならず

(1) A：部屋を 出る 前に、（　　　　　　　） 電気を 消してください。

忘れないでくださいね。

B：はい、わかりました。

(2) A：新しい パソコンは どうですか。

B：古いのより （　　　　　） 使いやすいです。

(3) A：もう ショールームの 工事は 終わりましたか。

B：ええ、（　　　　　） 終わりました。あと ２、３日で 使

えます。

(4) A：どうぞ 召し上がってください。

B：ありがとうございます。じゃ、（　　　　　　） いただきます。

3-2. Wählen Sie aus dem Kästchen das passende Wort aus.

やっぱり　　もちろん　　たいへん　　確かに

(1) A：これは 大切な しりょうなんですが、あずかってくれませ

んか。

B：はい。（　　　　　　　） わたしが あずかります。

(2) A：山川さんの 送別会には みんな でる よていです。

B：部長も でますか。

A：（　　　　　　） 部長も でます。

(3) A：日本語スピーチコンテストの 結果は どう なりましたか。

B：ビジーさんが *ゆうしょうしました。

A：（　　　　　） そうでしたか。わたしは ビジーさんが ゆう

しょうすると 思っていたんです。

(4) A：ビジーさんが 日本語スピーチコンテストで ゆうしょうした

ことを 知っていますか。

B：ええ、さっき 部長から 聞きました。

部長も　（　　　　　　　）喜んでいました。

*ゆうしょうする　　　gewinnen, siegen, einen Preis erhalten

4. Lassen Sie sich Herrn Sausewinds Rede (Text 4-2) vorlesen und beantworten Sie die folgenden Fragen.

4-1.
(1) ビジーさんは　何年前から　日本に　住んでいますか。

_____

(2) 日本人の　友だちは　どう　すれば　漢字を　覚えられると　言いましたか。

_____

(3) ビジーさんは　*教科書が　終わった　時、いくつ　漢字を　読むことが　できましたか。

_____

(4) だれが　新聞を　読みたいなら　漢字を　2000　勉強しなければならないと　言いましたか。

_____

(5) だれが　漢字を　500　覚えれば　新聞を　読む　ことが　できると　言いましたか。

_____

(6) ビジーさんは　漢字を　500　勉強してから、どんな　練習をしましたか。

_____

(7) ビジーさんは　今　漢字を　いくつ　読む　ことが　できますか。

_____

(8) ビジーさんは　今　新聞を　読む　とき、時間が　かかりますか。

_____

(9) どんな　*記事なら　じしょが　なくても　読む　ことが　できますか。

_____

*教科書　　　　　　　　Lehrbuch

*記事　Artikel

4-2. Halten Sie diese Rede von Herrn Sausewind.

　私はアメリカのコンピューター会社の*社員です。4年前から日本に住んでいます。きょうは漢字の勉強について話したいと思います。

　私は、日本に来てから、日本語の勉強を始めました。仕事をしながら勉強するのは、本当にたいへんでした。とくに、漢字がなかなかおぼえられませんでした。日本人の友だちが、漢字は何回も書けばおぼえられると言ったので、毎日習った漢字を書きました。教科書が終わったとき、148の漢字を全部読むことができました。もちろん書くこともできました。1年以上かかりましたが、とてもうれしかったです。でも、大学で日本語を勉強している友だちから、新聞を読みたいなら、漢字を2000勉強しなければならないと聞いて、がっかりしました。これから10年以上かかると思いました。新聞を読むのはあきらめようと思いました。

　日本語の先生にそうだんしたら、あきらめなくてもいいと言いました。そして、新聞は同じ漢字をたくさん使っているから、500ぐらいおぼえればいいと言って、「新聞に　よく出る漢字」のリストをくれました。そして、じしょを使う練習をすることが*大切だと言いました。

　本当に漢字を500おぼえれば、新聞が読めるのでしょうか。そのときは、信じられませんでしたが、先生といっしょに500の漢字を少しずつ勉強しました。新しい漢字を勉強するとき、書く練習をしましたが、後は、読む練習だけしました。6か月*後、私は漢字を500読むことができました。書くことができない漢字もありましたが、全部読むことができましたし、意味もよくわかりました。

次に、先生と短い新聞の*記事を読みました。わからない漢字はじしょで*調べる練習をしました。はじめは、とても時間がかかりましたが、*だんだんはやくなりました。そして、記事を読むのもだんだんはやくなりました。それから、1年ぐらい、毎日みじかい記事を読みました。

私が読める漢字は、まだ1000ぐらいだろうと思います。でも、辞書を使えば、一人で新聞を読むことができます。あまり時間はかかりません。それに、せんもんのコンピューター*関係の記事なら、*辞書がなくても、読むことができます。

みなさんも早く新聞を読みたいなら、この*方法を*おすすめします。

*社員	Angestellte(r)
*大切だ	es ist wichtig
*〜後	nach... (zeitlich) (... go)
*しらべる	untersuchen
*だんだん	allmählich
*関係	Beziehung, mit ... zu tun haben
*じしょが　なくても	ohne Wörterbuch
*方法	Methode
*すすめる	empfehlen

NEUE KANJI

1. 前線

   線 く　幺　幺　糸　糸　糸　糸'　糸'　紵　紵　緽　緽　線　線
   線 (15)
   セン

2. 春
   春 一　二　三　丰　夫　表　春　春　春 (9)
   シュン

3. 南
   南 一　十　十　内　内　南　南　南　南 (9)
   ナン

4. 北
   北 ノ　十　士　北　北 (5)
   ホク

5. 秋
あき

秋 シュウ 一 二 千 禾 禾 禾 秋ノ 秒 秋 (9)

6. 木々
き ぎ

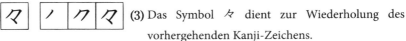々 ノ ク 々 (3) Das Symbol 々 dient zur Wiederholung des vorhergehenden Kanji-Zeichens.

Lesungen

前 ： 前，桜前線
　　　 まえ さくらゼンセン

長 ： 社長，長い
　　　 シャチョウ なが

少 ： 少ない，少し
　　　 すく すこ

南 ： 南，南部
　　　 みなみ ナンブ

末 ： 年末，末ごろ
　　　 ネンマツ すえ

上 ： 上，上じゅん
　　　 うえ ジョウ

木 ： 木よう日，木々
　　　 モク び きぎ

Verwandte Wörter 春 — 夏 — 秋 — 冬
　　　　　　　　　 はる なつ あき ふゆ
　　　　　　　　　 シュン カ シュウ トウ

東 — 西 — 南 — 北
ひがし にし みなみ きた
トウ セイ・サイ ナン ホク

Kanji zum Erkennen 桜
　　　　　　　　　　 さくら

ANHANG

A: Normal-höfliche Form und Verbindungsformen.

Die in der Tabelle aufgeführten normal-höflichen Formen der Adjektive und Verben werden in zahlreichen Satzmustern verwendet. Ausnahmen (bei - な -Adjektiven und Substantiva gefolgt von だ) sind durch Kästchen markiert.

Verben

	Gegenwart		Vergangenheit	
	aff.	neg.	aff.	neg.
Regelm. I	使^{つか}う	使わない	使った	使わなかった
Regelm. II	いる	いない	いた	いなかった
Unregelm.	来^くる	来ない	来^きた	来なかった
	する	しない	した	しなかった

Adjektive, Substantiv + です

	Gegenwart		Vergangenheit	
	aff.	neg.	aff.	neg.
い -Adj	赤^{あか}い	赤くない	赤かった	赤くなかった
な -Adj	静^{しず}かだ	静かでは / じゃない	静かだった	静かでは / じゃなかった
Substantiv + です	S. だ	S. では / じゃない	S. だった	S. では / じゃなかった

Beispiel für die Anwendung der normal-höflichen Form:

1. Die normal-höfliche Form von Verben oder Adjektiven muß stehen vor Verben wie と 思う , と 言^いう , と 聞^きく usw.

2. Die normal-höfliche Form steht bei Ergänzungen zu Substantiven (Lektion 7, Band 2 A). Ebenfalls auch bei den Substantiven とき , 場合^{ばあい} und つもり , die in diesem Band behandelt werden. Bei der Ergänzung zu diesen Substantiven gibt es folgende Ausnahmen:

   Nach - な -Adjektiven: 静^{しず}かな 公園^{こうえん} / とき usw.
   Nach Substantiven: 子供^{こども}の 本^{ほん} / とき , usw.

3. In Verbindung mit でしょう .

   でしょう (Lektion 8, Band 2 A), だろう , かもしれません (Lektion 13)
   Ausnahmen sind な -Adjektive und Verbindungen von Substantiv + だ . Vor でしょう steht nur der Stamm der - な -Adjektive (d. h. ohne な) und nur

das Substantiv (d.h. ohne だ):

   な -Adjektiv: 静か　でしょう　(direkt nach dem Stamm)

   Substantiv: 子供　でしょう

4. In Verbindung mit な　ので

   の／ん です (Lektion 11)、ので (Lektion 13)

   Ausnahmen sind な -Adjektive und Verbindungen von Substantiv ＋ だ.

   な -Adjektiv: 静かな　ので

   Substantiv: 子供　な　ので

B. Häufig verwendete Satzmuster

Lektion 11	47 ～んです	明日かいぎがありますから、しりょうをコピーしているんです。
	48 ～こと	スミスさんが大阪へ行ったことを知っていますか。
	49 ～からです	事故でけがをしたからです。
Lektion 12	50 ～とき、～	スミスさんは本を読むとき、めがねをかけます。
	51 ～場合、～	おそくなる場合は連絡します。
	52 ～と いいます	わたしはスミスといいます。
Lektion 13	53 ～かもしれません	あさって大阪へ行くかもしれません。
	54 ～だろうと 思います	すずきさんはリンダさんを知らないだろうと思います。
	55 ～ので、～	ひこうきがとばないので、旅行に行くことができません。
	56 ～から／まで／ 　　へ／で／との	わたなべさんからの手紙です。
Lektion 14	57 ～て／で、～	その話を聞いて、安心しました。
	58 ～て、～	木村さんは歩いて会社に行きます。
	59 ～の	スミスさんを空港までむかえに行ったのはすずきさんです。

	60	～が　見えます／ 　　聞こえます	ホテルのまどから富士山が見え ます。
	61	～る　まで、～	かいぎがおわるまで待ちます。
Lektion 15	62	～たら、～ました	京都まで車で行ったら、10時間かか りました。
	63	～たら、～ます	予定が変わったら、知らせます。
	64	～なら、～	ひこうきでいくなら、早くきっぷを かったほうがいいですよ。
Lektion 16	65	～ば／ければ、～	さかやに電話すれば、すぐビールを 持ってきます。
	66	～と、～ます	春になると、さくらの花がさきます。
	67	～ば／ければ～ほど～	魚はあたらしければあたらしいほど いいです。
Lektion 17	68	Normal-höfliche Form	昨日はあつかったから、友だちとお よぎにいった。
	69	～と、～ました	部屋に入ると、電話がなっていまし た。
	70	～やすい／にくい	このくつははきやすいです。
Lektion 18	71	～う／よう	近いから駅まで歩こう。
	72	～う／ようと思います	毎日べんきょうしようと思います。
	73	～つもりです	明日晴れたら、テニスをするつもり です。
Lektion 19	74	Potentialform	ブラウンさんは日本語が話せます。
	75	～しか～ません	わたなべさんは野菜しか食べませ ん。
	76	～でしょう	チャンさんはかんじが読めるでしょ う。
	77	～し、～し、～	広いし、静かだし、いいですよ。
Lektion 20	78	～ていきます	南から北へ花がさいていきます。
	79	～も	8時間もかいぎをしています。
	80	～た ばかりです	日本にきたばかりです。

C. Verbkonjugationen

Mit Ausnahme der beiden Verben くる und する gehören alle Verben zu den Kategorien Regelmäßige Verben I (Fünf-Vokal-Konjugation) oder Regelmäßige Verben II (Ein-Vokal-Konjugation).

Ursprünglich stammen die -て/-た Formen von der -ます-Form ab, erfuhren aber bei den meisten Verben der Kategorie Regelmäßige Verben I euphonische Änderungen. In der Tabelle ist die letzte Silbe vor der -ます-Endung unterstrichen.

Regelmäßige Verben I

	-ない	-ます	Grundform	Konditional	Aufforderung	-て-Form	-た-Form	Gruppe
zu Fuß gehen	歩かない	歩きます	歩く	歩ければ	歩こう	歩いて	歩いた	-いて/-いた
schwimmen	泳がない	泳ぎます	泳ぐ	泳げば	泳ごう	泳いで	泳いだ	-いで/-いだ
kaufen	買わない	買います	買う	買えば	買おう	買って	買った	-って/-った
warten	待たない	待ちます	待つ	待てば	待とう	待って	待った	-って/-った
einsteigen	乗らない	乗ります	乗る	乗れば	乗ろう	乗って	乗った	-って/-った
leben	住まない	住みます	住む	住めば	住もう	住んで	住んだ	-んで/-んだ
sterben	死なない	死にます	死ぬ	死ねば	死のう	死んで	死んだ	-んで/-んだ
rufen	呼ばない	呼びます	呼ぶ	呼べば	呼ぼう	呼んで	呼んだ	-んで/-んだ
drücken	押さない	押します	押す	押せば	押そう	押して	押した	keine euphonische Veränderung

Eine Ausnahme ist das Verb 行く. Die -て-Form von 行く lautet: 行って.

Regelmäßige Verben II

	-ない	-ます	Grundform	Konditional	Aufforderung	て-Form	た-Form	
essen	食べない	食べます	食べる	食べれば	食べよう	食べて	食べた	
aussteigen	降りない	降ります	降りる	降りれば	降りよう	降りて	降りた	

Unregelmäßige Verben

	-ない	-ます	Grundform	Konditional	Aufforderung	-て-Form	た-Form	
kommen	来ない	来ます	来る	来れば	来よう	来て	来た	
machen	しない	します	する	すれば	しよう	して	した	

LEKTION 11

I.　1. 一昨年 卒業 しました。2. 前 に つとめて いた 商社 では 専門 の 仕事 が できません でした から。3. コンピューター セイエンス です。4. はい、好きな 仕事 が できる と 思って います。5. はい、知って いました。

II.　1. に　2. に、を　3. に、を　4. で　5. を、が、と、から

III.　1. なぜ / どうして　2. どう / どうか　3. どうやって　4. 何

IV.　1. 帰った　2. 知らせなかった、休みだった　3. いっていた　4. 食べない、食べたくない　5. 出かける、ない　6. 病気な　7. 言った、話して　8. 覚える

V.　A.3　B.1　C.2

ZUM AUFWÄRMEN

2				
(1)	使う	使わない	使った	使わなかった
(2)	通る	通らない	通った	通らなかった
(3)	困る	困らない	困った	困らなかった
(4)	死ぬ	死なない	死んだ	死ななかった
(5)	落とす	落とさない	落とした	落とさなかった
(6)	拾う	拾わない	拾った	拾わなかった
(7)	なる	ならない	なった	ならなかった
(8)	なくなる	なくならない	なくなった	なくならなかった
(9)	ある	ない	あった	なかった
(10)	やめる	やめない	やめた	やめなかった
(11)	うまれる	うまれない	うまれた	うまれなかった
(12)	忘れる	忘れない	忘れた	忘れなかった
(13)	出張する	出張しない	出張した	出張しなかった
(14)	来る	来ない	来た	来なかった

SATZMUSTER 1

ANWENDUNG DER SATZMUSTER 1

1　1-1
　(1) 気分が 悪いんです。
　(2) 道が 分からないんです。
　(3) さいふを 落としたんです。
　(4) 母が 病気なんです。

1-2
(1) 課長に　なったんです。　　(2) さいふを　拾ったんです。
(3) 子供が　産まれたんです。 (4) 卒業できたんです。

2 (1) 時間が　ないんです。　(2) 国から　母が　来ているんです。
(3) 子供が　病気なんです。　　(4) 体の　具合が　悪いんです。
(5) ビールが　きらいなんです。

3 (1) ハワイの　お土産なんです。　(2) ハワイで　もらったんです。
(3) 車を　洗っていたんです。 (4) 旅行に　行くんです。
(5) 今晩　パーティーが　あるんです。(6) 家内の　たんじょう日なんです。

4 (1) ちょっと　寒いんですが。
(2) ちょっと　うるさいんですが。
(3) それは　私の　大事な　ものなんですが。
(4) それは　ごみ箱では　ないんですが。

*Erläuterung: Die Partikel　が am Satzende zeigt an, dass der Hörer die Absicht
des Sprechers erschließen soll. So suggeriert das が in dem Satz 禁煙なんですが dem Hörer,
dass der Sprecher denkt: ですから、たばこをすわないでください　„rauchen Sie daher
bitte nicht."*

5 (1) あした　うちで　パーティーを　するんですが、
(2) これから　食事に　行くんですが、
(3) アフリカに　送りたいんですが、
(4) この　漢字の　読み方が　分からないんですが、

SATZMUSTER 2

ANWENDUNG DER SATZMUSTER 2

1 (1) さとうさんも　小林さんが　好きな
(2) 小林さんは　外国に　婚約者が　いる
(3) 成田空港から　東京まで　とても　時間が　かかる
(4) 日本では　レストランや　ホテルで　チップを　あげなくても　いい
2 2-1 (1) 社長が　辞めた　　(2) 疲れたから、辞めた
2-2 (1) 社長が　りこんした　　(2) 女優と　結婚する
2-3 (1) 北海道で　UFOが　落ちた
(2) 中に　宇宙人が　乗っていた
2-4 (1) 今朝　北海道で　すごい　じしんが　あった
(2) 30メートルぐらいの　つなみが　きた

210

FÜR WAGEMUTIGE

Gute Dinge und überraschende Dinge

(1) Das Gute am Japanischlernen ist, dass ich japanische Freunde gefunden habe.

(2) Das Gute am Eintritt in JBP Computers ist, dass ich auf meinem Fachgebiet und in Japan arbeiten kann.

(3) Als ich nach Japan kam, war ich überrascht über die vielen Leute, die in der Bahn oder im Bus schlafen. Eine noch größere Überraschung war für mich, dass die schlafenden Leute vor der Station aufwachen, wo sie aussteigen mümsen.

(4) Als ich nach Japan kam, war ich überrascht über die vielen Leute, die nicht direkt nach der Arbeit nach Hause gehen. Die Männer in meiner Firma gehen gewöhnlich zum Trinken, bevor sie nach Hause gehen. Ich frage mich, was ihre Ehefrauen die ganze Zeit allein zu Hause machen.

LEKTION 12

I.　1.（京都の）みやこ旅館に電話をしました。　2.はい、部屋が空いていると言いました。　3.10分ぐらいかかります。　4.ぜい金とサービス料を払わなければなりません。　5.はい、泊まる前に内金を払わなければなりません。

II.　1.で　2.と　3.に、まで、に　4.より　5.で　6.と　7.の

III.　1.いつ / 何時に　2.なん　3.どうして / なぜ

IV.　1.行った　2.いない　3.起きた、ふって　4.できない、して
　　5.産まれた　6.来る、知らせて　7.食べて　いた、痛く 8.ない
　　9.若い、旅行した　10.ひまな、読ん、遊ん

V.　A.1.　B.3　C.2

ZUM AUFWÄRMEN

1. Das Leben von Ernest Hemingway

　　　1899 Geburt in Chikago

　　　1917 Mitarbeiter bei einer Zeitung

　　　1918 Ende der Anstellung bei der Zeitung

　　　1920 Umzug nach Paris

　　　1921 Heirat mit Hadley/Heiratet Hadley [historisches Präsens]

　　　1927 Scheidung von Hadley/Lässt sich von Hadley scheiden
　　　　　Heirat mit Pauline/Heiratet Pauline

　　　1928 Umzug nach Key West, Florida

　　　1940 Scheidung von Pauline und Heirat mit Martha/Lässt sich von Pauline scheiden und heiratet Martha

　　　1944 Scheidung von Martha und Heirat mit Mary/Lässt sich von Martha scheiden und heiratet Mary

　　　1954 Verleihung des Nobelpreises

(1) 入りました。　　(2) つとめていました。　　(3) 住んでいました。

(4) 結婚しました。　　(5) 結婚していました。

SATZMUSTER 1, 2

ANWENDUNG DER SATZMUSTER 1, 2

1　(1) かさ　　(2) 病院　　(3) セーター　　(4) コーヒー　　(5) デパート
　　(6) 本　(7) はし　　(8) スプーン　　(9) 電話　　(10) 時計　(11) 地図

2　(1) 暑い　とき、　　　(2) 新聞を　読む　時、
　　(3) コーヒーを　飲む　とき、(4) 出張の　とき、
　　(5) 道が　わからない　とき、(6) ひまな　とき、

3　(1)　Als ich das Zimmer betrat, klopfte ich an./Beim Betreten des Zimmers klopfte ich an.
　　　　Als ich das Zimmer betrat, schaltete ich das Licht ein.
　　(2)　Als ich das Zimmer verließ, schaltete ich das Licht aus.
　　　　Nachdem ich das Zimmer verlassen hatte, ließ ich den Schlüssel fallen.
　　(3)　Als ich in Hongkong ankam, sah ich die Stadt vom Flugzeug aus./Bei der Ankunft in Hongkong sah...
　　　　Nachdem ich in Hongkong angekommen war, dachte ich, dass es heiß war.
　　(4)　Als der Film begann, wurde es dunkel.
　　　　Während ich den Film sah, aß ich ein Sandwich./Während der Filmvorstellung aß...
　　　　Nachdem der Film zu Ende gegangen war, wurde es hell./Nach dem Ende der Filmvorstellung wurde...

4　Herr Sausewind und der Shinkansen
　　(1)　Herr Sausewind fährt oft mit dem Shinkansen nach Ōsaka.
　　(2)　Er kauft immer Bier, bevor er in den Shinkansen einsteigt.
　　(3)　Auch gestern kaufte er an einem Verkaufsstand/Kiosk Bier, bevor er in den Shinkansen einstieg.
　　(4)　Nachdem er in den Shinkansen eingestiegen war, ließ er das Bier fallen.
　　(5)　Er hob das Bier auf, das er hatte fallen lassen, und setzte sich auf einen Sitz.
　　(6)　Bald wollte er Bier trinken.
　　(7)　Als er dabei war, das Bier zu öffnen, war er ein bisschen beunruhigt.
　　(8)　Als er das Bier öffnete, ...
　　(9)　Herrn Sausewind fröstelte es auf dem ganzen Weg nach Ōsaka.
　　(10)　Als er in Ōsaka ankam, hatte er sich eine Erkältung zugezogen.

5　Erinnerungen an „Premieren"
　　(1)　Das Erinnerungsfoto von Frau Nakamura
　　　　Ich trank zum ersten Mal Bier, als ich Studentin war. Dieses Foto wurde gemacht, als ich zum ersten Mal Bier trank.
　　(2)　Das Erinnerungsfoto von Herrn Tanaka
　　　　Ich kaufte ein Auto, als ich Student war. Ich arbeitete (dafür) und kaufte es selbst. Ich war sehr glücklich, als ich es zum ersten Mal fuhr. Dieses Foto wurde damals gemacht.
　　(3)　Das Erinnerungsfoto von Frau Kobayashi
　　　　Als ich ein Kind war, lebte ich in Sydney. In den Parks von Sydney gab es Emus. Als ich zum ersten Mal einen Emu sah, war ich sehr erstaunt. Er war sehr groß. Dieses Foto wurde damals gemacht.

6   Meine Sammlung
Ich reise gerne zu vielen verschiedenen Orten, gehe (dort) gerne Einkaufen und mache (dort) gerne Fotos. Hier ist die Sammlung von meinen Reisen. Schauen Sie sich diese doch bitte einmal an.

(1) Das ist Tee, den ich gekauft habe, als ich in China war. Aber ich habe ihn noch nicht getrunken. Er war sehr teuer.

(2) Das ist ein Foto, das ich gemacht habe, als ich von Paris nach Griechenland gefahren bin. Ist das Meer nicht schön?

(3) Das sind der Schal und die Krawatte, die ich gekauft habe, als ich im Hongkonger Flughafen auf meinen Flug gewartet habe. Es gab (dort) viele hübsche und preisgünstige Sachen.

(4) Das ist die Uhr, die ich im Flugzeug gekauft habe, als ich von Hongkong nach Japan zurückgekehrt bin. Ich konnte sie billiger als in Japan kaufen.

(5) Das ist eine Muschel, die ich gefunden habe, als ich nach Okinawa gefahren bin. Es war ein sehr schöner Sonnenuntergang, als ich diese Muschel gefunden habe.

SATZMUSTER 3

ANWENDUNG DER SATZMUSTER 3

1 (1) おそく　なる　(2) 雨の
   (3) 部長が　いない (4) 今日中に　できない

SATZMUSTER 4

ANWENDUNG DER SATZMUSTER 4

1 (1) Das ist ein sogenannter Schlafsack. Man benutzt ihn, wenn man im Freien schläft.

   (2) Das ist ein sogenannter Schuhlöffel. Man benutzt ihn, wenn man sich die Schuhe anzieht.

   (3) Das ist ein sogenannter Schreibpinsel. Man benutzt ihn, wenn man Schriftzeichen schreibt.

   (4) Das ist ein sogenannter Taschenrechner. Man benutzt ihn, wenn man rechnet.

   (5) Das ist ein sogenannter Abakus/Soroban. Man benutzt ihn auch zum Rechnen. Aber inzwischen benutzen viele Leute einen Taschenrechner.

FÜR WAGEMUTIGE

1   1-1
Als (ich ein) Kind (war,) habe ich einen Film mit dem Titel „Towering Inferno" (Flammendes Inferno) gesehen. Es war ein Film über Feuerwehrleute. Ich war so beeindruckt, als ich diesen Film gesehen habe, dass ich Feuerwehrmann werden wollte.

(1)「タワーリング・インフェルノ」と　いう　映画を　みました。
(2) かんげきして、消防士に　なりたいと　思いました。

1-2
Als Student habe ich einen Film mit dem Titel „Sunflowers" (Sonnenblumen) gesehen. Es war ein sehr trauriger Film über den Krieg. Als ich diesen Film gesehen habe, habe ich gedacht, dass Kriege unbedingt verboten sein müssten.

(1)「ひまわり」と いう 映画を みました。

(2) 絶対に 戦争を しては いけないと 思いました。

1-3

Als Kind habe ich einen Film mit dem Titel „The Sound of Music" (Die Seele der Musik) gesehen. Die Kinder in dem Film haben sehr gut gesungen. Als ich diesen Film gesehen habe, habe ich beschlossen, dass ich auch ein Musicalstar werden wollte.

(1)「サウンド・オブ・ミュージック」と いう 映画を みました。

(2) ミュージカルスターに なりたいと 思いました。

2 Heute möchte ich gerne über meine Arbeit sprechen.

Ich arbeite in Häusern, wo/in denen niemand anwesend ist. Wenn ich arbeite, bin ich immer sehr vorsichtig. Bevor ich ein Haus betrete, blicke ich zuerst vorsichtig von außen in das Haus. Wenn niemand da ist, mache ich meine Arbeit. Falls jemand da ist, mache ich nichts.

Gestern bin ich in ein Haus mit einem großen Hof gegangen. Als ich dabei war, das Haus zu betreten, machte der Hund im Hof etwas Lärm, wurde aber ruhig, als ich in das Haus gegangen war. Nachdem ich die Zimmer betreten hatte, suchte ich leise nach Geld. Eine Weile konnte ich kein Geld finden, aber dann habe ich etwas in einem Schrank gefunden. Nachdem ich das Geld genommen und das Haus verlassen hatte, war der Hund wieder laut. Als ich das Haus verlassen habe, war es draußen schon dunkel.

(1) 家に 入る (2) 家に 入った (3) 部屋に 入って

(4) 家を 出る (5) 家を 出た

LEKTION 13

I   1. わたなべさん からの プレゼント です。 2. はい、(チャンさんも) もらいました。 3. バレンタインデーです。 4. いいえ、奥さん や ガールフレンド が 食べる だろうと 言いました

II. 1. へ 2. で 3. から 4. に、から 5. て

III. 1. どうして / なぜ 2. 何 3. どんな 4. なん

IV. 1. 元気な 2. スミスさん の 物 ではない 3. 病気 4. まつりだった、にぎやかだった 5. 持って 行かなかった 6. 通らない 7. 置いた 8. なれる 9. 動かなかった 10. よろこぶ

V.   A.3 B.1 C.3

ZUM AUFWÄRMEN

2 (1) を (2) が (3) で (4) が (5) で、と

(6) を、に (7) に (8) が、に (9) を (10) に

SATZMUSTER 1

ANWENDUNG DER SATZMUSTER 1

1   1-1
(1) 花かもしれません。　　(2) テレビかもしれません。
(3) 日本語の　本かもしれません。(4) チョコレートかもしれません。

1-2
(1) きっさ店かもしれません。(2) 郵便局かもしれません。
(3) 取引先かもしれません。　(4) 社長室かもしれません。

2   <u>Kleine Sorgen</u>

(1) Immer, wenn ich das Flugzeug nehme, fahre ich früh von zu Hause weg. Die Straßen können verstopft sein. Der Check-in-Schalter kann überfüllt sein. Aus diesem Grund fahre ich eine Stunde vor der Abflugzeit von zu Hause weg.

(2) Wenn ich reise, habe ich nicht viel Bargeld bei mir. Ich kann es irgendwo verlieren. Ich kann von einem Taschendieb bestohlen werden. Ich habe immer Kreditkarten bei mir.

(3) Wenn ich ins Ausland fahre, nehme ich immer Medikamente mit. Vielleicht bekomme ich plötzlich Magenschmerzen. Vielleicht bekomme ich eine Erkältung. Vielleicht kann ich wegen des Zeitunterschieds nicht schlafen. Ich mache mir über diese Dinge solche Sorgen, dass ich viele Medikamente mitnehme.

(4) Wenn ich reise, schließe ich immer eine Versicherung ab. Vielleicht werde ich während der Reise krank. Vielleicht verletze ich mich. Vielleicht habe ich einen Unfall. Die Versicherungsprämie kostet (zwar) Geld, aber ich fühle mich sicherer mit einer Versicherung.

3   (1) けがを　するかもしれません。　　(2) 雨が　ふるかもしれません。
(3) かぜを　ひくかもしれません。(4) つまらないかもしれません。

4   (1) Herr Yoshida möchte den PC benutzen, aber er kennt sich nicht gut mit der Bedienung aus. Er wollte in der Bedienungsanleitung nachschlagen, aber sie war nicht da.

吉田：　　　　Entschuldigung. Wo ist die Bedienungsanleitung für den PC?

小林：　　　　Tja, ich weiß nicht. Ist sie nicht beim Computer?

吉田：　　　　Nein.

小林：　　　　Vielleicht ist sie in dem Schrank da.

吉田：　　　　Ich habe nachgesehen, aber sie ist nicht da.

小林：　　　　Nun, vielleicht ist sie beim Abteilungsleiter auf dem Schreibtisch.

吉田：　　　　Ja?

　　　　　　Hier ist sie. Sie haben Recht gehabt, sie war auf seinem Schreibtisch.

Die Computer-Bedienungsanleitung war [auf dem Schreibtisch des Abteilungsleiters].

部長の　机の　上

(2) Herr Sausewind und Herr Satō fahren in einem Taxi. Sie sind auf dem Weg zu einem Konzert. Das Konzert beginnt in 20 Minuten, aber das Taxi steht still.

ザウゼウィンド：	Was ist bloß los? Das ist ja ein schrecklicher Verkehrsstau.
さとう：	Vielleicht hat es einen Unfall gegeben?
ザウゼウィンド：	Durchaus möglich.
さとう：	Glauben Sie, dass wir rechtzeitig zum Konzert kommen?
ザウゼウィンド：	Es fängt in 20 Minuten an. Wahrscheinlich sind wir nicht pünktlich.
さとう：	Um Himmelswillen.

Herr Sausewind und Herr Satō kommen wahrscheinlich [nicht pünktlich] zum Konzert.

間に合わない

SATZMUSTER 2

ANWENDUNG DER SATZMUSTER 2

1 (1) さいふだろうと　思います。
   (2) ゴルフ場だろうと　思います。
   (3) ピカソの　絵だろうと　思います。
   (4) 高いだろうと　思います。
   (5) 好きだろうと　思います。
   (6) 買わないだろうと　思います。

2 <u>Beachten Sie, dass diese Passage in idiomatisches Deutsch übersetzt worden ist, um die Flexibilität von ～だろう im Japanischen zu illustrieren.</u>

(1) Herr Thomas war in letzter Zeit beruflich sehr beschäftigt. Er ist ständig zwischen Kalifornien und Tōkyō geschäftlich unterwegs. Er muss sehr müde sein. Bestimmt würde er sich gerne eine Weile ausruhen. Morgen muss er wieder nach San Francisco fliegen. Ich glaube, dass sich seine Frau wahrscheinlich auch Sorgen macht.

(2) Seit über 70 Jahren hat es kein großes Erdbeben (mehr) in Tōkyō gegeben. Ein großes Erdbeben ist jederzeit wahrscheinlich. Es kann morgen passieren oder in zehn Jahren. Wenn Tōkyō von einem großen Erdbeben heimgesucht wird, werden, fürchte ich, viele Menschen sterben.

(3) Der Sohn von Herrn Yoshida hat letzte Woche eine Aufnahmeprüfung abgelegt. Morgen ist der Tag, an dem die Ergebnisse bekanntgegeben werden. Er hat gesagt, dass er das ganze letzte Jahr jeden Tag ungefähr 10 Stunden gelernt hat. Es muss sehr hart gewesen sein. Ich bin sicher, dass er bestanden hat.

(4) Herr Satō sieht gut aus und ist alleinstehend und daher bestimmt sehr beliebt bei den Damen. Er hat bestimmt gestern zum Valentinstag eine Menge Schokolade geschenkt bekommen. Herr Satō hat aber gesagt, dass ihm Süßigkeiten zuwider sind; deshalb ist er wahrscheinlich verlegen.

SATZMUSTER 3

ANWENDUNG DER SATZMUSTER 3

1 1-1
   (1) 頭が　痛かったので、パーティーに　行きませんでした。
   (2) 奥さんが　病気だったので、パーティーに　行きませんでした。

(3) 場所が 分からなかったので、パーティーに 行きませんでした。

1-2

(1) 明日の 朝 早く 起きなければ ならないので、飲みに
行きません。

(2) お客さんと 会う 約束が あるので、飲みに 行きません。

Erklärung zu 1-1(2): Da Herr Yoshida über seine Ehefrau spricht, gebraucht er das Wort かない *Wird die Frau von Herrn Yoshida von einer anderen Person erwähnt, so wird von ihr als* 奥さん *gesprochen.*

2 <u>Einige langweilige Geschichten</u>

(1) DER FILM

Sonntags hatte ich frei und bin deshalb ins Kino gegangen. Der Film war nicht besonders interessant, so dass ich das Kino vor Schluss der Vorstellung verlassen habe. Ich wollte etwas kaufen, aber ich bin direkt nach Hause gegangen, weil die Kaufhäuser so überlaufen waren.

(2) DIE OPER

Ein Freund hat mir zwei Opernkarten geschenkt, so dass meine Frau und ich zum ersten Mal seit langer Zeit in eine Opernvorstellung gegangen sind. Meine Frau mag Opern und war deshalb sehr glücklich. Ich bin jedoch kein großer Opernfreund, so dass ich schläfrig geworden bin. Die Oper war sehr lang.

(3) VALENTINSTAG

Gestern war Valentinstag, deshalb hat mein junger und attraktiver Kollege eine Menge Schokolade geschenkt bekommen. Ich habe überhaupt keine Schokolade bekommen. Er hasst Süßigkeiten, deshalb hat er mir die ganze Schokolade gegeben, die man ihm geschenkt hat. Nur Süßwarengeschäfte mögen den Valentinstag, deshalb sollten solche Bräuche abgeschafft werden.

(4) DIE FAHRT ZUR ARBEIT

Im nächsten Monat werde ich von Aoyama nach Yokohama umziehen. Es wird weiter von meiner Wohnung zum Büro sein, so dass ich morgens eine Stunde früher aufstehen muss. Meine Frau ist sehr glücklich, weil unsere Wohnung größer sein wird. Ich (dagegen) bin kaum zu Hause, so dass ich alles andere als glücklich bin.

FÜR WAGEMUTIGE

1-1 (1) Der „White Day" ist ein Tag, an dem man Schokolade schenkt.

(2) Der Valentinstag ist ein Tag, an dem man Süßigkeiten schenkt.

(3) Ein „ おかえし " ist ein Dankeschön-Geschenk einer Person, die ein Geschenk bekommen hat.

(4) Herr Sonntag hat am Valentinstag Schokolade von Mayumi (geschenkt) bekommen.

(5) Herr Chang hat am Valentinstag keine Schokolade von Mayumi (geschenkt) bekommen.

(6) Herr Sonntag hat Mayumi am „White Day" etwas Schokolade geschenkt.

(7) Herr Chang hat Mayumi am „White Day" französische Süßigkeiten geschenkt.

(8) Herr Sonntag ist nun sehr ärgerlich.

(1) F(2) F(3) T(4) T(5) F(6) F(7) T(8) F

1-2 Herr Chang und Herr Sonntag unterhalten sich über den „White Day".

Chang: Gestern war „White Day", nicht wahr, Herr Sonntag?

Sonntag:	Was ist „White Day"?
Chang:	Das ist der Tag, an dem man ein „ おかえし " gibt, wenn man am Valentinstag Schokolade geschenkt bekommen hat.
Sonntag:	Was ist ein „ おかえし "?
Chang:	Das ist ein Geschenk, das von jemandem, der ein Geschenk bekommen hat, zum Dank gegeben wird. Das übliche Geschenk am „White Day" sind Süßigkeiten.
Sonntag:	Haben Sie Geschenke gemacht?
Chang:	Ja. Ich habe Mayumi französische Süßigkeiten geschenkt. Sie war sehr glücklich. Haben Sie ihr nichts gegeben?
Sonntag:	Nein, ich habe nichts davon gewusst. Glauben Sie, dass Mayumi ärgerlich ist?
Chang:	Ja, sie dürfte wahrscheinlich ärgerlich sein.

1-3 (1) バレンタインデーに チョコレートを もらった 人が お返しに
プレゼントを する 日です。

(2) なにか プレゼントを もらった 人が お礼として あげる プレ
ゼントです。

1-4

Herr Chang und Herr Sonntag haben von Mayumi zum Valentinstag Schokolade bekommen. Gestern war „White Day", deshalb hat Herr Chang Mayumi als Dankeschön-Geschenk Süßigkeiten gegeben. Herr Sonntag hat nichts von solchen Dankeschön-Geschenken am „White Day" gewusst, deshalb hat er ihr nichts gegeben.

2-1

ザウゼヴィンド：	[Warum] wird Karaoke カラオケ genannt?
さとう：	カラオケ [besteht aus] zwei Wörtern カラ und オケ.
ザウゼヴィンド：	Oh, wirklich? Was bedeutet dann カラ
さとう：	カラ bedeutet [„leer"].
ザウゼヴィンド：	[„Leer?"]
さとう：	Jawohl.
ザウゼヴィンド：	Was bedeutet dann オケ?
さとう：	[Was denken Sie?] Es ist ein Wort aus dem Englischen.
ザウゼヴィンド：	Englisch?
さとう：	Ja. [Es ist entstanden durch Verkürzung von] „orchestra".
ザウゼヴィンド：	Also kommt オケ von „orchestra"?
さとう：	Genau. [Deshalb] bedeutet カラオケ „nur ein begleitendes Orchester [ohne Gesang]".
ザウゼヴィンド：	Wirklich! Jetzt ist es mir klar.

(1) どうして (2) できています (3) 何も 入っていない (4) 何も 入
っていない (5) 何だと 思いますか (6) 短く なったんです (7) ですから
(8) うたが 入っていない (9) そうですか

2-2 (1) 「何も 入っていない」と いう 意味です。

(2) 「オーケストラ」と いう 意味です。

(3) 「うたが 入っていない オーケストラ」と いう 意味です。

218

LEKTION 14

I. 1. (すもうを見ながら) 焼き鳥を食べています。 2. メーナーさんです。
    3. ぎょうじです。 4. 黒い着物を着て、土俵のまわりに座っています。

II. 1. が、が 2. が、の 3. の、が 4. を、の 5. の

III. 1. どういう 2. いつ 3. 何 4. どういう

IV. 1. 聞いて 2. 聞き 3. 釣りをしている、遠く 4. 出す 5. なく 6. できる
    7. ふくざつ 8. し、運転する

V. 1. でも 2. 必ず 3. やっぱり 4. じつは

ZUM AUFWÄRMEN

1 (1) Ich bin beruflich sehr beschäftigt; deswegen musste ich unsere Reise in diesem Sommer-
        urlaub absagen. Sowohl meine Frau als auch ich sind enttäuscht.

   (2) Die Person, die nebenan wohnt, ist jede Nacht sehr laut. Sowohl meine Frau als auch ich
        sind (darüber) aufgebracht.

   (3) Ich habe unsere Nachbarin gebeten: „Bitte seien Sie leise"; aber sie ist überhaupt nicht lei-
        ser geworden. Sowohl meine Frau als auch ich sind (darüber) ärgerlich.

   (4) Unser Sohn hat plötzlich gesagt, dass er heiraten wird. Sowohl meine Frau als auch ich
        sind überrascht gewesen.

   (5) Die Frau unseres Sohnes bekam ein Baby. (Wörtlich: Unserem Sohn wurde ein Baby
        geboren.) Meine Frau ist entzückt. Ich bin auch glücklich.

   (6) Der ältere Bruder meiner Frau ist krank geworden. Sowohl meine Frau als auch ich sind
        besorgt (darüber).

   (7) Der Bruder meiner Frau ist gestorben. Meine Frau ist in Trauer. Ich bin auch traurig.

Erklärung zu (5) und (7): Die Verben よろこぶ *und* 悲しむ *dienen zur Beschreibung der*
Gefühle einer dritten Person. Wenn man über sich selbst spricht, sind Adjektive wie うれしい
です *oder* 悲しいです *zu gebrauchen.*

SATZMUSTER 1, 2

ANWENDUNG DER SATZMUSTER 1, 2

1 (1) 小さくて (2) 便利で (3) デザインが 良くて
   (4) 使い方が 簡単で (5) むずかしくて (6) 人が たくさん いて
   (7) 新聞を 読んで (8) 試験に 落ちて

2 (1) Ich bin zu Fuß gegangen.
   (2) Ich bin schnell gelaufen.
   (3) Ich bin mit dem Bus gefahren.
   (4) Ich habe im Sitzen gegessen.
   (5) Ich habe im Stehen gegessen.
   (6) Ich habe beim Gehen gegessen.
   (7) Ich habe nach Rücksprache mit dem Abteilungsleiter entschieden.
   (8) Ich habe nach längerem Nachdenken entschieden.

(9) Wir haben nach dem Abhalten einer Sitzung entschieden.

(10) Ich habe durch Anhören des Tonbands geübt.

(11) Ich habe (es) durch wiederholtes Schreiben geübt./Ich habe es geübt, indem ich es immer wieder geschrieben habe.

(12) Wir haben durch ein Spiel geübt.

(13) Ich habe viel recherchiert, um die Materialien vorzubereiten.

(14) Ich habe einen PC benutzt, um diese Materialien vorzubereiten.

(15) Ich habe die Materialien vorbereitet, während ich Musik gehört habe.

Erklärung: Die Muster „A て B" und „A な が ら B" dienen beide zur Erläuterung der Bedingungen, unter denen Handlung B erfolgt. Gegenüber „A て B" unterstreicht Muster „A ながら B" die Tatsache, dass die beiden Handlungen A und B gleichzeitig ablaufen.

SATZMUSTER 3

ANWENDUNG DER SATZMUSTER 3

1   1-1

Herr Sausewind wird sich nächsten Sonntag in Yokohama ein Fußballspiel ansehen. Herr Tanaka hat ihm gestern eine Eintrittskarte geschenkt, so dass sie zusammen gehen werden.

(1) 来週の 日よう日です。　(2) 横浜です。　(3) 田中さんです。

1-2

Gestern hatte Herr Sausewind von 10.00 Uhr an eine Geschäftssitzung im Büro seines Kunden. Das Büro des Kunden befindet sich in der Ginza. Herr Sausewind hat um 9.45 Uhr am Bahnhof Tōkyō ein Taxi genommen. Gewöhnlich braucht man ca. 10 Minuten, um zu dem Büro zu kommen, aber gestern hatte es einen Unfall in der Nähe vom Bahnhof Tōkyō gegeben, so dass die Straßen verstopft waren. Es dauerte 30 Minuten, um zum Büro des Kunden zu kommen. Herr Sausewind ist 15 Minuten zu spät zu der Sitzung gekommen.

(1) 銀座に あります。　(2) 東京駅の 近くです。
(3) 10 時 15 分前です。/ 9 時 45 分です。　(4) 10 時 15 分です。

2   (1) Es ist schwer abzunehmen.

(2) Es ist schwer, nach der Arbeit zu studieren.

(3) Es ist schwer, sich an das Leben in Japan zu gewöhnen.

(4) Es macht Spaß, mit Kindern zu spielen.

(5) Es macht Spaß, mit einem Freund zu verreisen.

(6) Es macht Spaß, neue Kleider zu kaufen.

(7) Es ist gefährlich, an einem Tag, an dem es schneit, Auto zu fahren.

(8) Es ist gefährlich, spät nachts allein zu Fuß zu gehen.

(9) Es ist einfach, Videoaufnahmen zu machen.

(10) Es ist einfach, Materialien auf einem PC vorzubereiten.

(11) Es ist schwierig, an berühmten Universitäten zugelassen zu werden.

(12) Es ist schwierig, seine Adresse in Kanji zu schreiben.

SATZMUSTER 4

ANWENDUNG DER SATZMUSTER 4

1　(1) バスが　走っているの　(2) 車が　止まっているの
　　(3) 人が　働いているの　　(4) 子供が　あそんでいるの
　　(5) 話しているの　　　(6) うたっているの
　　(7) 笑っているの　　　(8) ギターを　ひいているの

FÜR WAGEMUTIGE

1　1-1　(1) G　(2) E　(3) B　(4) A　(5) F

1-2

Ich möchte die Mitarbeiter der Abteilung für Öffentlichkeitsarbeit von JBP Computers vorstellen. Die Aufgabe dieser Abteilung ist es, die Öffentlichkeitsarbeit für JBP Computers zu leisten.

Die Abteilung für Öffentlichkeitsarbeit hat sechs Mitarbeiter: Herrn Baker, den Abteilungsleiter, Herrn Ueda, den Unterabteilungsleiter, Herrn Ogawa, Herrn Mori, Herrn Higashi und mich.

Derjenige, der Kaffee trinkt, während er einige Dokumente liest, ist Herr Baker. Er ist Amerikaner, spricht aber fließend Japanisch und Chinesisch.

Derjenige, der auf dem Sofa sitzt und dabei mit einem Kunden spricht, ist Herr Ueda. Er ist derjenige, der eine Brille trägt. Der Kunde ist wahrscheinlich jemand von einem Zeitschriftenverlag.

Derjenige, der am Telefon spricht, ist Herr Ogawa. Derjenige, der neben Herrn Ogawa den PC benutzt, ist Herr Mori. Er ist letzten Monat von der System-Abteilung zur Abteilung für Öffentlichkeitsarbeit gekommen. Er erstellt nun eine Datenbank.

Derjenige, der Fotokopien macht, ist Herr Higashi. Er ist erst letztes Jahr in die Firma eingetreten. Schließlich bin da noch ich, Kitayama; und ich bin für unser PR-Magazin zuständig.

2　2-1

(1) Das Hobby von Frau Kobayashi ist Klavierspielen.
(2) Frau Kobayashi spielt jetzt klassische Musik lieber als Jazz.
(3) Das Hobby von Herrn Sausewind ist, Sport zu treiben.
(4) Herr Sausewind geht oft als Zuschauer zu Sportveranstaltungen.
(5) Das Hobby von Herrn Ogawa ist Bücherlesen.
(6) An seinen freien Tagen schläft Herr Ogawa den ganzen Tag lang.
(1) T (2) F (3) F (4) F (5) F (6) T

2-2

Das Wort しゅみ hat dieselbe Bedeutung wie „Hobby" im Deutschen. Herr Kobayashi, Herr Sausewind und Herr Ogawa werden nun ihre Hobbies beschreiben.

(1) Ich heiße Kobayashi. Mein Hobby ist Klavierspielen. Als (ich ein) Kind (war,) war mir das üben verhasst, aber nun macht es (mir) viel Spaß. Ich habe früher nur klassische Musik gespielt, aber jetzt spiele ich gern Jazz. Sonntags spiele ich gewöhnlich den ganzen Tag lang Klavier.

(2) Ich heiße Sausewind. Mein Hobby ist das Zuschauen bei Sportveranstaltungen. Ich mag alles - Baseball, Fußball, Sumō, Marathon, Tennis. Das Zuschauen bei Wettbewerben macht am meisten Spaß, aber die Eintrittskarten sind so teuer, dass ich nicht sehr oft gehen kann. Ich schaue mit Sportereignisse gewöhnlich im Fernsehen an.

(3) Ich heiße Ogawa. Ich habe keine Hobbies. Ich bin gewöhnlich so beschäftigt, dass ich an meinen freien Tagen einfach zu Hause den ganzen Tag lang schlafe. Ich lese nicht viele Bücher, ich gehe nicht ins Kino, und ich treibe keinen Sport. Meine Arbeit ist mein Hobby.

3 3-1
(1) Gestern hat Herr Yoshida seine Schlüssel zu Hause vergessen.
(2) Die Frau von Herrn Yoshida ist gestern mit einer Freundin essen gegangen.
(3) Gestern hat Herr Yoshida seine Geldbörse im Büro vergessen.
(4) Gestern ist Herr Yoshida mit Herrn Satō zum Trinken gegangen.
(5) Herr Yoshida konnte bis 4.00 Uhr morgens nicht in seine Wohnung kommen.

(1) F(2) T(3) T(4) F(5) T

3-2
Herr Yoshida und Herr Satō unterhalten sich.
吉田 : Lassen Sie mich Ihnen die schreckliche Geschichte erzählen, die mir gestern passiert ist, Herr Satō.
さとう : Was ist passiert?
吉田 : Ich bin gegen 9.00 Uhr heimgekommen, aber ich konnte nicht in meine Wohnung hinein, weil ich meine Schlüssel im Büro vergessen hatte.
さとう : War denn Ihre Frau nicht zu Hause?
吉田 : Nein. Gestern war sie mit einer Freundin zum Essen aus.
さとう : Was haben Sie dann gemacht?
吉田 : Was, glauben Sie, habe ich wohl gemacht?
さとう : Ich wette, Sie sind einen trinken gegangen, nicht war?
吉田 : Aber ich hatte meine Geldbörse ebenfalls im Büro vergessen, so dass ich kein Geld hatte.
さとう : Was haben Sie dann gemacht?
吉田 : Ich habe einfach an der Haustür auf meine Frau gewartet.
さとう : Wann ist Ihre Frau nach Hause gekommen?
吉田 : Um welche Zeit, glauben Sie, ist sie heimgekommen?
さとう : War es spät?
吉田 : Meine Frau ist heute Morgen um 4.00 Uhr heimgekommen.
さとう : Das war wirklich schrecklich.

LEKTION 15

I. 1.わたなべさん から あずかりました。 2.スポーツ クラブ で わたしたい と 思っています。 3.いいえ、山本さん に 会う 事 が できません でした。 4.はい、この スポーツ クラブ の 会員 です / はい、そうです。

II. 1.に、を 2.の、に 3.を、が、を、で、に 4.が、を、に

222

III. 1. どお 2. いつ 3. だれ 4. どうして／なぜ
IV. 1. 買う 2. そろっ、はじめて 3. 乗っ、悪く 4. ひま、み 5. 使わない、捨て
た 6. 疲れ、休んで 7. 忙しくなかっ、買ってきて 8. めんどう、作る 9. 雨
だっ 10. 行く、あげ 11. 重い、あずかって

ZUM AUFWÄRMEN

1 (1)　　そろったら　そろわなかったら
　(2)　　急いだら　急がなかったら
　(3)　　探したら　探さなかったら
　(4)　　すんだら　すまなかったら
　(5)　　えらんだら　えらばなかったら
　(6)　　守ったら　守らなかったら
　(7)　　なったら　ならなかったら
　(8)　　分かったら　分からなかったら
　(9)　　あったら　なかったら
　(10)　あずけたら　あずけなかったら
　(11)　できたら　できなかったら
　(12)　こんでいたら　こんでいなかったら
　(13)　出てきたら　出てこなかったら
　(14)　運動したら　運動しなかったら
　(15)　かわいかったら　かわいくなかったら
　(16)　若かったら　若くなかったら
　(17)　ひまだったら　ひまでなかったら／ひまじゃなかったら
　(18)　めんどうだったら　めんどうでなかったら／めんどうじゃな
　　　　かったら
　(19)　いい　天気だったら　いい　天気でなかったら／いい　天気じゃな
　　　　かったら
　(20)　るすだったら　るすでなかったら／るすじゃなかったら

SATZMUSTER 1

ANWENDUNG DER SATZMUSTER 1

1 (1) 開けたら　中に　コートが　入っていました。
　(2) 開けたら　中に　セーターが　入っていました。
　(3) 開けたら　中に　マフラーが　入っていました。
2 (1) 駅に　電話を　したら　届いていました。
　(2) 空港に　着いたら　ひこうきは　もう　出ていました。

3 Ich habe eine kleine Geschichte zu erzählen.

(1) Letzte Woche, als ich zum Flughafen gegangen bin, um dort einen Freund zu treffen, war Harrison Ford dort. Er sieht sogar noch besser aus als in seinen Filmen. Als ich (ihn) fragte, „Kann ich Ihr Autogramm haben?", gab er mir seine Unterschrift. Ich war sehr glücklich.

(2) Als ich am Samstag zur Ginza gegangen bin, hat dort das Ginza-Festival stattgefunden. (Es war eine Menge los.) Die Kaufhäuser hatten Sonderangebotsverkäufe, und auf den Straßen fanden Konzerte statt. Es hat Spaß gemacht. Ich habe einen Pullover und Schuhe im Sonderangebot gekauft. Sie waren billig.

(3) Vorgestern bin ich auf Geschäftsreise nach Ōsaka gefahren. Als ich im Bahnhof Ōsaka angekommen bin, hat es geregnet. Das Wetter war schön gewesen, als ich Tōkyō verlassen hatte, so dass ich keinen Schirm bei mir hatte. Ich war in Verlegenheit.

(4) Als ich gestern nach Hause gekommen bin, war mein neues Fahrrad aus Amerika eingetroffen. Es ist das Fahrrad, dass ich letzten Monat in Amerika gekauft habe. Ich freue mich darauf, am Sonntag radzufahren.

(5) Als ich heute morgen ins Büro gekommen bin, war eine Fax-Mitteilung aus Deutschland eingetroffen. Ich muss bis heute Abend / bis zum Ende dieses Tages eine Antwort geben, so dass ich vielleicht Überstunden mache.

4 (1) ザウゼウィンド： Gestern bin ich zum Flughafen gefahren, um einen Freund zu treffen.
   吉田： Wirklich? Und was dann?
   ザウゼウィンド： Tja, Harrison Ford war dort.
   吉田： Tatsache? Oh, Junge!
   ザウゼウィンド： Als ich ihn um ein Autogramm gebeten habe...
   吉田： Ja, und?
   ザウゼウィンド： ...hat er es mir gegeben. Ich war wirklich glücklich.
   吉田： Das war großartig.

   (2) ザウゼウィンド： Gestern bin ich zum Sumō gegangen.
   吉田： Wirklich? Und was dann?
   ザウゼウィンド： Tja, unsere Sitze waren direkt am Ring.
   吉田： Tatsache? Oh, Junge!
   ザウゼウィンド： Als der Kampf begonnen hat...
   吉田： Ja, und?
   ザウゼウィンド： ...ist einer der Ringer in unsere Richtung gefallen.
   吉田： Um Gotteswillen! Sind Sie verletzt worden?
   ザウゼウィンド： Nein. Es kam überraschend, aber ich war OK.

5 (1) A Kann/darf ich nun nach Hause gehen?
   B Noch nicht.
   A Ist es nun OK?
   B Du kannst nach Hause gehen, wenn der Unterricht vorüber ist.
   (2) A Kann/darf ich nun essen?
   B Warte (noch) ein bisschen/etwas.
   A Ist es nun OK?
   B Lass uns essen, wenn alle hier sind.

224

(3) A Können wir nun anfangen?
    B Warten Sie (noch) etwas.
    A Ist es nun OK?
    B Bitte fangen Sie an, sobald der Präsident eingetroffen ist.

6 6-1

Wir beginnen die Prüfung um 9.00 Uhr. Sie werden zwei Stunden Zeit für die Prüfung haben. Sie müssen alle um 11.00 Uhr aufhören. Wir werden Ihnen die Prüfungsergebnisse später mitteilen.

(1) 9 時に　なったら　（テストを）　始めます。/ 9 時に　始めます。

(2) 11 時に　なったら　（テストを）　やめます。/ 11 時に　やめます。

6-2

Firmenaufnahmezeremonie

Zuerst hält der Firmenpräsident eine Ansprache. Wenn seine Ansprache zu Ende ist, werden die leitenden Angestellten/Manager vorgestellt. Wenn die Vorstellung der Manager beendet ist, hält ein Vertreter der neuen Angestellten eine Ansprache. Als nächstes erklären die Abteilungsleiter die Ausbildung im Detail. Wenn ihre Erklärungen vorbei sind, ist die Firmenaufnahmezeremonie beendet.

(1) 社長の　あいさつが　終わったら　（役員を）　紹介します。

(2) 役員の　紹介が　終わったら　（新入社員の　代表が）　あいさつを　します。

(3) 新入社員の　代表が　あいさつを　したら、（部長が）　研修に　ついて　説明します。

7 A Wenn Sie am Sonntag Zeit haben, würden Sie gerne in ein neues Restaurant zum Essen gehen?
    B Das wäre nett. Sie meinen das Restaurant, wo/in dem man im Garten essen kann, nicht wahr?
    B Aber es ist vielleicht überfüllt.
    A Wenn es überfüllt ist, dann lassen wir es lieber bleiben.

(1) 雨だったら　　(2) 高かったら　　(3) できなかったら

8 Wenn ich 50 Millionen Yen hätte...

Viele Leute stehen in einer Schlange, um Lotterielose zu kaufen.

Reporter: Entschuldigen Sie, bitte. Ich bin vom JBP-Fernsehen. Was würden Sie machen, wenn Sie 50 Millionen Yen gewinnen würden?

Student A: Wenn ich 50 Millionen Yen gewinne, werde ich ein italienisches Auto kaufen.

Angestellter A: Wenn ich 50 Millionen Yen gewinne, werde ich ein Haus kaufen.

Angestellter B: Wenn ich 50 Millionen Yen gewinne, werde ich mit dem Schiff eine Weltreise machen mit jemandem, den ich mag.

Student B: Wenn ich 50 Millionen Yen gewinne, werde ich sie auf die Bank bringen.

Angestellter C: Wenn ich 50 Millionen Yen gewinne, werde ich mit ihnen in einem Spielkasino spielen.

Angestellter D: Wenn ich 50 Millionen Yen gewinne, werde ich meine jetzige Stellung aufgeben und ein neues Geschäft aufmachen.

SATZMUSTER 2

ANWENDUNG DER SATZMUSTER 2

1 (1) Kennen Sie ein gutes Sushi-Restaurant?
Ein Sushi-Restaurant...
Wenn Sie ein Sushi-Restaurant suchen, dann ist Sushi Masa das beste.

(2) Ich suche ein Fitness-Studio.
Ein Fitness-Studio...
Wenn Sie ein Fitness-Studio suchen, dann ist der Azabu Sports Club sehr gut.

(3) Ich möchte gerne irgendwo einen schönen und langen Urlaub machen.
Ein schöner und langer Urlaub...
Wenn Sie einen schönen und langen Urlaub machen wollen, wie wäre es dann mit den heißen Quellen in Hakone?

2 A Ich gehe zum Postamt.

B Wenn Sie zum Postamt gehen, dann kaufen Sie bitte ein paar Briefmarken/bringen Sie bitte ein paar Briefmarken mit.

A Wenn Sie Briefmarken brauchen, es sind welche im Schrank.

B Oh. Dann ist es gut.

(1) Ａ：薬屋に　行ってきます。

Ｂ：薬屋に　行くなら　かぜ薬を　買ってきてください。

Ａ：かぜ薬なら　その　戸だなに　入っていますよ。

Ｂ：わかりました。それなら　いいです。

Üben Sie (2) bis (4) in derselben Weise.

FÜR WAGEMUTIGE

1 1-1 <u>Ein Schneetag</u>

Als ich heute Morgen aufgewacht bin und die Vorhänge geöffnet habe, hat es geschneit. Es ist selten, dass es im April noch schneit.

Ich bin von zu Hause etwas früher als gewöhnlich weggegangen. Als ich am Bahnhof angekommen bin, haben dort viele Leute auf den Zug gewartet. Als ich einen Schaffner gefragt habe, hat er gesagt, dass keine Züge fahren würden. Als ich zum Taxistand geeilt bin, ist Herr Satō dort gewesen. Ich bin zusammen mit Herrn Satō in ein Taxi eingestiegen. Es hat nun heftig geschneit, so dass das Taxi langsamer als gewöhnlich gefahren ist. An diesem Morgen hat eine wichtige Abteilungssitzung stattgefunden, so dass Herr Satō und ich unruhig gewesen sind.
Als wir das Büro erreicht haben, war es 10.30 Uhr. Als wir die Tür zum Konferenzraum geöffnet haben, hatte die Sitzung schon begonnen. „Entschuldigung. Der Zugverkehr ist eingestellt worden", haben wir gesagt, als wir den Konferenzraum betreten haben.

2 Spielen wir ein Würfelspiel. Sie fangen an, OK?
Wenn Sie eine Eins würfeln, singen Sie ein Lied.
Wenn Sie eine Zwei würfeln, kaufen Sie einen Kuchen.
Wenn Sie eine Drei würfeln, laden Sie mich zum Abendessen ein.

Wenn Sie eine Vier würfeln, schenken Sie mir Blumen.

Wenn Sie eine Fünf würfeln, machen wir morgen einen Kanji-Test.

Wenn Sie eine Sechs würfeln, gebe ich Ihnen meinen Kugelschreiber.

Also, fangen wir an.

Machen Sie nun Ihre eigenen Regeln.

LEKTION 16

I. 1. ショールーム の せっけい の 図面を 送りました。
   2. 来月中 に できあがる と 言いました。
   3. 6時 までに 行けば 表の 入口 から 入る ことが できます。
   4. 10時 に なる と 閉まります。

II. 1. か 2. に,-ば,と 3. まで 4. の,で

III. 1. いつ 2. どこ 3. どお

IV. 1. あれば 2. かけば 3. しまれば 4. ふれば 5. 見えれば 6. 間に合えば
   7. おくれれば 8. 結婚 すれば 9. 持って くれば 10. なければ
   11. めずらしければ 12. よければ

V. 1. やすめ,なる 2. のぼれ,見える 3. 曲がる 4. のむ,たのしく
   5. よけれ,うかがい 6. れんしゅうしなけれ,じょうず に 7. おす
   8. ほしけれ,持って き 9. たのめ,持って くる 10. 考えれ,考える

VI. 1. たしか に 2. できれば 3. さっそく

ZUM AUFWÄRMEN

1 (1) うかがえば うかがわなければ
   (2) さけば さかなければ
   (3) ひけば ひかなければ
   (4) 回せば 回さなければ
   (5) 押せば 押さなければ
   (6) 見つかれば 見つからなければ
   (7) 送れば 送らなければ
   (8) しまれば しまらなければ
   (9) かければ かけなければ
   (10) 見えれば 見えなければ
   (11) おきれば おきなければ
   (12) いれれば いれなければ
   (13) 持ってくれば 持ってこなければ
   (14) 利用すれば 利用しなければ
   (15) めずらしければ めずらしくなければ
   (16) 少なければ 少なくなければ

(17) まじめなら／だったら　まじめでなければ

(18) めんどうなら／だったら　めんどうでなければ

(19) るすなら／だったら　るすでなければ

(20) うりきれなら／だったら　うりきれでなければ

2　(1) に／へ　(2) が　(3) が　(4) に　　(5) を　　(6) が

SATZMUSTER 1

ANWENDUNG DER SATZMUSTER 1

1　(1)　A　Können Sie das machen?

　　　　B　Wenn ich ein Wörterbuch habe, kann ich es machen.

　　　　　　Ich kann es nicht, wenn ich keins habe.

　　(2)　A　Können Sie es deutlich sehen?

　　　　B　Wenn ich meine Brille aufsetze, kann ich es sehen.

　　　　　　Wenn ich sie nicht aufsetze, kann ich es nicht sehen.

　　(3)　A　Werden wir pünktlich sein?

　　　　B　Wenn wir uns beeilen, werden wir pünktlich sein.

　　　　　　Wenn wir uns nicht beeilen, werden wir nicht pünktlich sein.

　　(4)　A　Wird meine Krankheit geheilt werden?

　　　　B　Wenn Sie das Trinken aufgeben, so wird sie geheilt/(dann) ja.

　　　　　　Wenn Sie nicht mit dem Trinken aufhören, dann (wird sie) nicht (geheilt).

2　(1) 近ければ　　(2) おもしろければ　(3) かるければ

　(4) かいひが　安ければ　　(5) 道が　すいていれば　　(6) 道が　こんでい
れば

3　(1) みがけば　　(2) なおせば　　(3) 消せば　　(4) すてれば

　(5) かたづければ

SATZMUSTER 2

ANWENDUNG DER SATZMUSTER 2

1　(1)　Wenn Sie Taste 1 drücken, stoppt das Band.

　　　　Wenn Sie Taste 2 drücken, können Sie die Batterie überprüfen.

　　　　Wenn Sie Taste 3 drücken, nimmt die Lautstärke zu.

　　　　Wenn Sie Taste 4 drücken, springt die Kassette heraus.

　　(2)　Das Haus von Herrn Sausewind

Das ist das Haus von Herrn Sausewind. Wenn man die Vordertür öffnet, ist das Wohnzimmer linkerhand. Das Wohnzimmer hat ein großes Fenster. Im Winter ist der Berg Fuji deutlich durch das Wohnzimmerfenster zu sehen. Neben dem Wohnzimmer ist die Küche. Wenn man das Küchenfenster öffnet, ist der Nachbargarten zu sehen. Wenn man in den ersten Stock (hinauf) geht, findet man das Schlafzimmer. Nachts kann man den Tōkyō Tower vom Schlafzimmerfenster aus schön sehen. Neben dem Schlafzimmer ist das Badezimmer. Das Badezimmer hat ein kleines Fenster.

228

2 Welche der folgenden Aussagen trifft auf Sie zu?
  (1) Wenn es Sommer wird, möchte ich Bier trinken.
  (2) Wenn es Winter wird, möchte ich skifahren.
  (3) Wenn ich Kanji sehe, bekomme ich (immer) Kopfschmerzen.
  (4) Wenn ich zu hochgelegenen Orten hinaufsteige, fühle ich mich immer unwohl.
  (5) Wenn ich in engen Räumen bin, fühle ich mich immer unwohl.
  (6) Wenn ich zum Karaoke-Singen gehe, bekomme ich immer gute Laune.
  (7) Wenn ich ein japanisches Tonband anhöre, werde ich (immer) schläfrig.
  (8) Wenn ich Wein trinke, bekomme ich (immer) Kopfschmerzen.
  (9) Wenn ich Erkältungsmedizin nehme, werde ich (immer) schläfrig.
  (10) Wenn ich nicht mindestens sechs Stunden schlafe, bin ich (immer) am nächsten Tag schläfrig.

3-2 Beispiel: Ich heiße Sausewind. Wenn ich müde bin, gehe ich in einem Fitness-Studio schwimmen. Wenn ich schwimme, werde ich (wieder) frisch.

  (1) Ich heiße Thomas. Wenn ich müde bin, höre ich klassische Musik. Wenn ich Musik höre, die ich mag, fühle ich mich viel besser.
  (2) Ich heiße Nakamura. Wenn ich müde bin, trinke ich einen kleinen Schlaftrunk, bevor ich schlafen gehe. Wenn ich (etwas) trinke, kann ich immer gut schlafen.
  (3) Ich heiße Satō Wenn ich müde bin, koche ich gern. Wenn ich etwas Schmackhaftes esse, werde ich (wieder) frisch.
  (4) Ich heiße Yoshida. Wenn ich müde bin, gehe ich zum Karaoke-Singen. Wenn ich ein Lied, das ich mag, laut singe, habe ich eine Menge Spaß.
  (5) Ich heiße Kobayashi. Wenn ich müde bin, nehme ich ein langes Bad. Wenn ich ein langes Bad nehme, kann ich nachts immer gut schlafen.

4 (1) Wenn Sie nicht arbeiten, wird es Ihnen später schlecht gehen.
  (2) Wenn Sie jetzt nicht aufstehen, werden Sie es später bereuen.
  (3) Wenn Sie nicht damit aufhören, werden Sie es später bereuen.
  (4) Wenn Du nicht lernst, wird es Dir später schlecht gehen.
  (5) Wenn Sie nicht mit ihm gehen, werden Sie es später vielleicht bereuen.
  (6) Wenn Sie es nicht kaufen, werden Sie es später vielleicht bereuen.

SATZMUSTER 3

1 Beispiel: Je niedriger die Miete, desto besser.

  (1) Je niedriger die Steuern, desto besser.
  (2) Je höher das Gehalt, desto besser.
  (3) Je länger die Sommerferien/der Sommerurlaub, desto besser.
  (4) Je schmackhafter das Essen, desto besser.
  (5) Je leichter das Gepäck, desto besser.
  (1) 少なければ　少ないほど　いい　ものは　ぜい金です。
  (2) 多ければ　多いほど　いい　ものは　給料です。
  (3) 長ければ　長いほど　いい　ものは　夏休みです。
  (4) おいしければ　おいしいほど　いい　ものは　りょうりです。
  (5) かるければ　かるいほど　いい　ものは　にもつです。

2　(1)　Je länger ich es betrachte, desto lieber möchte ich es essen.
　　(2)　Je öfter/mehr wir uns treffen, desto mehr/lieber mögen wir uns.
　　(3)　Je mehr ich darüber nachdenke, desto weniger verstehe ich es.
　　(4)　Je mehr ich lese, desto besser wird mein Japanisch.

FÜR WAGEMUTIGE

1　Lesen Sie den folgenden Text. Üben Sie dann das Fragen nach Rat und das Geben von Ratschlägen.

Ratschläge für die Besorgten
Ich studiere (nun) seit zwei Jahren Japanisch, aber ich scheine es einfach nicht fließend sprechen zu können. Bei Geschäftssitzungen verstehe ich nicht, was die Japaner sagen. Während der Mittagspause kann ich mich oft nicht am Gespräch beteiligen. Was soll ich tun, um besser Japanisch zu sprechen. Bitte geben Sie mir einen Rat.
Von M. Mein Japanisch ist schlecht.

Antwort 1
Das ist einfach. Alles, was Sie tun müssen, ist ein paar japanische Freunde zu finden. Wenn Sie einige Freunde haben, wird Ihr Japanisch bald fließend sein. Schließen Sie bald mit einigen Japanern Freundschaft. Wenn Sie das tun, werden Sie auch verstehen, was alle sagen und mehr Spaß haben.

Antwort 2
Herr M, lesen Sie täglich Japanisch-Lehrbücher und hören Sie sich japanische Bänder an? Es ist wichtig, eine Sprache jeden Tag zu lernen. Wenn Sie nicht täglich lernen, werden Sie nicht fließend sprechen können. Wenn Sie täglich lernen, werden Sie fließend sprechen können. Zehn Minuten pro Tag ist genug. Seien Sie beharrlich. Wenn Sie das tun, werden Sie fließend sprechen können.

2　2-1
Wenn Ihre Augen müde sind, wird es besser werden, wenn Sie hier drücken.
Wenn Sie Halsschmerzen haben, wird es besser werden, wenn Sie hier drücken.
Wenn Sie Husten haben, wird der Husten aufhören, wenn Sie hier drücken.
Wenn Ihre Füße müde sind, wird es besser werden, wenn Sie hier drücken.
Wenn Sie Magenschmerzen haben, wird es besser werden, wenn Sie hier drücken.

LEKTION 17

I.　1. 田中さん 一家 と そば を 食べに 行きました。 2. 中村さん です。 3. いいえ、あいて いません でした。 4. 日本人 の どうりょう や 友だち や ぎょうしゃ から もらいました。 5. はい、うつくしい と思って います／はい、そう 思って います。

II.　1. 何時 2. どお 3. どこ 4. いつ 5. だれ

III.　1. かたくて、食べ 2. ふくざつ で、わかり 3. 便利で、つかい 4. 忙しくて、書く 5. きれい で

ZUM AUFWÄRMEN

1 (1) だった。　(2) かかなければ　ならない。(3) なった。
(4) しずかでは　なかった。　(5) だ。　(6) だろう。　(7) 買う
買わない。(8) 食べていない。(9) かもしれない。(10) ある　　ない。

SATZMUSTER 1

ANWENDUNG DER SATZMUSTER 1

1 Das Tagebuch von Herrn Sausewind

Herbst 201X
Freitag, 20. Oktober. Regen
Als ich heute im Büro gearbeit habe, hat es ein großes Erdbeben gegeben. Mein Büro ist im 19. Stock des Gebäudes, so dass es ziemlich gewackelt hat. Es gibt viele Erdbeben in Japan, aber das heute ist (für mich) bisher das größte gewesen. In meinem Land gibt es keine Erdbeben, so dass ich immer sofort in meine Heimat zurückkehren möchte, wenn es ein Erdbeben gibt.

Samstag, 21. Oktober. Bewölkt
Heute hat meine Firma geschlossen, so dass ich zu einer Eisenwarenhandlung in der Nähe meiner Wohnung gegangen bin. Dort werden verschiedene Dinge verkauft, die man braucht, wenn es ein Erdbeben gibt. Gestern hat es ein Erdbeben gegeben, so dass viele Leute im Laden waren. Ich habe einen Überlebenssatz gekauft und bin nach Hause gegangen.

Winter 201X
Freitag, 2. Februar. Bewölkt
Ein Uhr morgens. Ich bin nun in einem Hotel in einem Wintersportort. Gestern nach der Arbeit bin ich im Auto von einem Freund hierher gekommen. Die Straßen waren verstopft, so dass ich über sechs Stunden von Tōkyō aus gebraucht habe. Morgen werden wir früh aufstehen und den ganzen Tag lang skifahren. Am Abend will ich in der heißen Quelle baden.

Samstag, 3. Februar. Klar
Das Wetter ist schön geworden. Wir sind um 6.00 Uhr aufgestanden und mit dem Lift bis zum Berggipfel gefahren. Wir sind den ganzen Tag lang skigefahren und haben abends in einem Restaurant im Hotel ein schweizerisches Gericht gegessen. Dann haben wir in der heißen Quelle gebadet. Beim Baden die Sterne zu betrachten war großartig.

Frühling 201X
Montag, 1. April. Klar
Heute hat die Aufnahmezeremonie unserer Firma stattgefunden. Dieses Jahr haben 20 neue Leute in der Filiale Tōkyō angefangen. Ich habe gehört, dass sie alle gerade im März dieses Jahres die Universität abgeschlossen haben. Eine Frau namens Ogawa hat in meiner Abteilung angefangen. Frau Ogawa wird die Arbeit von Frau Nakamura übernehmen, der Sekretärin, die uns im Mai verlassen wird.

Dienstag, 2. April. Bewölkt
Heute haben wir eine Willkommensparty für Herrn Katō gehabt. Nach der Party sind wir zum Betrachten der Kirschblüten in einen nahegelegenen Park gegangen. Viele Leute haben unter den Kirschbäumen getrunken und Lieder gesungen. Die Japaner sind gewöhnlich leise Leute,

231

aber wenn sie trinken, werden sie laut. Ich wollte die Kirschblüten an einem ruhigen Ort betrachten.

2   2-1

(1) F (2) T (3) F

2-2

(1) いいえ、知りませんでした。

(2)（えいぎょうぶの）もりさんと けっこんします。

(3) いいえ、やめません。

3   3-1

(1) T (2) F (3) F

3-2

(1) いいえ、食べません。

(2) ひしょの 中村さんの そうべつかいが あるからです。

(3) 外国に べんきょうに 行きます。

2   Reiko und Izumi unterhalten sich.

れいこ：	Izumi!
いずみ：	Hallo, Reiko! Was gibt's Neues?
れいこ：	Hast Du gewusst, dass Yōkō heiraten wird?
いずみ：	Wirklich? Wen (denn)?
れいこ：	Herrn Mori von der Marketing-Abteilung.
いずみ：	Wirklich? Ich habe nichts davon gewusst. Wird sie kündigen?
れいこ：	Nō .. Sie hat gesagt, dass sie nicht kündigen wird.

3   Herr und Frau Yoshida unterhalten sich.

Herr Yoshida:	Ich werde heute Abend spät heimkommen.
Frau Yoshida:	Dann brauchst Du (also) kein Abendessen?
Herr Yoshida:	Nein, nicht nötig. Wir haben nämlich eine Abschiedsparty für meine Sekretärin, Frau Nakamura.
Frau Yoshida:	Oh, sie ist doch diejenige, die erst letztes Jahr eingestellt worden ist. Was wird sie nach ihrem Weggang machen?
Herr Yoshida:	Sie hat gesagt, dass sie im Ausland studieren will.
Frau Yoshida:	Oh. Das ist ungünstig für Dich.

4   (1) 書きやすい (2) 使いやすい (3) よみにくい (4) ひきやすい

SATZMUSTER 2

ANWENDUNG DER SATZMUSTER 2

1   (Beispiel)

A: Hallo, hier ist 110. Was ist passiert?

B: Als ich nach Hause gekommen bin, standen alle Fenster und Türen offen.

(1) おきる なかった。

(2) とおる おちてきた。

(3) 歩^{ある}いている 死^しんでいた。

(4) さんぽしている おちていた。

(1) Als ich heute Morgen aufgewacht bin, war das Auto verschwunden.

(2) Als ich an dem Apartmentgebäude vorbeigegangen bin, ist eine Flasche von oben heruntergefallen.

(3) Als ich die Straße entlanggegangen bin, ist dort ein Toter gewesen.

(4) Als ich im Park spazierengegangen bin, habe ich 1 Million Yen gefunden.

FÜR WAGEMUTIGE

1 1-1

Ein Zeitungsreporter interviewt Herrn Tanaka, einen Studenten. Gestern hat Herr Tanaka einen Meteorit（いんせき）entdeckt.

(1) Herr Tanaka fand den Meteorit am 15. Januar.

(2) Herr Tanaka hörte einen lauten Schlag, als er zu Hause war.

(3) Als er den Schlag hörte, dachte er, dass ein Flugzeug abgestürzt sei.

(4) Als er den Stein sah, wusste er sofort, dass es ein Meteorit war.

(5) Die Stelle, wo der Meteorit aufgeschlagen war, war schwarz geworden.

(6) Herr Tanaka trug den Meteorit zur Polizei.

(7) Herr Tanaka trug den Meteorit zu seiner Universität.

(1) T (2) F (3) T (4) F (5) F (6) F (7) T

1-2

Reporter:	Wann haben Sie den Meteorit gefunden?
Tanaka:	Am 15. Januar nachmittags. Ich bin die Straße hinuntergegangen und habe (plötzlich) einen lauten Schlag gehört. Als ich zum Himmel aufgeblickt habe, habe ich ein helles Objekt gesehen.
Reporter:	Wofür haben Sie es gehalten?
Tanaka:	Ich habe gedacht, dass ein Flugzeug abgestürzt sei. Dann bin ich schnell hingelaufen, um es mir anzusehen.
Reporter:	Und dann?
Tanaka:	Dann habe ich gesehen, dass ein Stein, wie ich ihn noch nie vorher gesehen hatte, auf die Straße gefallen war.
Reporter:	Haben Sie sofort gewusst, dass es ein Meteorit war?
Tanaka:	Nein. Aber ich habe gedacht, dass es vielleicht ein Meteorit sein könnte, weil die Stelle, auf die der Stein gefallen war, heiß war.
Reporter:	Was haben Sie dann gemacht?
Tanaka:	Am nächsten Tag habe ich ihn zu meiner Universität mitgenommen.
Reporter:	Was haben Sie mit dem Meteorit gemacht?
Tanaka:	Ich habe ihn der Universität geschenkt.
Reporter:	Vielen Dank, dass Sie heute mit mir gesprochen haben.

2 (1) C   (2) A   (3) B

A <u>Unfall in Computer-Firma</u>
Zwei Angestellte verletzt.

Am _ _. _ _. gegen 16.00 Uhr fiel bei JBP-Computers in Tamachi, Minato-ku, Tokyo, ein Heizgerät im Ausstellungsraum herunter und verletzte zwei Angestellte, die darunter arbeiteten. Die Polizei im Minato-ku nimmt an, dass der Unfall durch einen Konstruktionsfehler des Ausstellungsraums verursacht wurde, und sie befragt z.Z. die Baufirma über die Situation.

B   Restaurant Niwa

Seit kurzem nimmt die Zahl der Freiluftrestaurants in Tôkyô zu. Das beliebteste (unter ihnen) ist das Restaurant Niwa. Man kann (dort) eisgekühlten Sekt trinken, während man einem Klavierspieler zuhört. Die kühle Brise wird Sie verwöhnen. Sorgen Sie frühzeitig für eine Reservierung.

C   Tôfu-Salat für Leute, die abnehmen wollen.

Ein Salat aus gesundem Tôfu. Essen Sie ihn täglich, und Sie nehmen ab, ohne ihrer Gesundheit zu schaden.

Zubereitung:

1   Das Wasser gut aus dem Tôfu ausdrücken.
2   Das Gemüse fein hacken und in eine Schüssel geben.
3   1 in 2 geben und in den Kühlschrank stellen.
4   Das Sojasoßen-Dressing vorbereiten.
5   Vor dem Essen das Sojasoßen-Dressing darübergeben.

3   Das Abenteuer von Herrn Sausewind

Ich bin nun in einem Boot allein auf dem weiten Ozean. Ich war Fischen im Boot meines Freundes, als plötzlich ein Sturm aufgezogen ist und ich das Bewusstsein verloren habe. Als ich (wieder) zu mir gekommen bin, war keiner meiner Freunde da. Ich war als einziger im Boot. Heute ist der dritte Tag. Ich habe kein Trinkwasser mehr.

Von heute Morgen an, füllt sich das Boot allmählich mit Wasser. Ich kann nun eine Insel in der Ferne sehen. Ich glaube nicht, dass ich in diesem Boot bis zu der Insel gelangen kann. Ich muss das Boot verlassen und schwimmen. Etwas Nahrung, eine Uhr, ein Messer und Ausrüstung zum Fischen ist im Boot zurückgeblieben. Ich habe das Messer in die Tasche gesteckt, die Fischereiausrüstung genommen und bin zur Insel geschwommen.

Ich habe es bis zur Insel geschafft. Ich bin herumgegangen und habe Wasser gesucht und einen Platz zum Schlafen. Niemand hat dort gelebt. Keine Schiffe sind in der Nähe vorbei gefahren. Ich bin als einziger hier. Ich bin müde. Ich möchte lange schlafen.

Ich frage mich, wie lange es her ist, dass ich zu dieser Insel gekommen bin. Meine einzige Nahrung ist Fisch. Seit unzähligen Tagen habe ich kein Gemüse mehr gegessen. Wenn es regnet, kann ich nicht einmal Fischen gehen. Mein Körper ist in ziemlich schlechter Verfassung. Heute habe ich den ganzen Tag lang geschlafen.

Ich habe mich etwas besser gefühlt, so dass ich auf der Suche nach etwas Essbarem auf den Berg gestiegen bin. Als ich den Gipfel des Berges erreicht und auf die andere Seite geblickt habe, bin ich so überrascht gewesen, dass ich nicht sprechen konnte. Was ich dort gesehen habe, ist...

I. 1.日本 の しゅうかん を 知らない ので、そうだん しました。
2.田中 けいこさん に 送ろう と 思って います。35.000 円 です。4.横浜 に 住んで います。

II. 1.話そう 2.とどけよう 3.会おう 4.やめよう 5.作ろう 6.歩こう
7.わかれよう 8.払おう 9.しつもん しよう 10.待とう
11.デート しよう 12.持って こよう

III. 1.して、取ろう、取ろう、とどかない 2.買う、買おう 3.行って こよう、出して 4.別れた あわない、あえ 5.始めよう、教えて

IV. A. 2 B. 3 C. 2 D. 1

ZUM AUFWÄRMEN

1 (1) はたらこう (2) 泳ごう (3) さがそう (4) 持とう (5) 死のう
(6) えらぼう (7) たのもう (8) のぼろう (9) ことわろう
(10) やめよう (11) 覚えよう (12) あきらめよう (13) 借りよう
(14) こよう (15) しよう

2 (1) を (2) を、に (3) を (4) に (5) を (6) を

SATZMUSTER 1

ANWENDUNG DER SATZMUSTER 1

1 Was werden Sie im Sommerurlaub machen?
Ich habe vor, auf den Berg Fuji zu steigen.

(1) カナダに つりに 行こうと 思います。
(2) 車で 北海道を まわろうと 思います。
(3) うちで のんびり しようと 思います。
(4) 映画を たくさん 見ようと 思います。
(5) よみたかった 本を よもうと 思います。

2 2-1 Gute Vorsätze für das neue Jahr
(1) Sausewind
Im letzten Jahr habe ich die Jūdo-Wettbewerbe während der Olympischen Spiele gesehen und wirklich begonnen, Jūdo zu mögen. In diesem Jahr will ich mir einen guten Lehrer suchen und Jūdo lernen.

(2) Satō
In diesem Jahr werde ich 32, aber ich bin immer noch Junggeselle/unverheiratet. Ich möchte bald heiraten. Ich habe ein Haus gekauft, und ich habe Ersparnisse, aber ich habe keine Partnerin. In diesem Jahr möchte ich unbedingt eine gute Frau finden.

(3) Frau Yoshida

Im letzten Jahr bin ich in ein neues Haus umgezogen. Es ist eine ruhige und sehr nette Wohnung, aber unbequem, weil die Geschäfte, in denen ich einkaufe, zu weit entfernt sind. In diesem Jahr will ich den Führerschein machen.

(4) Thomas

Letztes Jahr habe ich 10 kg zugenommen. Ich glaube, der Grund dafür ist, dass ich so beschäftigt war, dass ich überhaupt keine körperliche Bewegung hatte. In diesem Jahr will ich einem Fitness-Studio beitreten und jeden Tag schwimmen gehen.

2-2

(1) いい　人を　さがそう　(2) 車の　めんきょを　とろう

(3) (スポーツクラブに　はいって、) 毎日　泳ごう

3　3-1

(1) Frau Yoshida:　Ich habe vor, den Führerschein zu machen. Kennen Sie eine gute Fahrschule?
　　Satō:　　　　Wenn Sie eine Fahrschule suchen, die J-Driving-School ist ziemlich gut. Ich habe dort vor fünf Jahren meinen Führerschein gemacht, und die Lehrer waren sehr nett.
　　Frau Yoshida:　Wirklich? Dann werde ich dorthin gehen.

(2) Sausewind:　Ich möchte gerne Jūdō anfangen. Kennen Sie eine gute Sportschule?
　　Satō:　　　　Der Ort, wo man Jūdō lernt, heißt dōjō. Wenn Sie ein dōjō suchen, das Kokusai Dōjō befindet sich hinter dem Bahnhof. Es ist ein gutes dōjō. Ich lerne nämlich (dort) seit den letzten beiden Jahren Jūdō.
　　Sausewind:　Wirklich? Dann werde ich dorthin gehen.

(3) Kobayashi:　Ich möchte gerne Klavierspielen lernen. Kennen Sie gute Klavierlehrer?
　　Sausewind:　Wenn Sie einen Klavierlehrer suchen, dann kann ich Ihnen Frau Thomas empfehlen.
　　Kobayashi:　Wirklich? Sie spielt gut?
　　Sausewind:　Haben Sie das nicht gewusst? Sie war eine Berufspianistin, als sie jung war.
　　Kobayashi:　Wirklich? Dann werde ich sie sofort anrufen.

3-2

(1) ならうなら　こくさい道場

(2) ならうなら　トーマスさんの　おくさん

SATZMUSTER 2

ANWENDUNG DER SATZMUSTER 2

1. Was werden Sie nach Ihrem Universitätsabschluss machen?
　Ich beabsichtige, für JBP zu arbeiten.

(1) 友だちと　会社を　作る　つもりです。

(2) 大学で　もっと　けんきゅうを　する　つもりです。

(3) すぐ　彼と　けっこんを　する　つもりです。

(4) アルバイトを　しながら　仕事を　さがす　つもりです。

(5) 今年は　なにも　しない　つもりです。

2 2-1

(1) Gestern bin ich zusammen mit meinem Ehemann zum Kabuki/in eine Kabuki Vorstellung gegangen. Aber er hat die ganze Zeit von Anfang bis Ende (der Vorstellung) geschlafen. Das war überhaupt kein Vergnügen. Ich werde ganz bestimmt nicht mehr mit meinem Mann zum Kabuki gehen.

(2) Als ich letzten Monat bei Schneewetter mit meinem Auto gefahren bin, ist das Auto plötzlich ins Schleudern gekommen. Niemand ist verletzt worden, aber es war sehr gefährlich. Ich werde ganz bestimmt nicht mehr bei Schneewetter Auto fahren.

(3) Als ich letzte Woche von Tōkyō nach Kyōto gefahren bin, habe ich viel Bier im Shinkansen getrunken und bin schläfrig geworden. Als ich aufgewacht bin, sind wir schon im Bahnhof Kyōto gewesen. Ich bin aus dem Zug geeilt, wobei ich meine Tasche mit meiner Börse vergessen habe. Ich werde ganz bestimmt nicht mehr Bier im Shinkansen trinken.

(4) Gestern habe ich meine Kindern zu einem Konzert mitgenommen. Aber die Kindern waren sehr laut, und ich konnte die Musik überhaupt nicht genießen. Wir müssen die Leute um uns herum belästigt haben. Ich werde ganz bestimmt nicht mehr meine Kinder zum Konzert mitnehmen.

2-2

(1) もう　ぜったいに　たばこを　すわない　つもりです。
(2) もう　ぜったいに　ビールを　のまない　つもりです。
(3) もう　ぜったいに　けっこんしない　つもりです。
(4) もう　ぜったいに　うたを　うたわない　つもりです。

FÜR WAGEMUTIGE

1 1-1

(1) Izumi Ozawa, 23 Jahre alt, Bankangestellte

Wenn ich heirate, werde ich meinen Beruf aufgeben. Dann habe ich vor, eine gute Mutter zu werden. Meine Mutter hatte während meiner ganzen Kindheit eine Stellung. Wenn ich von der Schule nach Hause gekommen bin, ist niemand zu Hause gewesen. Jeder Tag war langweilig. Wenn ich Kinder habe, möchte ich immer mit ihnen zusammen sein.

(2) Reiko Yamakawa, 28 Jahre alt, Innenarchitektin

Auch wenn ich verheiratet bin, habe ich nicht vor, meinen Beruf aufzugeben. Ich werde keinen Mann heiraten, der denkt, dass Frauen zu Hause bleiben sollten. Wenn ich Kinder habe, werde ich sie in Tagespflege geben und weiterhin arbeiten. Es wird wahrscheinlich schwer sein, meine Arbeit fortzusetzen, während ich Kinder aufziehe, aber ich werde mein Bestes versuchen.

(3) Junko Fujita, 35 Jahre alt, Journalistin

Ich werde niemals heiraten/Ich habe nicht vor, jemals zu heiraten. Wenn eine Frau heiratet, muss sie (allein) die ganze Hausarbeit machen, und wenn Kinder da sind, muss sie ihren Beruf aufgeben. Frauen haben nichts davon. Ich mag meine derzeitige Arbeit, so dass ich sie behalten will. Mit vielen Freunden, glaube ich, dass ich auch dann Spaß haben kann, wenn ich unverheiratet bleibe.

(4) <u>Akiko Kondō 26 Jahre alt, Klavierlehrerin</u>

Ich möchte heiraten, aber ich will keine Kinder haben. Ich stelle mir vor, dass mein Ehemann und ich die Hausarbeit gemeinsam erledigen. Ich will das Leben genießen, während wir beide arbeiten. An den Wochenenden werden wir Tennis und Golf spielen, und zweimal im Jahr werden wir ins Ausland reisen. Ich plane, eine Menge Geld zu sparen, damit mein Mann und ich im Alter komfortabel leben können.

(5) <u>Takuya Satō 32 Jahre alt, Angestellter in einer Computerfirma</u>

Ich suche jetzt nach einer Ehefrau. Ich habe Kinder sehr gern, so dass ich eigene Kinder haben möchte, wenn ich im Park Väter mit ihren Kindern spielen sehe. Meine Ehepartnerin sollte ein Frau sein, die Kinder mag. Ich halte es für besser, dass Frauen weiter (in ihrem Beruf) arbeiten, so dass ich bei der Hausarbeit und der Kinderpflege helfen werde.

(6) <u>Herr Sausewind, 30 Jahre alt, Angestellter in einer Computerfirma</u>

Ich denke jetzt daran zu heiraten. Ich hätte gerne jemandem, mit dem ich das Leben gemeinsam genießen kann. Sie sollte außerdem Sport und Reisen mögen. Ich glaube nicht, dass wir Kinder brauchen. Ich habe immer für mich selbst gesorgt, so dass ich perfekt in der Hausarbeit bin. Ich möchte, daß wir beide (gemeinsam) die Hausarbeit erledigen.

1-2
(1) 山川さんだと 思います。 (2) こんどうさんだと 思います。

2 2-1

Ehefrau:	Was sollen wir heute Abend essen?
Ehemann:	Ich hätte Appetit auf Fleisch.
Ehefrau:	Sollen wir also Steak essen?
Ehemann:	Nichts gegen Steak, aber wie wäre es heute Abend mit Sukiyaki?
Ehefrau:	Sicher, das ist auch nicht schlecht. OK, essen wir also Sukiyaki. Ich gehe gleich zum Einkaufen.

2-2

Ehefrau:	Wir haben uns viel umgesehen, aber dieser schwarze Tisch ist der beste/am besten.
Ehemann:	Ja. Der weiße ist auch OK, aber der schwarze ist wahrscheinlich besser für unser Wohnzimmer.
Ehefrau:	Aber wir haben nicht genug Geld. Der schwarze ist teuer.
Ehemann:	Dann bezahlen wir eben per Kreditkarte. Oh je! Ich habe die Karte zu Hause vergessen.
Ehefrau:	Dann kaufen wir besser heute nichts.

2-3

Ehefrau:	Ah, das war delikat/wunderbar! Französisches Essen schmeckt wirklich besser als das, was wir zu Hause machen.
Ehemann:	Ja, es war gut.
Ehefrau:	Was hast Du jetzt vor? Es ist immer noch früh, willst Du irgendwo hingehen?

Ehemann:	Sollen wir einmal zur Abwechslung ins Kino gehen?
Ehefrau:	Aber die Kinos werden überlaufen sein. Heute ist Samstag.
Ehemann:	Du hast Recht. Wie wäre es, wenn wir ein Videoband ausleihen und uns zu Hause ansehen?
Ehefrau:	Das wäre nett/Prima.

2-4

Ehefrau:	Der Geburtstag deiner Mutter ist morgen. Hast du ihr ein Geschenk gekauft?
Ehemann:	Morgen? Ich habe es vergessen.
Ehefrau:	Du hast noch nichts gekauft? Sollen wir etwas kaufen gehen?
Ehemann:	OK. Aber was sollen wir besorgen?
Ehefrau:	Hmm. Ich frage mich, was gut wäre. Es ist wirklich schwierig.
Ehemann:	Nun, wir können sie zum Essen ausführen? Wie ist es mit dem Sushi-Restaurant, das sie mag?
Ehefrau:	Das wäre nett. OK, ich werde Blumen kaufen.

LEKTION 19

I.　1. 自分 で 本 を 見ながら えらべる 図書館 が 好き です。
2. はい、広くて 静か です。 3. てつづきを すれば、借りられます。
4. いいえ、借りられませんが、コピー をたのめます。

II.　1. でも　2. し、し　3. え　4. から、まで、で　5. しか　6. から、を

III. 1. 待てます 2. かけません 3. 話せます 4. 約束 できません 5. いえません
6. えらべます 7. うたえる 8. あえない 9. 忘れられない 10. きられる 11. 持って こられる 12. 休めない

IV. 1. どの ぐらい 2. いつ 3. どこ 4. どうして / なぜ

V. 1. とめられません 2. 歩けません 3. 休めます 4. そつぎょう できます
5. 出かけられます 6. つかれます 7. 使えます 8. 食べられます 9. 入れません 10. 見られます

ZUM AUFWÄRMEN

1　(1) 話せる　話せない　話せます　話せれば　話せて
　　(2) はこべる　　はこべない　　はこべます　　はこべれば　　はこべて
　　(3) たのめる　　たのめない　　たのめます　　たのめれば　　たのめて
　　(4) 取れる　　　取れない　　　取れます　　　取れれば　　　取れて
　　(5) 作れる　　　作れない　　　作れます　　　作れれば　　　作れて
　　(6) 出られない　出られます　　出られれば　　出られて
　　(7) 借りられる　借りられない　借りられます　借りられれば　借りられて

(8) 信じられる　信じられない　信じられます　信じられれば　信じられて
(9) 覚えられる　覚えられない　覚えられます　覚えられれば　覚えられて
(10) 出かけられる　出かけられない　出かけられます　出かけられれば
出かけられて
(11) こられない　こられます　こられれば　こられて
(12) できない　できます　できれば　できて

2　Eine Kamera, die man unter Wasser verwenden kann.
Ein Schwimmbecken, in dem man mit Fischen schwimmen kann.
Ein Bett, in dem man gut schlafen kann.
Ein Hotel, wo man für 2.000 Yen übernachten kann.
Ein Buch, mit dem man schnell Kanji lernen kann.

SATZMUSTER 1

ANWENDUNG DER SATZMUSTER 1

1　(1) できます　(2) うたえます　(3) 話せます　(4) かけます
(5) 話せません　(6) かけません　(7) できません　(8) のめません

2　(1) 歩けないんです。　(2) よめないんです。　(3) もてないんです。
(4) 食べられないんです。　(5) 買えないんです。　(6) 休めないんです。

3　3-1　Der neue PC von JBP Computers: JBP Note
♠　Großes, leicht ablesbares Display.
♣　Kleines Format/Kompakte Abmessungen, passt in jede Anzugstasche.
♦　Einfache Software, die man leicht benutzen kann.
♦　Akkus, mit denen man den Computer über 10 Stunden betreiben kann.
♠　Mit einem Modem, mit dem man Faxe und E-mail versenden kann.
♣　Mit einem Tuner, mit dem man fernsehen kann.
♥　Mit einem Übersetzungsprogramm, mit dem man Englisch auf dem Internet lesen kann.
♣　Unglaublicher Preis, den sich jeder leisten kann.

3-2
(1) すぐに　使う　ことが　できます。
(2) 使う　ことが　できます。
(3) ファックスや　Eメールを　送る　ことが　できます。
(4) テレビを　見る　ことが　できます。
(5) インターネットの　英語を　よむ　ことが　できます。
(6) だれでも　買う　ことが　できます。

3-3
(1) すぐに　使えるんです。
(2) 使えるんです。
(3) ファックスや　Eメールが　送れるんです。

(4) テレビが 見られるんです。

(5) インターネットの 英語が よめるんです。

(6) だれでも 買えるんです。

Erklärung: Hier sind 使うことができます *und* 使えます *praktisch bedeutungsgleich. Die Form* 使うことができます *wird häufig in formellen Situationen gebraucht. Die Potentialform (* 使えます *) wird oft in verbindenden/konjunktivischen und modifizierenden Nebensätzen gebraucht.*

4   (1)   Frau Kobayashi

Ich habe einen Freund, dem ich alles anvertrauen kann. Er ist ein Freund aus meiner Zeit an der Universität. Er lebt jetzt in Singapur, so dass wir uns nicht oft sehen können. Ich freue mich darauf, wenn er nach Japan zurückkommt.

(2)   Herr Chang

Es gibt jemanden, den ich niemals vergessen kann. Sie war immer fröhlich, und es machte Spaß, mit ihr zusammen sein. Aber ich konnte ihr nicht sagen, dass ich sie liebte. Obwohl sie einen anderen Mann geheiratet hat, kann ich sie nicht vergessen.

(3)   Herr Sonntag

Ich habe neugeborene Zwillingstöchter. Sie schreien die ganze Nacht lang, so dass ich keine Nacht mehr schlafen kann. Auch sonntags kann ich mich nicht ausruhen. Ich bin wirklich müde, aber mir geht es gleich besser, wenn ich ihre niedlichen Gesichter sehe.

(4)   Herr Thomas

Wir haben einen wirklich intelligenten Hund. Wir nennen ihn Beethoven/Er heißt... Er kann einkaufen gehen und auf die Kinder aufpassen. Er kann den Abfall nach draußen bringen und sehr gut Schuhe polieren. Wir können ihn auch unbesorgt alleine zu Hause lassen. Er ist wirklich eine große Hilfe für uns.

SATZMUSTER 2

ANWENDUNG DER SATZMUSTER 2

1   1-1

    A: Kennen Sie gute und preiswerte Sushi-Restaurants?

    B: Wenn Sie Sushi-Restaurants suchen, dann ist Sushi Masa nicht schlecht. Wenn Sie dorthin gehen, können Sie alles für 100 Yen pro Stück essen.

    A: Wirklich? Dann gehe ich gleich dorthin.

    A: Ich bin morgens immer furchtbar beschäftigt./Ich habe morgens immer furchtbar viel zu tun. Kennen Sie eine Mahlzeit, die sich schnell und einfach zubereiten läßt?

    B: In diesem Fall ist Tōfu-Salat nicht schlecht. Jedermann kann Tōfu-Salat in fünf Minuten zubereiten. Er ist außerdem gut für Ihre Gesundheit.

    A: Wirklich? Dann werde ich gleich morgen einen machen.

    A: Ich will das Rauchen aufgeben, aber das fällt mir sehr schwer.

    B: Wenn Sie es aufgeben wollen, dann empfiehlt sich Antirauchen-Kaugummi. Jedermann kann durch Kauen dieses Kaugummis schnell das Rauchen aufgeben.

A: Wirklich? Dann kaufe ich mir gleich welchen.

1-2

(1) だれでも　5分で　作れます。

(2) だれでも　すぐに　たばこが　やめられます。

SATZMUSTER 3

ANWENDUNG DER SATZMUSTER 3

1   Heute wird Herr Yoshida eine Präsentation für den JBP Note machen. Er muss eine Vorführung vor 100 Kunden durchführen. Er ist auf dem Weg zu dem Hotel, wo die Präsentattion stattfinden wird, in einem Auto mit Herrn Sausewind am Steuer.

Yoshida:	Es ist nur noch eine Stunde, bis die Präsentation beginnt. Werden wir rechtzeitig ankommen?
Sausewind:	Wenn ich eine Stunde Zeit habe, werden wir es bestimmt schaffen.
Yoshida:	Werden wir es wirklich schaffen? Ich hoffe, wir kommen rechtzeitig an.
Sausewind:	Oh nein, wir haben nur noch 5 Liter Benzin.
Yoshida:	Wenn wir 5 Liter haben, dann können wir es bis dorthin schaffen.
Sausewind:	Können wir es wirklich schaffen? Ich hoffe, wir kommen bis dorthin.
Yoshida:	Prima/Gut gemacht, wir haben es geschafft.
Sausewind:	Ja, und es bleiben noch 15 Minuten.
Yoshida:	Das ist problematisch. Nur 15 Minuten.
Sausewind:	15 Minuten sind genug. Also, legen wir die Kataloge bereit.
Yoshida:	Oh nein, wir haben nur 99 Kataloge. Es fehlt einer.
Sausewind:	Wenn wir 99 Kataloge haben, ist es OK. Ein paar Leute werden nicht kommen.
Yoshida:	Wirklich? Ich hoffe es jedenfalls...

FÜR WAGEMUTIGE

1   1-1

(1) Professor Watanabe von der Fuji Universität will einige PCs kaufen [, die Studenten benutzen können]. Er hat Herrn Sausewind angerufen, um sich (bei ihm) über PCs zu erkundigen.

(2) Herr Sausewind sagte, [der JBP Note sei ein Laptop-Computer und komfortabel, und die Software sei einfach zu benutzen], so dass sich Professor Watanabe für den JBP Note entschieden hat.

(3) Professor Watanabe sagte, dass er [50] Computer bis [zum Ende des Monats] brauche.

(4) Herr Sausewind hat einen Telefonanruf von Herrn Ochiai vom Werk Yokohama erhalten, und er hat versprochen, morgen [zusammen mit ihm zusammen zu einem Baseballspiel zu gehen].

(5) Herr Sausewind sagte Herrn Ochiai, dass ein Kunde [sagt, er wolle 50 JBP Note-PCs bis zum Monatsende].

(6) Herr Ochiai sagte, [es sei OK], so dass sich Herr Sausewind erleichtert fühlte.

(1) 学生が　使える

(2) ノートがたで　便利ですし、ソフトも　使いやすい

(3) 月末
げつまつ
　　50

(4) (いっしょに) やきゅうに 行く
い

(5) JBP ノートを 月末までに 50台 ほしいと 言っている
げつまつ　　　　だい　　　　　　　　　　い

(6) だいじょうぶだ

1-2

Der neue PC von JBP Computers ist sehr beliebt. Er wird mit sehr guter Software geliefert, so dass täglich Bestellungen von vielen Firmen und Schulen eingehen.

Watanabe:	Hallo, ist dort Herr Sausewind? Hier spricht Watanabe von der Fuji Universität.
Sausewind:	(Ich bin Ihnen sehr verbunden, Professor Watanabe.) Ich freue mich, wieder einmal mit Ihnen zu sprechen, Herr Professor.
Watanabe:	Ich denke daran, einige PCs zu kaufen, die die Studenten benutzen können. Können Sie sie mir besorgen?
Sausewind:	Vielen Dank. Wie wäre es in diesem Fall mit dem JBP Note? Das ist ein Laptop-Computer, er ist komfortabel, und die Software ist einfach zu benutzen.
Watanabe:	Dann nehme ich ihn. Ich möchte fünfzig Computer bis zum Monatsende. Ist das OK?
Sausewind:	Ich werde in unserem Werk Yokohama nachfragen und Sie anschließend sofort kontaktieren.
Watanabe:	Vielen Dank.
Ochiai:	Hier spricht Ochiai vom Werk Yokohama. Herrn Sausewind, bitte.
Sausewind:	Herr Ochiai, ich wollte Sie gerade anrufen.
Ochiai:	Was kann ich für Sie tun?
Sausewind:	Sie zuerst.
Ochiai:	Es ist nichts Besonderes. Ich habe nur Eintrittskarten für das Baseball-Flutlichtspiel morgen Nacht bekommen; deshalb habe ich angerufen, um zu sehen, ob Sie vielleicht mitkommen wollen. Können Sie kommen?
Sausewind:	Ich kann, ich kann. Selbstverständlich kann ich mitkommen. Übrigens, ein Kunde sagt, er will 50 JBP Note-PCs bis zum Monatsende haben. Können wir (sie) bis dann liefern?
Ochiai:	Fünfzig Einheiten bis zum Monatsende? Kein Problem.
Sausewind:	Gut. Bitte, erledigen Sie das für mich.
Ochiai:	(Also,) Bis morgen.

LEKTION 20

I. 1.さくら です。 2.花見 を します。 3.3月 の 末 ごろ さきます。
はなみ　　　　　　　　　　　　　　すえ
4.うめ の ほうが 先に さきます。 5.5月 の 始め ごろ さきま
さき　　　　　　　　　　　　　はじ
す。 6.日本列島 を 南 から 北 へ さくら の 花 が さいてい
にほんれっとう　　みなみ　　　きた　　　　　　　　　　はな
く ようす を 線 で あらわした もの です。 7.いいえ、
せん
紅葉前線 は 北 から 南 へ 進みます。
こうようぜんせん　　きた　　　みなみ　　　すす

1 (1) なった　でる (2) のぼる　みえる　(3) さがせ　見つかる

2 (1) ところで　(2) それから　(3) ですから　(4) それでは　(5) それに

3 3-1
(1) かならず　(2) ずっと　(3) ほとんど　(4) さっそく
3-2
(1) たしかに　(2) もちろん　(3) やっぱり　(4) 大変

4 4-1

(1) Wieviele Jahre hat Herr Sausewind in Japan gelebt?
(2) Wie sollte er nach Ansicht seiner japanischen Freunde Kanji lernen?
(3) Wieviele Kanji konnte Herr Sausewind lesen, nachdem er das Lehrbuch durchgearbeitet hatte?
(4) Wer sagte, daß Herr Sausewind 2.000 Kanji lernen müsse, wenn er Zeitungen lesen wolle?
(5) Wer sagte, dass Herr Sausewind Zeitungen lesen könne, wenn er 500 Kanji gelernt habe?
(6) Wie übte Herr Sausewind, nachdem er 500 Kanji gelernt hatte?
(7) Wieviele Kanji kann Herr Sausewind nun lesen?
(8) Braucht Herr Sausewind nun lange Zeit, um die Zeitung zu lesen?
(9) Welche Art von Artikel kann Herr Sausewind ohne ein Wörterbuch lesen?

(1) 4年前から　住んでいます。
(2) 何回も　書けば　(漢字を)　覚えられると　いいました。
(3) 148　(漢字を)　読む　ことが　できました。
(4) 大学で　日本語を　べんきょうしている　友だちが　いいました。
(5) 日本語の　先生が　いいました。
(6) みじかい　しんぶんの　記事を　読む　れんしゅうを　しました。／
わからない　漢字を　じしょで　しらべる　練習を　しました。
(7) 1000 ぐらい　読む　ことが　できます。
(8) いいえ、あまり　時間が　かかりません。
(9) 専門の　コンピューターかんけいの　記事なら　じしょが　な
くても　読む　ことが　できます。

4-2
Ich bin Angestellter einer amerikanischen Computerfirma. Ich habe die letzten vier Jahre in Japan gelebt. Heute möchte ich über das Kanji-Lernen sprechen.

Ich habe begonnen, Japanisch zu lernen, nachdem ich nach Japan gekommen bin. Es ist wirklich schwierig gewesen, während der Arbeit zu lernen. Das Lernen der Kanji war besonders schwierig/mühsam. Meine japanischen Freunde haben gesagt, dass ich Kanji lernen könnte, wenn ich sie immer wieder schriebe; so habe ich täglich die Kanji geschrieben, die ich gelernt hatte. Als ich das Lehrbuch beendet hatte, konnte ich 148 Kanji lesen. Ich konnte sie selbstverständlich auch schreiben. Es hat über ein Jahr gedauert, aber ich bin sehr glücklich gewesen. Als mir jedoch ein Freund, der Japanisch auf einer Universität studiert, gesagt hatte, ich müsse 2000 Kanji lernen, um eine Zeitung lesen zu können, habe ich mich entmutigt gefühlt. Ich habe gedacht, das würde weitere zehn Jahre oder länger dauern. Ich habe mir überlegt, die Idee, Zeitungen zu lesen, aufzugeben.

Als ich meine Japanischlehrerin um Rat gefragt habe, hat sie mir gesagt, dass ich nicht aufgeben solle. Sie hat mir außerdem gesagt, dass Zeitungen dieselben Kanji vielfach wiederholt benutzen, so dass ich bloß ungefähr 500 Schriftzeichen lernen müsse. Sie hat mir eine Liste der Kanji gegeben, die häufig in Zeitungen erscheinen. Sie hat auch gesagt, dass es wichtig ist, den Gebrauch von Wörterbüchern zu üben.

Ist es wirklich möglich, die Zeitung zu lesen, wenn man [nur] 500 Kanji kennt? Ich habe das damals nicht geglaubt, aber in Zusammenarbeit mit meiner Lehrerin habe ich allmählich 500 Kanji gelernt. Beim Erlernen eines neuen Kanji habe ich seine Schreibung geübt, aber abgesehen davon nur seine Lesung. In sechs Monaten konnte ich 500 Kanji lesen. Es gab einige Kanji, die ich nicht schreiben konnte, aber ich konnte sie alle lesen und ihre Bedeutung sehr gut verstehen.

Als nächstes habe ich kurze Zeitungsartikel zusammen mit meiner Lehrerin gelesen. Ich habe das Nachschlagen von unbekannten Kanji im Wörterbuch geübt. Zunächst hat es lange gedauert, aber allmählich bin ich schneller geworden. Ich bin auch allmählich fähig geworden, die Artikel schneller zu lesen. Ungefähr ein Jahr lang habe ich jeden Tag kurze Artikel gelesen.

Ich glaube, ich kann immer noch bloß ca. 1000 Kanji lesen. Aber wenn ich ein Wörterbuch benutze, kann ich selbständig die Zeitung lesen. Es dauert nicht sehr lange. Und wenn der Artikel von Computern handelt, die mein Fachgebiet sind, kann ich ihn ohne Wörterbuch lesen.

Wenn Sie bald die Fähigkeit zum Zeitunglesen haben wollen, empfehle ich (Ihnen) diese Methode.

TEXTE IN RŌMAJI UMSCHRIFT

Lektion 11 Ein Vorstellungsgespräch

Hayashi: Nakamura-san wa ototoshi daigaku o sotsugyō shita n desu ka.

Nakamura: Hai. Sotsugyō shite kara shōsha ni tsutomete imashita.

Hayashi: Naze yameta n desu ka.

Nakamura: Watashi no senmon no shigoto ga dekimasen deshita kara, omoshirokuna-katta n desu.

Hayashi: Dōshite kono kaisha o eranda n desu ka.

Nakamura: Kochira dewa konpyūtā o tsukau shigoto ga ōi to kiita kara desu. Watashi wa daigaku de konpyūtā saiensu o benkyō shite imashita. Kono kaisha dewa watashi no sukina shigoto ga dekiru to omotta n desu.

Hayashi: Kaisha ni haitte kara 1-kagetsu kenshū shinakereba naranai koto o shit-te imasu ka.

Nakamura: Ee, shitte imasu.

Hayashi: Soreni gaikoku ni shutchō suru koto mo ōi desu yo.

Nakamura: Hai, daijōbu desu.

Hayashi: Sō desu ka. Dewa, kekka wa ato de renraku shimasu.

EINFACHE SATZSTRUKTUREN ZUM EINPRÄGEN

1. Ashita kaigi ga arimasu kara, ima shiryō o kopī shite iru n desu.
2. Buraun-san ga Kyūshū e ryokō ni itta koto o shitte imasu ka.

ÜBUNGEN TEIL A

I. Üben Sie die folgenden Satzmuster.
   A. ikimasu → iku n desu/ikanai n desu/itta n desu/ikanakatta n desu
      1. oyogimasu 2. yomimasu 3. asobimasu 4. keshimasu 5. machimasu
      6. aimasu 7. iimasu 8. dekimasu 9. arimasu 10. imasu 11. sunde imasu
      12. agemasu 13. mimasu 14. kimasu 15. sōdan shimasu
   B. yasui desu → yasui n desu/yasukunai n desu/yasukatta n desu/yasukunakatta n desu
      1. oishii desu 2. abunai desu 3. muzukashii desu 4. takai desu
      5. tsumetai desu 6. atama ga ii desu 7. tsugō ga warui desu
      8. mizu ga hoshii desu 9. yasumitai desu
   C. suki desu → sukina n desu/suki dewa nai n desu/suki datta n desu/suki dewa nakatta n desu
      1. jōzu desu 2. hima desu 3. benri desu 4. anzen desu 5. kaigi desu
      6. shigoto desu 7. byōki desu 8. kenshū desu

II. Bilden Sie Dialoge, indem Sie die unterstrichenen Satzteile ersetzen.
   A. F: Ashita gorufu ni ikimasen ka.
      A: Zannen desu ga, chotto ashita wa <u>isogashii</u> n desu.
         1. kaigi ga arimasu 2. byōin ni ikanakereba narimasen 3. tomodachi to au yakusoku o shimashita 4. kuni kara haha ga kite imasu 5. ashita kara shutchō desu 6. kanai ga byōki desu 7. gorufu wa amari suki dewa arimasen 8. chotto karada no guai ga yoku nai desu
   B. F: Kinō pātī ni kimasen deshita ne.

A: Ee isogashikatta n desu.
1. chotto yōji ga arimashita   2. shōtaijō o moraimasen deshita   3. kyū ni tsugō ga waruku narimashita   4. Pātī ga aru koto o shirimasen deshita
5. Kodomo ga byōki deshita

C. F: Ashita sutoraiki ga aru koto o shitte imasu ka.
A: Sō desu ka. Shirimasen deshita.
1. Nakamura-san ga kon'yaku shimashita   2. ashita konakute mo ii desu
3. Jōnzu-san ga kochira ni kite imasu   4. Suzuki-san no okā-sama ga naku-narimashita

D. A: Itsu kara jogingu o hajimemashita ka.
B: Kekkon shite kara hajimemashita.
A: Dōshite yameta n desu ka.
B: Kega o shita kara desu.
1. piano, shōgakkō ni hairimasu, kyōmi ga nakunarimashita   2. eikaiwa, daigaku o sotsugyō shimasu, isogashiku narimashita   3. yamanobori, kai-sha ni hairimasu, kodomo ga umaremashita

KURZE DIALOGE

1. Mēnā: Kono chikaku no chizu ga hoshii n desu ga, arimasuka.
   Hoteru no hito: Hai, dōzo.
   Mēnā: Dōmo.

2. Kyaku: Tokei o kaitai n desu ga, nan-kai desu ka.
   Depāto no ten'in:Tokei uriba wa 6-kai de gozaimasu.

3. Mēnā: Ōkii baggu desu ne.
   Buraun: Ee, tenisu no dōgu ga haitte iru n desu. Tenisu o hajimetan desu yo.
   Mēnā: Sōdesu ka. Supōtsu wa karada ni ii desu ne.

4. Mēnā: Ashita uchi de bābekyū pātī o yaru n desu ga, kimasen ka.
   Kimura: Zannen desu ga, ashita wa chotto yakusoku ga aru n desu.
   Mēnā: Sō desu ka. Ja tsugi no kikai niwa zehi.

ÜBUNGEN TEIL B

I. Lesen Sie den Lektionstext und beantworten Sie die folgenden Fragen.
1. Nakamura-san wa itsu daigaku o sotsugyō shimashita ka.
2. Nakamura-san wa naze mae ni tsutomete ita shōsha o yamemashita ka.
3. Nakamura-san no semmon wa nan desu ka.
4. Nakamura-san wa ABC dewa sukina shigoto ga dekiru to omotte imasu ka.
5. Ikkagetsu kenshū shinakereba naranai koto o Nakamura-san wa shitte imashita ka.

II. Ergänzen Sie, falls nötig, die fehlenden Partikeln.
1. Nakamura-san wa shōsha ( ) tsutomete imashita.
2. Kare wa 1965-nen ( ) daigaku ( ) sotsugyō shimashita.
3. Kare ga bengoshi ( ) natta koto ( ) shitte imasu ka.
4. Kekka wa ato ( ) renraku shimasu.
5. Dōshite kono kaisha ( ) eranda n desu ka./Kochira dewa Nihon-go o tsukau shigoto ( ) ōi ( ) kiita ( ) desu.

III. Ergänzen Sie die folgenden Fragen.
1. ( ) pātī ni konakatta n desu ka./Atama ga itakatta n desu.

2. (   ) shita n desu ka./ Te ni kega o shita n desu.
3. Kono konpyūtā wa (   ) tsukau n desu ka./Chotto fukuzatsu desu kara,
   Watanabe-san ni kiite kudasai.
4. (   ) o mite iru n desu ka./Kyōto de totta shashin o mite iru n desu.

IV. Ergänzen Sie die folgenden Sätze durch die passenden Verbformen.
1. Suzuki-san wa imasen ka. Mō uchi ni (   ) n desu ka./Ee, 30-pun gurai mae ni
   kaerimashita yo. (kaerimashita)
2. Ogawa-san ni (   ) n desu ka./Ee, Ogawa-san wa kinō (   ) n desu. (shirasemasen
   deshita, yasumi deshita)
3. Doko ni (   ) n desu ka. Denwa ga arimashita yo./Dōmo sumimasen. Chotto kōhī
   o nomi ni itte imashita. (itte imashita)
4. Nani mo (   ) n desu ka./Ee, (   ) n desu. (tabemasen, tabetakunai desu)
5. Takushī de (   ) n desu ka./Ee, jikan ga amari (   ) n desu. (dekakemasu, arimasen)
6. Suzuki-san wa yasumi desu ka./Ee (   ) n desu. (byōki desu)
7. Kinō anata ga (   ) koto o kare nimo (   ) kudasai. (iimashita, hanashimasu)
8. Kanji o (   ) koto wa muzukashikunai desu. (oboemasu)

V. Welcher Satz bzw. welche Frage passt zur jeweils vorgegebenen Situation?

A. Sie haben gehört, dass ein Freund seinen Job gekündigt hat und fragen ihn danach.
   1. Itsu kaisha o yameru n desu ka.   2. Kaisha o yamete wa ikemasen ka.
   3. Hontō ni kaisha o yameta n desu ka.

B. Sie beobachten einen Freund, der gerade etwas völlig Verrücktes macht.
   1. Nani o shite iru n desu ka.   2. Nani o shinakereba narimasen ka.
   3. Kare wa nan to itte imasu ka.

C. Sie erklären ihrem Freund, dass Sie nicht zu seiner Feier kommen konnten, weil
   Sie Migräne hatten.
   1. Totemo atama ga itai n desu.   2. Kyū ni atama ga itaku natta n desu.
   3. Atama ga itakatta to omoimasu.

Lektion 12 Eine Hotelreservierung

Yoyaku-gakari: Miyako Ryokan de gozaimasu.
Mēnā: Moshi moshi, raigetsu no yokka to itsuka ni yoyaku o onegaishitai n
                desu ga, heya wa aite imasu ka.
Yoyaku-gakari: Hai, gozaimasu. Nan-mei-sama desu ka.
Mēnā: Futari desu. Ikura desu ka.
Yoyaku-gakari: 1-paku 2-shoku-tsuki de, o-hitori 18,000 en de gozaimasu. Zeikin to
                sābisu-ryō wa betsu de gozaimasu.
Mēnā: Hai, ja, sore de onegaishimasu.
Yoyaku-gakari: O-namae to o-denwa-bangō o dōzo.
Mēnā: Mēnā to iimasu. Denwa-bangō wa Tōkyō 03-3405-3636 desu. Sochi-
                ra wa Kyōto no eki kara chikai desu ka.
Yoyaku-gakari: Eki kara kuruma de 10-pun gurai desu. Eki made o-mukae ni ikimasu
                ga . . .
Mēnā: Ja, eki ni tsuita toki, denwa o shimasu kara, yoroshiku onegaishimasu.
Yoyaku-gakari: Hai, kashikomarimashita. Go-tōchaku wa nan-ji goro desu ka.

Mēnā:	4-ji goro desu.
Yoyaku-gakari:	Hai, wakarimashita. 8-ji yori osoku naru baai wa, kanarazu go-ren-raku kudasai.
Mēnā:	Hai. Sorede, ryōkin wa itsu haraimashō ka.
Yoyaku-gakari:	Osoreirimasu ga, uchikin to shite 18,000-en o-okuri kudasai.
Mēnā:	Wakarimashita.

EINFACHE SATZSTRUKTUREN ZUM EINPRÄGEN

1. Mēnā-san wa hon o yomu toki, megane o kakemasu.
2. Eki ni tsuita toki, denwa o shimasu.
3. Osoku naru baai wa renraku shimasu.
4. Watashi wa Mēnā to iimasu.

ÜBUNGEN TEIL A

I. Bilden Sie Dialoge, indem Sie die unterstrichenen Satzteile ersetzen.
   A. *F*: Yoku <u>sanpo shimasu</u> ka.
      A: Ee,<u> asa suzushii</u> toki, <u>sanpo shimasu</u>.
         1. kono kusuri o nomu, atama ga itai
         2. jogingu o suru, tenki ga yokute samuku nai
         3. kūrā o tsukau, totemo atsui
         4. eiga o miru, himana
   B. *F*: <u>Kodomo</u> no toki <u>doko ni sunde imashita</u> ka.
      A: <u>Ôsaka ni sunde imashita</u>.
         1. kaigi, dono heya o tsukaimasuka, kono heya o
         2. gakusei, doko o ryokō shimashitaka, Yōroppa o
         3. shiken, nani o motte ikimasuka, enpitsu to keshigomu o
   C. *F*: <u>Shokuji o hajimeru</u> toki, nan to iimasu ka.
      A: "<u>Itadakimasu</u>." to iimasu.
         1. shokuji ga owarimashita, gochisōsama deshita
         2. uchi o demasu, itte mairimasu 3. uchi ni kaerimashita, tadaima
         4. hajimete hito ni aimashita, hajimemashite
         5. hito to wakaremasu, sayōnara
         6. saki ni kaerimasu, o-saki ni shitsurei shimasu
         7. hito ni nanika o tanomimasu, onegaishimasu
         8. purezento o moraimashita, arigatō gozaimasu

II. Üben Sie das folgende Satzmuster durch Ersetzen der unterstrichenen Satzteile wie im Beispiel.
   A. <u>Shinbun o yomu</u> toki, <u>megane o kakemasu</u>.
      1. kuni ni kaeru, omiyage o kaimasu
      2. kaisha ni iku, chikatetsu o tsukaimasu
      3. michi ga wakaranai, keikan ni kikimasu
      4. daigaku o sotsugyō suru, ronbun o kakimasu
   B. <u>Eki ni tsuita</u> toki, <u>denwa shimasu</u>.
      1. tsukareta, Mōtsuaruto o kikimasu
      2. sochira ni itta, kuwashiku setsumei shimasu
      3. moku-yōbi ni atta, issho ni shokuji o shimashō
      4. nemuku natta, kōhī o nomimasu
   C. <u>Doitsu ni sunde ita</u> toki, <u>kekkon shimashita</u>.
      1. kinō shokuji o shite ita, jishin ga arimashita

2. sensō ga owatta, Tōkyō ni imasen deshita

3. shachō ga shinda, o-sōshiki ni ōzei hito ga kimashita

III. Bilden Sie Dialoge, indem Sie die unterstrichenen Satzteile ersetzen.

A. *F*: Shūmatsu no ryokō wa dō shimashō ka.

A: <u>Ame</u> no baai wa yamemashō.

    1. densha ga suto desu   2. Tanaka-san no tsugō ga warui desu

    3. tenki ga yoku nai desu

B. *F*: <u>Osoku naru</u> baai wa renraku shite kudasai.

A: Hai, sō shimasu.

    1. okuremasu 2. kimasen 3. o-kane ga tarimasen

    4. yotei ga kawarimashita 5. byōki ni narimashita

C. *F*: <u>Rose</u> wa Nihon-go de nan to iu n desu ka.

A: <u>Bara</u> to iimasu.

    1. Kugelschreiber, bōru pen 2. Hose, zubon 3. Vertrag, keiyaku

KURZE DIALOGE

1. A: Himana toki wa nani o shimasu ka.
   B: Himana toki desu ka. Sō desu nē, ongaku o kiitari shite imasu.

2. Watanabe: Nihon no seikatsu ni naremashita ka.
   Sonntag: Ee, sukoshi-zutsu.
   Watanabe: Komatta toki wa itsu demo itte kudasai.

3. Kimura: Ashita no supōtsu taikai no koto na n desu ga, ame ga futta toki wa dō
                shimasu ka.
   Suzuki: Asa 6-ji made ni yamanai baai wa chūshi desu.
   Kimura: Yoku wakaranai toki wa dō shimasu ka.
   Suzuki: Sono baai wa koko ni denwa o shite tashikamete kudasai.

ÜBUNGEN TEIL B

I.   Lesen Sie den Lektionstext und beantworten Sie die folgenden Fragen.

1. Mēnā-san wa doko ni denwa o shimashita ka.
2. Ryokan no hito wa heya ga aite iru to iimashita ka.
3. Miyako Ryokan wa eki kara kuruma de nan-pun gurai kakarimasu ka.
4. Mēnā-san wa 1-paku 2-shoku no ryōkin to nani o harawanakereba narimasen ka.
5. Miyako Ryokan no baai wa tomaru mae ni uchikin o harawanakereba narimasen ka.

II.   Ergänzen Sie, falls nötig, die fehlenden Partikeln.

1. Ryōkin wa o-hitori 10,000-en ( ) gozaimasu.
2. Watashi wa Mēnā ( ) iimasu.
3. Eki ( ) tsuita toki, denwa o shimasu. Eki ( ) mukae ( ) kite kuremasen ka.
4. 6-ji ( ) osoku naru baai wa, kanarazu renraku shite kudasai.
5. 1-paku 2-shoku tsuki ( ) hitori 15,000 en kakarimasu ga, ii desu ka.
6. Kare wa A Daigaku no kyōju ( ) shite, Nihon ni kite imasu.
7. Kaigi ( ) toki, o-cha o motte kite kudasai.

III. Ergänzen Sie die Fragen.

1. Rinda-san wa ( ) kita n desu ka./7-ji no nyūsu o kiite iru toki kimashita.
2. Kore wa Nihon-go de ( ) to iu n desu ka./Keshigomu to iimasu.
3. ( ) ryokan ni osoku naru to renraku shinakatta n desu ka./Denwa o suru jikan ga nakatta n desu.

IV.Vervollständigen Sie die Sätze durch die passenden Verbformen.
1. Kyonen Kyōto ni ( ) toki, kirei na kami no kasa o kaimashita. (ikimashita)
2. Uketsuke no hito ga ( ) baai wa denwa o shite kudasai. (imasen)
3. Asa ( ) toki, ame ga ( ) imashita. (okimashita, furimasu)
4. Ashita made ni ( ) baai wa, kyō-jū ni renraku o ( ) kudasai. (dekimasen, shimasu)
5. Musume ga ( ) toki, Mēnā-san kara supūn o moraimashita. (umareta)
6. Raishū kochira ni ( ) baai wa kanarazu ( ) kudasai. (kimasu, shirasemasu)
7. Kinō hiru-gohan o ( ) toki, kyū ni onaka ga ( ) narimashita. (tabete imashita, itai)
8. Jikan ga ( ) toki, sandoitchi o tabemasu. (arimasen)
9. ( ) toki, Igirisu o ( ) koto ga arimasu. (wakai, ryokō shimasu)
10. ( ) toki, hon o ( ) dari, kodomo to ( ) dari shite imasu. (hima, yomimasu, asobimasu)

V. Welche Aussage ist am höflichsten?
A.Sie sind am Arbeitsplatz und gehen ans Telefon.
1. ABC de gozaimasu. 2. ABC to iimasu. 3. ABC desu.
B. Sie sagen einem Kunden, dass Sie ihn gerne führen werden, wann es ihm passt.
1. Go-tsugō no ii toki, go-annai kudasai. 2. Jikan ga aru toki, annai shimasu yo.
3. Go-tsugō no ii toki, go-annai shimasu.
C.Sie rufen bei Familie Katō an und fragen, ob Herr Katō zu Hause ist.
1. Katō-san ni go-renraku kudasai. 2. Katō-san wa irasshaimasu ka.
3. Katō-san wa imasu ka.

Lektion 13 Ein Schokoladenpräsent

Chan: Zontāku-san, kore, Watanabe-san kara Zontāku-san e no purezento desu yo. Kinō Zontāku-san ga inakatta node, boku ga azukarimashita. Kādo mo arimasu yo.
Zontāku: Dōmo arigatō. Watanabe-san kara no okurimono, ureshii desu ne.
Chan: Nakami wa chokorēto deshō.
Zontāku: Aketa n desu ka.
Chan: Kādo wa rabu retā kamo shiremasen yo.
Zontāku: E, yonda n desu ka.
Chan: Hahaha . . . . Jitsu wa boku mo onaji mono o moratta n desu. Suzuki-kun mo moratta darō to omoimasu yo.
Zontāku: E. Minna moratta n desu ka.
Chan: Giri-choko desu yo, giri-choko.
Zontāku: Giri-choko tte nan desu ka.
Chan: Giri no chokorēto desu. Nihon no Barentain dē no shūkan desu. Shokuba demo yoku josei kara dansei no jōshi ya dōryō ni chokorēto o purezento shimasu.
Zontāku: "Itsumo o-sewa ni natte imasu. Korekara mo yoroshiku. Mayumi" Yappari giri-choko deshita.
Chan: Zannen deshita.
Zontāku: Demo, giri-choko o takusan moratta hito wa dō suru n deshō ka.
Chan: Tabun okusan ya gāru furendo ga taberu n deshō.
Zontāku: Ja, yorokobu hito wa josei to kashi-ya desu ne.

EINFACHE SATZSTRUKTUREN ZUM EINPRÄGEN———————

1. Yuki ga takusan futte iru kara, hikōki wa tobanai kamo shiremasen.

2. Suzuki-san wa Rinda-san o shiranai darō to omoimasu.

3. Hikōki ga tobanai node, ryokō ni iku koto ga dekimasen.

ÜBUNGEN TEIL A

I. Bilden Sie Dialoge, indem Sie die unterstrichenen Satzteile ersetzen.

  A. A: <u>Kuruma ga takusan tomatte imasu</u> ne.

    B: Sō desu ne. <u>Jiko</u> kamo shiremasen ne.

      1. tonari no uchi wa nigiyaka desu, pātī desu

      2. Tanaka-san ga kite imasen, yasumi desu

      3. samuku narimashita, ashita wa yuki desu

      4. michi ga konde imasu, kuruma yori chikatetsu no hō ga hayai desu.

  B. A: Tanaka-san wa <u>jikan ga aru</u> kamo shiremasen yo.

    B: Sō desu ka.

    A: <u>Kyō wa hima</u> da to itte imashita kara.

      1. rekishi ni kyōmi ga arimasu, Nara ya Kyōto ga suki desu

      2. ryokō ni ikimashita, konshū wa yasumi desu

      3. kyō kaisha ni kimasen, okusan ga byōki desu

      4. minna to karaoke ni ikimasen deshita, karaoke wa kirai desu

  C. A: <u>Kaigi</u> wa <u>itsu</u> desu ka.

    B: <u>Ashita no gozen-chū</u> darō to omoimasu yo.

      1. Tanaka-san, doko, 3-kai no kaigi-shitsu.

      2. tantōsha, dare, Suzuki-san ka Satō-san

      3. shiken, nan-ka kara nan-ka made, 1-ka kara 10-ka made

      4. B-sha no atarashii pasokon, ikura gurai, 18-man-en gurai

  D. A: <u>Hokkaidō wa ima samui</u> deshō ka.

    B: Ee, <u>samui</u> darō to omoimasu yo.

      1. kono kikai no hō ga benri desu

      2. Yamada-san wa kaisha o yamemasu

      3. chikatetsu wa mō suite imasu

      4. Tanaka-san wa mō kaerimashita

  E. F: <u>Tanaka-san wa kuru</u> deshō ka.

    A*a*: Ee, tabun <u>kuru</u> darō to omoimasu.

    A*n*: Tabun, <u>konai</u> darō to omoimasu.

      1. atarashii hisho wa Supein-go ga wakarimasu

      2. Mēnā-san wa watashi o shitte imasu

      3. eki no chikaku no sūpā de o-sake o utte imasu

      4. Mēnā-san wa Watababe-san kara giri-choko o moraimashita

II. Üben Sie das folgende Satzmuster durch Ersetzen der unterstrichenen Satzteile wie im Beispiel.

Beispiel: <u>Saifu o wasureta</u> node <u>tomodachi ni o-kane o karimashita</u>.

1. isogashii desu, dēto o kotowarimashita 2. yasetai desu, supōtsu kurabu ni hairimashita 3. benri desu, chikatetsu de kaisha ni ikimasu 4. kinō wa yasumi deshita, minna de haikingu ni ikimashita 5. raigetsu ryokō shimasu, hoteru no yoyaku o shimashita 6. basu mo takushī mo kimasen deshita, eki made arukimashita 7. muri o shimashita, byōki ni narimashita

III. Bilden Sie Dialoge, indem Sie die unterstrichenen Satzteile ersetzen.

  A: <u>Kuruma de ikimasu</u> ka.

  B: Iie, <u>michi ga konde iru</u> node . . .

    1. zangyō shimasu, dēto ga arimasu 2. kēki o tabemasu, ima onaka ga ippai desu

3. gorufu o shimasu, suki ja nai desu   4. atarashii wāpuro o kaimashita, taka-katta desu

IV. Üben Sie die folgenden Dialoge.
  A. *F*: Kore wa Watanabe-san <u>kara moratta</u> okurimono desu ka.
      A: Hai, Watanabe-san <u>kara no</u> okurimono desu.
  B. *F*: Kore wa Tanaka-san <u>ni dasu</u> tegami desu ka.
      A: Hai, Tanaka-san <u>e no</u> tegami desu.
  C. *F*: Kore wa doko <u>de okita</u> mondai desu ka.
      A: Ôsaka shisha <u>de no</u> mondai desu.
  D.*F*: Kore wa dono kaisha <u>to shita</u> keiyaku desu ka.
      A: ABC <u>to no</u> keiyaku desu.

KURZE DIALOGE

1. Tanaka: Anō, kore, tsumaranai mono desu ga . . .
   Katō: Yā, dōmo. Enryo naku itadakimasu.

2. A: Misoshiru tte nan desu ka.
   B: Nihon-jin ga yoku nomu sūpu desu.

3. Kimura: Tōkyō Denki no Tanaka-san to yakusoku ga arimasu node, kore de shitsu-rei shimasu.
   Katō: Soreja, Tanaka-san ni yoroshiku itte kudasai.

ÜBUNGEN TEIL B

I. Lesen Sie den Lektionstext und beantworten Sie die folgenden Fragen.
   1. Zontāku-san ga moratta chokorēto wa dare kara no purezento desu ka.   2. Chan-san mo chokorēto to kādo o moraimashita ka.   3. Chan-san ga Zontāku-san e no purezento o azukatta hi wa nan no hi desu ka.   4. Giri-choko o takusan moratta dansei wa hitori de zenbu taberu darō to Chan-san wa iimashita ka.

II. Ergänzen Sie, falls nötig, die fehlenden Partikeln.
    1. Gāru-furendo ( ) no purezento o kai ni ikimashita.   2. Tōkyō ( ) no seikatsu wa hontō ni tanoshikatta desu.   3. Rondon ( ) no nimotsu ga todokimashita.   4. Itsumo o-sewa ( ) natte imasu. Kore ( ) mo dōzo yoroshiku.   5. Yobikō ( ) nan desu ka.

III. Ergänzen Sie die folgenden Fragen.
     1. Kinō ( ) konakatta n desu ka./Isogashikatta node, shitsurei shimashita.   2. ( ) shite iru n desu ka./Bengoshi ga konai node, matte iru n desu.   3. Atarashii buchō wa ( ) hito deshō ka./Atama ga yokute majimena hito darō to omoimasu yo.   4. Misoshiru tte ( ) desu ka./Miso no sūpu desu yo.

IV. Ergänzen Sie die Sätze durch die passenden Verbformen.
    1. Kare ga ( ) node, anshin shimashita. (genki desu)   2. Kore wa ( ) darō to omoimasu. (Sumisu-san no mono dewa arimasen)   3. Tanaka-san wa ( ) kamo shiremasen yo. (byōki desu)   4. Kinō wa ( ) node ( ) darō to omoimasu yo. (matsuri deshita, nigiyaka deshita)   5. Shujin wa tabun kasa o ( ) darō to omoima-su. (motte ikimasen deshita)   6. Kono chikatetsu wa Ginza o ( ) darō to omoimasu. (tōrimasen)   7. Shinbun wa isu no ue ni ( ) kamo shiremasen. (okimashita)   8. Sugu atarashii seikatsu ni ( ) deshō. (naremasu)   9. Densha ga ( ) node, basu de kimashita. (ugokimasen deshita)   10. Chokorēto o moratta dansei wa ( ) darō to omoimasu yo. (yorokobimasu)

V. Welche Aussage passt am besten zu der jeweiligen Situation?

A. Sie sagen Ihrem Abteilungsleiter, dass Sie Ihren Vater im Krankenhaus besuchen müssen.

1. Chichi ga byōki na node, byōin e iku kamo shiremasen.   2. Otō-san ga byōki na node, byōin e itte wa ikemasen ka.   3. Chichi ga byōki na node, byōin e ikanakereba naranai n desu ga . . .

B. Sie möchten die Bedeutung der Abkürzung „UFO" wissen.

1. Yūfō tte nan desu ka.   2. Yūfō to iimasu.   3. Yūfō wa nan to iimasu ka.

C. Sie sind mit der Arbeit fertig und verlassen das Büro vor Ihrem Abteilungsleiter.

1. Gomen nasai, kaerimasu.   2. Enryo naku, sayōnara.   3. O-saki ni shiturei shimasu.

Lektion 14 Die Rolle des Schiedsrichters

Herr Mähner und Herr Tanaka betreten die Sumo-Arena und suchen als erstes Linda und die Frau von Herrn Mähner.

Mēnā:	Wā, sugoi hito desu ne.
Tanaka:	Sumō no shonichi wa itsumo man'in desu. Hito ga takusan ite, Rinda-san ya okusan ga yoku miemasen ne.
Mēnā:	A, asoko ni imashita. Hora, sumō o minagara yakitori o tabete iru no ga miemasu yo.
Tanaka:	Sā, watashi-tachi mo asoko e itte, bīru demo nominagara suwatte mimashō.
Mēnā:	Ee, demo kono torikumi ga owaru made koko de ii desu. Urusakute anaunsu ga yoku kikoemasen ga, dohyō no ue ni iru no wa?
Tanaka:	Fujinomine to Sakuraryū desu.
Mēnā:	Hadena kimono o kite, dohyō no ue de ugokimawatte iru no wa dō iu hito desu ka.
Tanaka:	Are wa gyōji desu.
Mēnā:	Aa, jajji desu ne.
Tanaka:	Ee, demo kuroi kimono o kite, dohyō no mawari ni suwatte iru no ga hontō no jajji desu. Ano hito-tachi wa rikishi no OB de, erai n desu yo.
Mēnā:	Ja, gyōji wa jajji dewa nai n desu ka.
Tanaka:	Ee, jitsuwa kettei-ken wa nai n desu.
Mēnā:	Sō desu ka. Chotto nattoku dekimasen ne.
Tanaka:	Demo hatsugen-ken wa arimasu yo.
Mēnā:	Sore o kiite anshin shimashita.

EINFACHE SATZSTRUKTUREN ZUM EINPRÄGEN

1. Sono hanashi o kiite, anshin shimashita.
2. Kimura-san wa aruite kaisha ni ikimasu.
3. Zontāku-san o Narita Kūkō made mukae ni itta no wa Suzuki-san desu.
4. Hoteru no mado kara Fuji-san ga miemasu.

ÜBUNGEN TEIL A

I. Bilden Sie Dialoge, indem Sie die unterstrichenen Satzteile ersetzen.

F: Dō shita n desu ka.

A: Atsukute nomu koto ga dekinai n desu.

1. omoi, hitori de mochimasu   2. kurai, yomimasu   3. fukuzatsu, setsumei shimasu   4. konde imasu, hairimasu   5. Hayashi-san ga imasen, sōdan shimasu

II. Üben Sie das folgende Muster durch Ersetzen der unterstrichenen Satzteile wie im Beispiel.

A. Nyūsu o kiite anshin shimashita.
   1. haha kara tegami o moraimashita, anshin shimashita 2. yonaka ni denwa ga arimashita, odorokimashita 3. henji ga kimasen, komatte iru n desu 4. shiken ni ochimashita, gakkari shimashita
B. Hashitte isha o yobi ni ikimashita.
   1. suwaru, hanashimashō 2. isogu, shiryō o atsumete kudasai 3. denwa o suru, kikimasu 4. chizu o kaku, setsumei shimashita

III. Bilden Sie Dialoge, indem Sie die unterstrichenen Satzteile ersetzen.
   A. *F*: Mainichi benkyō shite imasu ka.
      A: Ee, mainichi benkyō suru no wa taihen desu.
         1. yoru osoku made shigoto o shimasu, taihen 2. kodomo to asobimasu, tanoshii 3. shokuji o tsukurimasu, mendō 4. asa 5-ji ni okimasu, muzu-kashii
   B. *F*: Yoku, e o kakimasu ne.
      A: Ee, e o kaku no ga sukina n desu.
         1. yama o arukimasu 2. jōdan o iimasu 3. ryokō o shimasu 4. eiga o mi-masu
   C. *F*: Nani o wasureta n desu ka.
      A: Shukudai o mottekuru no o wasureta n desu.
         1. denwa shimasu 2. o-kane o haraimasu 3. sekken o kaimasu
         4. Tanaka-san ni renraku shimasu
   D. *F*: Kyō kuru no wa dare desu ka.
      A: Ēto, kyō kuru no wa Tanaka-san desu.
         1. tomodachi ni aimasu, itsu, do-yōbi 2. pātī ni kimasen, dare, Mēnā-san
         3. Kinō jiko ga arimashita, doko, Tōkyō Hoteru no chikaku 4. Supein-go ga jōzu desu, dare, Hayashi-san no atarashii hisho
   E. *F*: O-taku kara Fuji-san ga miemasu ka.
      A: Tenki ga ii toki wa yoku miemasu.
         1. umi 2. Tōkyō tawā 3. tōku no yama

IV. Üben Sie das folgende Satzmuster durch Ersetzen der unterstrichenen Satzteile.
   Beispiel: Kōen de kodomo-tachi ga asonde iru no ga miemasu.
   1. pūru, Tanaka-san ga oyoide imasu, miemasu 2. sūpā no mae, Suzuki-san ga takushī o matte imsu, miemasu 3. dokoka, piano o hiite imasu, kikoemasu
   4. tonari no heya, kodomo ga uta o utatte imasu, kikoemasu

V. Bilden Sie Dialoge, indem Sie die unterstrichenen Satzteile ersetzen.
   A. *F*: Hiru-gohan o tabenai n desu ka.
      A*a*: Ee, tabemasen.
      A*n*: Iie, tabemasu yo.
         1. jikan ga arimasen 2. kesa no shinbun o yomimasen deshita 3. wasuremono o tori ni ikimasen deshita
   B. *F*: Kinō itsu made matte ita n desu ka.
      A: Kaigi ga owaru made matte imashita.
         1. kuraku narimasu 2. henji ga kimasu 3. shiryō ga todokimasu

KURZE DIALOGE ———————————————————————————————

1. Suzuki:	Moshi moshi, moshi moshi, kikoemasu ka.
Yamakawa:	Moshi moshi, o-denwa ga tōi n desu ga, mō sukoshi ōkii koe de onegai shimasu.
Suzuki:	Kochira wa Suzuki desu ga, kikoemasu ka.

Yamakawa: A, kikoemashita. Suzuki-san desu ne.

2. A: Shitsurei desu ga, Tanaka-san ja arimasen ka.
   B: Hai, Tanaka-desu ga . . . .

I. Lesen Sie den Lektionstext und beantworten Sie die folgenden Fragen.
   1. Rinda-san to Tanaka-san no okusan wa sumō o minagara nani o shite imasu ka. 2.
   Urusakute anaunsu ga yoku kikoenai to itta no wa dare desu ka. 3. Hadena kimono
   o kite dohyō no ue de ugokimawatte iru no wa dare desu ka. 4. Hontō no jajji wa
   doko ni imasu ka.

II. Ergänzen Sie, falls nötig, die fehlenden Partikeln.
   1. Tenki ( ) ii toki, Fuji-san ( ) miemasu. 2. Watashi wa tegami ( ) todoku ( ) o
   matte imashita. 3. Yoru osoku kuruma ( ) oto ( ) kikoemashita. 4. Kuroi kimono
   ( ) kite iru ( ) wa Tanaka-san no okusan desu. 5. Kore wa hontō ( ) hanashi desu.
   Jōdan dewa arimasen.

III. Ergänzen Sie die folgenden Fragen.
   1. Ano hito wa ( ) hito desu ka./Daitōryō no musuko de, yūmei na pianisuto desu.
   2. ( ) made koko de matsu n desu ka./Kaigi ga owaru made matte ite kudasai. 3. (
) o mite iru n desu ka./Kēki o tsukutte iru no o mite iru n desu. 4. 3-gatsu 3-ka wa
   ( ) hi desu ka./ Onna no ko no o-matsuri no hi de, tomodachi o yonde pātī o shitari
   suru hi desu.

IV. Vervollständigen Sie die Sätze durch die passenden Verbformen.
   1. Nyūsu o ( ), odorokimashita. (kikimasu) 2. Chikatetsu no naka de tēpu o ( )
   nagara, Nihon-go o benkyō shite imasu. (kikimasu) 3. Asoko de ( ) no ga miemasu ka./( ) te yoku miemasen. (tsuri o shite imasu, tōi desu) 4. Tegami o ( ) no o
   wasuremashita. (dashimasu) 5. Jikan ga ( ) te, iku koto ga dekimasen. (arimasen)
   6. Shokuji ga ( ) made, terebi demo mimashō. (dekimasu) 7. Hanashi ga ( ) de
   yoku wakarimasen. (fukuzatsu desu) 8. Denwa o ( ) nagara ( ) no wa abunai desu.
   (shimasu, unten shimasu)

V. Kreuzen Sie das korrekte Wort in der Klammer an.
   1. Atsui desu ne. Bīru (ya, demo, goro) nomimasen ka./Ii desu ne. 2. 6-ji made ni
   (kanarazu, wazawaza, taitei) renraku shite kudasai. 3. Gōkaku suru no wa muzukashii to omotte imashita ga, (kanarazu, yappari, tabun) dame deshita. 4. Anata wa
   shiranakatta n desu ka./Ee, (zehi, soreni, jitsuwa) shiranakatta n desu.

VI. Beantworten Sie die Fragen
   1. Anata wa sumō o mita koto ga arimasu ka. 2. Anata no heya kara nani ga miemasu ka. 3. Yoru anata no heya ni iru toki, kuruma no oto ga kikoemasu ka. 4. Anata
   wa yama ni noboru no ga suki desu ka. 5. Shokuji o hajimeru toki, Nihon-go de nan
   to iimasu ka.

Lektion 15 Der vergessene Regenschirm

Buraun: Kinō supōtsu kurabu ni ittara Yamamoto-san ni aimashita.
Watanabe: Yamamoto-san? Ototoi koko ni kita Yamamoto-san desu ka.
Buraun: Ee, kare mo soko no kaiin da to itte imashita.
Watanabe: A sō sō, Yamamoto-san ga kasa o wasurete kaerimashita ga, dō shimashō ka.

Buraun: Watashi ga sono kasa o azukarimashō. Mata au kamo shiremasen kara. Kondo supōtsu kurabu e iku toki, motteikimasu.

Watanabe: Ja kore, onegaishimasu.

Buraun: Yamamoto-san ni attara watashimasu. Moshi awanakattara, uketsuke ni azukemasu.

Uketsuke: Ohayō gozaimasu.

Buraun: Ohayō gozaimasu. Yamamoto Tarō-san wa kyō kimasu ka.

Uketsuke: Kaiin no Yamamoto-sama desu ne. Kyō wa Yamamoto-sama wa yūgata 6-ji ni irasshaimasu.

Buraun: Sō desu ka. Kore, Yamamoto-san no kasa na n desu ga, 6-ji ni kuru nara, ima azukete mo ii desu ka.

Uketsuke: Hai, dōzo.

Buraun: Ja, kare ga kitara watashite kudasai.

Uketsuke: Hai, tashika ni.

EINFACHE SATZSTRUKTUREN ZUM EINPRÄGEN

1. Kyōto made kuruma de ittara 10-jikan kakarimashita.
2. Moshi yotei ga wakattara shirasemasu.
3. Hikōki de iku nara hayaku kippu o katta hō ga ii desu yo.

ÜBUNGEN TEIL A

I. Üben Sie die folgenden Satzmuster, indem Sie die unterstrichenen Satzteile ersetzen.
   Beispiel: Supōtsu kurabu ni ittara, mukashi no tomodachi ni aimashita.
   1. kado o magarimashita, umi ga miemashita 2. tanjō-bi no puresento o akemashita, kawaii inu ga dete kimashita 3. undō shimashita, senaka ga itaku narimashita 4. asa okimashita, yuki ga futte imashita 5. uchi ni kaerimashita, tegami ga kite imashita

II. Bilden Sie Dialoge, indem Sie die unterstrichenen Satzteile ersetzen.
   A.F: Kaigi wa itsu hajimemasu ka.
      A: 10-ji ni nattara sugu hajimemasu.
        1. shachō ga kimasu   2. zen'in ga soroimasu   3. chūshoku ga sumimasu
        4. shiryō no kopī ga dekimasu
   B. F: Hima ga attara dō shimasu ka.
      A: Hima ga attara Nihon-jū ryokō shitai desu.
        1. o-kane, ōkii uchi o kaimasu 2. takusan o-kane, hanbun kifu shimasu
        3. kuruma, Hokkaidō o mawarimasu 4. o-kane to jikan, sekai-jū no tomodachi o tazunemasu
   C.F: Michi ga wakaranai kamoshiremasen yo.
      A: Moshi wakaranakattara kōban de kikimasu.
        1. o-kane ga tarimasen, tomodachi ni karimasu 2. kyō wa kaigi ga arimasen, hoka no shigoto o shimasu 3. basu ga hashitte imasen, takushī de kaerimashō

III.Üben Sie die folgenden Satzmuster, indem Sie die unterstrichenen Satzteile ersetzen.
   Beispiel: Atsukattara mado o akete kudasai.
        1. samui, hītā o tsukete mo ii desu 2. takai, kawanaide kudasai 3. tsugō ga warui, hoka no hi ni shimashō 4. kibun ga yokunai, yasunda hō ga ii desu yo
        5. tsumaranai, yomanakute mo ii desu

IV.Bilden Sie Dialoge, indem Sie die unterstrichenen Satzteile ersetzen.
   A. F: Ame dattara dō shimasu ka.
      A: Ame nara yotei o kaemasu.

257

1. suto, ikimasen 2. Tanaka-san ga rusu, mata ato de denwa shimasu 3. kekka ga dame, mō ichido yarimasu 4. tsukaikata ga fukuzatsu, kau no o yamemasu

B. A: <u>Hiru-gohan o tabe</u>tai n desu ga.

   B: <u>Hiru-gohan o taberu</u> nara <u>ano resutoran ga ii desu yo</u>.

1. supōtsu kurabu ni hairimasu, ii kurabu o shōkai shimashō 2. umi ni ikimasu, watashi no kuruma o tsukatte mo ii desu yo 3. tēpurekōdā o kaimasu, chiisai hō ga benri da to omoimasu 4. Kyūshū ni ikimasu, ferī ga ii to omoimasu yo 5. Yōroppa o ryokō shimasu, 5-gatsu goro ga kirei de ii desu yo.

KURZE DIALOGE

1. A: Kono hen ni nimotsu o azukeru tokoro wa arimasen ka.

   B: Asoko ni koin rokkā ga arimasu. Moshi ippai nara, kaisatsuguchi no soba ni mo arimasu yo.

2. Kerun: Kaigi wa nakanaka owarimasen ne.

   Watanabe: 9-ji ni nattara owaru deshō.

   Kerun: Sō desu ka. Sonnani osoku naru nara o-saki ni shitsurei shimasu.

3. A: Chūgoku-go no tsūyaku o sagashite iru n desu ga.

   B: Chūgoku-go kara Nihon-go e no tsūyaku desu ne.

   A: Ee, dare ka ii hito ga itara, zehi shōkai shite kudasai.

ÜBUNGEN TEIL B

I. Lesen Sie den Lektionstext und beantworten Sie die folgenden Fragen.

1. Buraun-san wa Yamamoto-san no wasureta kasa o dare kara azukarimashita ka.

2. Buraun-san wa doko de Yamamoto-san ni sono kasa o watashitai to omotte imasu ka.

3. Buraun-san wa supōtsu kurabu ni itta toki, Yamamoto-san ni au koto ga dekimashita ka.

4. Yamamoto-san wa kono supōtsu kurabu no kaiin desu ka.

II. Ergänzen Sie, falls nötig, die fehlenden Partikeln.

1. Buraun-san wa uketsuke no hito (　) nimotsu (　) azukemashita. 2. Kaiin (　) Yamamoto-sama wa kyō yūgata 6-ji (　) irasshaimasu. 3. Yamamoto-san ga kasa (　) wasurete kaerimashita./Ja, watashi (　) sono kasa (　) azukarimashō. Supōtsu kurabu (　) Yamamoto-san (　) attara, watashimasu. 4. Chūshoku (　) sundara, kippu (　) kai (　) itte kudasai.

III. Ergänzen Sie die folgenden Fragen.

1. Moshi Yamamoto-san ga konakattara, (　) shimashō ka./Tegami de shirasete kudasai. 2. (　) hikkosu n desu ka./Uchi ga dekitara, hikkoshimasu. 3. (　) ni shōtaijō o watashimashita ka./Hisho ni watashimashita. 4. (　) pātī ni ikanai n desu ka./Pātī wa taikutsu na node ikitakunai n desu.

IV. Vervollständigen Sie die Sätze durch die passenden Verbformen.

1. Pasokon (　) nara, ii mise o oshiemashō. (kaimasu) 2. Zen'in ga (　) tara, (　) kudasai. (soroimasu, hajimemasu) 3. Takushī ni (　) tara, kibun ga (　) narimashita. (norimasu, warui desu) 4. (　) nara, eiga o (　) ni ikimasen ka. (hima desu, mimasu) 5. Kono kaban wa tsukatte imasen./(　) nara, (　) hō ga ii desu yo. (tsukaimasen, sutemasu) 6. (　) tara, sukoshi (　) kudasai. (tsukaremasu, yasumimasu) 7. (　) tara, jūsu o (　) kudasai. (isogashikunai desu, katte kimasu)

8. Tsukuri-kata ga ( ) nara, ( ) no o yamemasu. (mendō desu, tsukurimasu) 9. Ashita ( ) tara, dekakemasen. (ame desu) 10. Kyōto ni ( ) nara, kono chizu o ( ) mashō. (ikimasu, agemasu) 11. Nimotsu ga ( ) node, ( ) kudasai. (omoi desu, azukarimasu)

V. Beantworten Sie die Fragen

1. Saifu o otoshitara, anata wa dō shimasu ka. 2. 1-kagetsu yasumi ga attara, nani o shimasu ka. 3. Tomodachi no gāru furendo/bōi furendo kara raburetā o morattara dō shimasu ka.

Lektion 16 Das Design des neuen Ausstellungsraumes

Yamakawa: Moshi moshi, Hayashi-buchō desu ka. Kochira wa M sekkei jimusho no Yamakawa desu ga, go-irai no shōrūmu no sekkei ga dekiagarimashita.
Hayashi: Aa, sakki fakkusu de zumen o itadakimashita. Nakanaka ii desu ne.
Yamakawa: Nanika mondai wa arimasen ka. Raishū kara kōji o hajimereba, raigetsu-chū ni dekiagarimasu.
Hayashi: Sō desu nē.
Yamakawa: Moshi mondai ga nakereba sassoku hajimetai to omoimasu ga . . .
Hayashi: Nenmatsu ni naru to gyōsha mo isogashiku narimasu kara ne.
Yamakawa: Ee. Hayakereba hayai hodo ii to omou n desu ga . . .
Hayashi: Sumimasen ga, hajimeru mae ni chotto sōdan shitai koto ga aru n desu ga . . .
Yamakawa: Wakarimashita. Sochira no go-tsugō ga yokereba, korekara ukagaimasu.
Hayashi: Dekireba sō shite kudasai. 6-ji ni naru to omote no iriguchi wa shimarimasu. Hantai-gawa ni mawaru to uraguchi ga arimasu kara, soko kara haitte kudasai.
Yamakawa: Wakarimashita.
Hayashi: Uraguchi wa 10-ji made aite imasu. Ja, yoroshiku onegaishimasu.

EINFACHE SATZSTRUKTUREN ZUM EINPRÄGEN

1. A: Bīru wa arimasu ka.
   B: Iie, arimasen ga, saka-ya ni denwa-sureba sugu mottekimasu.
2. Haru ni naru to sakura no hana ga sakimasu.
3. Sakana wa atarashikereba atarashii hodo ii desu.

ÜBUNGEN TEIL A

I. Bilden sie die Konditionalform wie in den Beispielen und prägen Sie sich diese gut ein.
   Beispiel: iku → ikeba, ikanakereba; taberu → tabereba, tabenakereba; kuru → kureba, konakereba; suru → sureba, shinakereba
   1. arau 2. tatsu 3. uru 4. tanomu 5. tsukau 6. aruku 7. dekiru 8. oriru 9. tsutomeru 10. shiraseru 11. motte kuru 12. denwa suru

II. Üben Sie die folgenden Satzmuster, indem Sie die unterstrichenen Satzteile ersetzen.
   Beispiel: Uchi kara eki made aruke̲b̲a̲ 30-pun kakarimasu.
   1. megane o kakemasu, yoku miemasu 2. yukkuri hanashimasu, wakarimasu 3. eki ni tsuku jikan ga wakarimasu, mukae ni ikimasu 4. shitsumon ga arimasen, kore de owarimasu 5. hakkiri iimasen, wakarimasen 6. kaiin ni narimasen, kono pūru o riyō suru koto ga dekimasen

III. Bilden Sie die Konditionalform der Adjektive wie im Beispiel und prägen Sie sich diese gut ein.

Beispiel: atsui → atsukereba, atsukunakereba

1. warui 2. omoshiroi 3. katai 4. omoi 5. mezurashii 6. sukunai 7. tsugō ga ii 8. atama ga itai 9. hanashitai

IV. Üben Sie die folgenden Satzmuster, indem Sie die unterstrichenen Satzteile ersetzen.

A. *Beispiel:* <u>Yasu</u>kereba kaimasu ga, <u>taka</u>kereba kaimasen.

1. atarashii, furui 2. oishii, mazui 3. ii, warui 4. omoshiroi, tsumaranai

B. *Beispiel:* <u>Tsugō ga waru</u>kereba <u>denwa o kudasai</u>.

1. omoshiroi, watashi mo mitai to omoimasu 2. isogashii, hoka no hito ni tanomimasu 3. muzukashii, shinakutemo ii desu yo 4. isogashikunai, issho ni eiga ni ikimasen ka 5. ikitaku nai, ikanakute mo ii desu

V. Bilden Sie Dialoge, indem Sie die unterstrichenen Satzteile ersetzen.

A. *Beispiel:* A: Supōtsu kurabu ni hairimasen ka.

B: <u>Eki ni chika</u>kereba hairitai to omoimasu.

1. takaku nai desu 2. pūru ga arimasu 3. ii kōchi ga imasu 4. konde imasen 5. gorufu no renshū ga dekimasu 6. asa hayaku kara aite imasu

B. *Beispiel:* Tanaka fujin: Anata mo furawā shō ni ikimasu ka.

Sumisu fujin: <u>Hima ga are</u>ba ikimasu.

1. jikan ga arimasu 2. Eigo no setsumei ga arimasu 3. bebīshittā ga mitsukarimasu 4. sono hi ni hoka no yotei ga arimasen 5. tenki ga warukunai desu 6. otto no tsugō ga ii desu

VI. Bilden Sie Dialoge, indem Sie die unterstrichenen Satzteile ersetzen.

A. *Beispiel:* A: <u>Shigoto</u> wa <u>haya</u>kereba <u>hayai</u> hodo ii desu ne.

B: Ee, watashi mo sō omoimasu.

1. yachin, yasui 2. kyūryō, ōi 3. zeikin, sukunai 4. yasumi, nagai

B. F: Sonna ni <u>kaitai</u> n desu ka.

A: Ee, <u>mire</u>ba <u>miru</u> hodo <u>hoshiku</u> narimasu.

1. tenisu ga suki, yaru, omoshiroi 2. kekkon shitai, au, suki 3. muzukashii, kangaeru, wakaranai

VII. Üben Sie die folgenden Satzmuster, indem Sie die unterstrichenen Satzteile ersetzen.

Beispiel: <u>Massugu iku</u> to <u>hidari-gawa ni posuto ga arimasu</u>.

1. o-sake o nomimasu, tanoshiku narimasu 2. kaisatsu-guchi o demasu, me no mae ni sūpā ga arimasu 3. Satō-san wa kaisha ni tsukimasu, mazu kōhī o nomimasu 4. tabako o takusan suimasu, gan ni narimasu yo 5. yasumimasen, byōki ni narimasu yo.

VIII. Bilden Sie Dialoge, indem Sie die unterstrichenen Satzteile ersetzen.

Beispiel: F: Dō suru to <u>aku</u> n desu ka.

A: <u>Botan o osu</u> to <u>akimasu</u>.

1. jūsu ga dete kimasu, o-kane o iremasu 2. denki ga kiemasu, doa o shimemasu 3. mado ga akimasu, rebā o hikimasu 4. rajio no oto ga ōkiku narimasu, kore o mawashimasu

KURZER DIALOG

A: Taihen. Mō 10-ji han desu ka. Hikōki no jikan ni ma ni awanai kamoshiremasen.

B: Kuruma de kūkō made okurimashō. Isogeba maniaimasu yo.

A: Ja, go-meiwaku de nakereba onegaishimasu.

ÜBUNGEN TEIL B

I. Lesen Sie den Lektionstext und beantworten Sie die folgenden Fragen.
  1. Yamakawa-san wa Hayashi-san ni fakkusu de nani o okurimashita ka.
  2. Yamakawa-san wa raishū kara kōji o hajimereba itsu dekiagaru to iimashita ka.
  3. Hayashi-san no kaisha ni nan-ji made ni ikeba, omote no iriguchi kara hairu koto ga dekimasu ka.   4. ABC no uraguchi wa nan-ji ni naru to shimarimasu ka.

II. Ergänzen Sie, falls nötig, die fehlenden Partikeln.
  1. Nani ( ) nomimono wa arimasen ka.   2. Itsu made ( ) harawanakereba narimasen ka./Hayakere ( ) hayai hodo ii darō ( ) omoimasu.   3. Kono mise wa hiru kara yoru 12-ji ( ) aite imasu.   4. Atarashii jimusho ( ) sekkei ga dekiagarimashita node, fakkusu ( ) okurimasu.

III. Ergänzen Sie die folgenden Fragen.
  1. Sakura no hana wa ( ) sakimasu ka./4-gatsu ni naru to sakimasu.   2. ( ) ka aite iru heya wa nai deshō ka./Kaigi-shitsu ga aite imasu yo.   3. Yamada-san ga kaita e wa ( ) deshita ka./Nakanaka yokatta desu yo.

IV. Bilden Sie die ba/kereba-Form der folgenden Verben und Adjektive.
  1. au   2. kaku   3. shimaru   4. furu   5. mieru   6. ma ni au   7. okureru   8. kekkon suru   9. motte kuru   10. nai   11. mezurashii   12. ii

V. Vervollständigen Sie die Sätze durch die passenden Verbformen.
  1. Yoku ( ) ba, genki ni ( ) deshō. (yasumimasu, narimasu) 2. Tōkyō tawā ni ( ) ba, umi ga ( ) deshō. (noborimasu, miemasu) 3. Tsugi no kado o migi ni ( ) to, hana-ya ga arimasu. (magarimasu) 4. 0-sake o ( ) to, ( ) narimasu. (nomimasu, tanoshii desu)   5. Go-tsugō ga ( ) ba, gogo ( ) tai to omoimasu. (ii desu, ukagaimasu) 6. ( ) ba, ( ) narimasen. (renshū shimasen, jōzu desu) 7. Botan o ( ) to doa ga shimarimasu. (oshimasu) 8. ( ) ba, motto ( ) mashō. (hoshii desu, mottekimasu) 9. Denwa de ( ) ba, ( ) to omoimasu. (tanomimasu, mottekimasu) 10. ( ) ba, ( ) hodo wakaranaku narimasu. (kangaemasu, kangaemasu)

VI. Kreuzen Sie das passende Wort in der Klammer an.
  1. Itsu shorui o azuketa n desu ka./Kinō (hakkiri, tashikani, nakanaka) uketsuke ni azukemashita.   2. Nan-ji goro ukagaimashō ka./Gozen-chū wa isogashii node, (dekireba, nakanaka, sakki) gogo 2-ji goro kite kuremasen ka.   3. Jikan ga nai node, (sakki, tashika ni, sassoku) hajimete kudasai.

Lektion 17 Das Tagebuch von Herrn Braun

12-gatsu 31-nichi (sui) hare nochi kumori
  Kyō wa ō-misoka da. Tonari no Ōno-san no uchi dewa, asa kara kazoku zen'in de sōji o shite ita. Minna de hei ya kuruma ya, soshite inu made aratte ita.
  Gogo wa Nihon-go de Nengajō o kaita ga, ji ga heta da kara yominikui darō. Yūgata, Tanaka-san ikka to soba o tabe ni itta.
  Yoru wa fudan wa amari minai terebi o mita. Channeru o tsugitsugi ni kaeru to, sawagashii shō ya samurai no jidai-geki o yatte ita. 3-channeru dewa Bētōben no Dai-ku o ensō shite ita. Senjitsu, Nakamura-san ga "Maitoshi, 12-gatsu ni naru to, Nihon kakuchi de Dai-ku o ensō suru n desu yo," to itte ita ga, omoshiroi kuni da.
1-gatsu tsuitachi (moku) hare

Nihon de shinnen o mukaeta. Machi wa hito mo kuruma mo sukunakute, taihen shizuka da. Kōjō mo kaisha mo yasumi na node, itsumo wa yogorete iru Tōkyō no sora ga, kyō wa kirei de kimochi ga ii. Kinjo no mise mo sūpā mo minna yasumi datta. Ano rasshu awā no sararīman ya gakusei wa doko ni itta no darō ka.

Nihon-jin no dōryō ya tomodachi kara nengajō ga todoita. Gyōsha kara mo kita. Insatsu no mono ga ōi ga, fude de kaita mono mo aru. Yahari utsukushii. Moratta nengajō wa hotondo zenbu kuji-tsuki de aru.

EINFACHE SATZSTRUKTUREN ZUM EINPRÄGEN

1. Kinō wa atsukatta kara, tomodachi to oyogi ni itta.
2. Hako o akeru to, naka wa kara datta.

ÜBUNGEN TEIL A

I. Üben Sie die folgenden Satzmuster, indem Sie die Verben bzw. Adjektive wie im Beispiel verändern.
  A. Watashi wa Kyōto e ikimasu. → Watashi wa Kyōto e iku./Watashi wa Kyōto e ikanai./Watashi wa Kyōto e itta./Watashi wa Kyōto e ikanakatta.
  1. Mēnā-san to dansu o shimasu   2. Tanaka-san wa 10-ji ni kimasu   3. Zontāku-san ni aimasu   4. tomodachi to eiga o mimasu   5. koko ni kagi ga arimasu
  B. Tanaka-san wa isogashii desu. → Tanaka-san wa isogashii./Tanaka-san wa isogashiku nai./Tanaka-san wa isogashikatta./Tanaka-san wa isogashiku nakatta.
  1. benkyō wa tanoshii desu   2. kuruma ga sukunai desu   3. atama ga ii desu   4. ano resutoran wa mazui desu   5. tsugō ga warui desu
  C. Mēnā-san wa genki desu. → Mēnā-san wa genki da./Mēnā-san wa genki dewa nai./Mēnā-san wa genki datta./Mēnā-san wa genki dewa nakatta.
  1. kono hoteru wa shizuka desu   2. Mēnā-san wa bīru ga suki desu   3. Mēnā-san wa ryōri ga jōzu desu   4. depāto wa yasumi desu   5. Yamamoto-san wa pairotto desu
  D. Kinō gakkō o yasunda. → Kinō gakko o yasumimashita.
  1. ashita zeimusho ni ikanakereba naranai   2. 6-ji ni uchi ni kaeru koto ga dekinai   3. tsuki ni itta koto ga nai   4. taikin o hirotta koto ga aru   5. tenisu o shitari tsuri o shitari shita   6. Tanaka-san wa iku darō   7. hayaku yasunda hō ga ii   8. Tanaka-san wa suraido o mite ita   9. ashita wa yuki kamo shirenai   10. mada Zontāku-san ni atte inai

II. Bilden Sie Dialoge, indem Sie die unterstrichenen Satzteile ersetzen.
  A. F: Ano hito no hanashi-kata wa dō desu ka.
     A: Hayakute kikinikui desu.
     1. kono shinbun, ji ga chiisai, yomu   2. kono tēpu, oto ga warui, kiku
     3. nattō, kusai, taberu   4. kono kusuri, nigai, nomu
  B. F: Sono kutsu wa ikaga desu ka.
     A: Hakiyasukute ki ni itte imasu.
     1. sono pen, kaku   2. kono jisho, hiku   3. sono sūtsu, kiru   4. atarashii wāpuro, tsukau

III. Üben Sie die folgenden Satzmuster, indem Sie die unterstrichenen Satzteile ersetzen.
  Beispiel: Heya ni hairu to denwa ga natte imashita.
  1. mado o akemashita, suzushii kaze ga haitte kimashita   2. soto ni demashita, ame

ga futte imashita   3. uchi ni kaerimashita, tomodachi ga matte imashita   4. kinko o akemashita, naka wa kara deshita

KURZE DIALOGE

1. Otoko A: Mō ano eiga mita?
   Otoko B: Uun, mada. Kimi wa?
   Otoko A: Un, mō mita.
   Otoko B: Dō datta?
   Otoko A: Anmari omoshiroku nakatta.

2. Onna: Mō sugu o-shōgatsu ne. Shigoto wa itsu made?
   Otoko: 12-gatsu 28-nichi made. Nenmatsu wa isogashikute iyana n da.
   Onna: O-shōgatsu wa dokka ni iku?
   Otoko: Uun, doko nimo. Shōgatsu wa nonbiri shitai ne.

ÜBUNGEN TEIL B

I. Lesen Sie den Lektionstext und beantworten Sie die folgenden Fragen.
   1. Buraun-san wa ō-misoka no yūgata dare to nani o tabe ni ikimashita ka.
   2. 12-gatsu niwa Nihon kakuchi de Bētōben no Dai 9 o ensō suru to Buraun-san ni hanashita no wa dare desu ka.   3. O-shōgatsu ni Buraun-san no kinjo no mise wa aite imashita ka.
   4. Buraun-san wa dare kara Nengajō o moraimashita ka.   5. Buraun-san wa fude de kaita Nengajō o utsukushii to omotte imasu ka.

II. Ergänzen Sie die folgenden Fragen.
   1. (   ) ni dekakeru?/9-ji ni deru.   2. Kinō no eiga wa (   ) datta?/Anmari omoshiro-ku nakatta.   3. (   ) ni sumitai?/Anzen na tokoro ga ii.   4. Kare wa (   ) kuru?/Ashita kuru darō.   5. (   ) to issho ni iku?/Hitori de iku.

III. Ergänzen Sie die Sätze durch die passenden Verbformen.
   1. Kono niku wa (   ), (   ) nikui. (katai, taberu)   2. Kare no setsumei wa (   ), (   ) nikui. (fukuzatsu, wakaru)   3. Kono kikai wa (   ), (   ) yasui. (benri, tsukau)   4. Kotoshi wa (   ), nengajō o zenzen (   ) koto ga dekinakatta. (isogashii, kaku)   5. Heya ga (   ) kimochi ga ii. (kirei)

IV. Beantworten Sie die folgenden Fragen.
   1. Anata no kuni dewa ō-misoka ya o-shōgatsu ni nani o shimasu ka.   2. O-shōgatsu no yasumi wa nan-nichi made desu ka.   3. Anata no sunde iru machi dewa Ku-risumasu to o-shōgatsu to dochira ga nigiyaka desu ka.

V. Führen Sie ein Tagebuch auf Japanisch.
   Nihon-go de nikki o kaite kudasai.

Lektion 18 Blumen zum Geburtstag

Zontāku: Suzuki-san, chotto.
Suzuki: Nan deshō.
Zontāku: Nihon no shūkan o shiranai node oshiete kudasaimasen ka. Tomodachi no tanjōbi ni hana o ageyō to omou n desu ga, okashikunai desu ka.
Suzuki: Onna no hito desu ka.
Zontāku: Ee, demo tokubetsu na tomodachi dewa nai n desu ga . . .

Suzuki: Okashiku nai desu yo. Daijōbu desu. Dēto desu ka. Ii desu ne.

Zontāku: Uun, mā.

Zontāku: Tomodachi ni hana o okurō to omou n desu ga, onegai dekimasu ka.

Hanaya: Hai, o-todoke desu ne. Dekimasu. Nan-nichi no o-todoke deshō ka.

Zontāku: Ashita todokete kudasai.

Hanaya: Kashikomarimashita.

Zontāku: Kono bara wa ikura desu ka.

Hanaya: 1-pon 250 en desu.

Zontāku: Ja, kore o 20-pon onegaishimasu. Tanjōbi no purezento ni suru tsumori desu kara, kono kādo o tsukete, todokete kuremasen ka.

Hanaya: Hai. O-todoke-saki wa dochira desu ka.

Zontāku: Yokohama desu.

Hanaya: Sōryō ga 500-en kakarimasu ga, yoroshii desu ka.

Zontāku: Ee. Ja, onegaishimasu.

EINFACHE SATZSTRUKTUREN ZUM EINPRÄGEN

1. Mainichi Nihon-go o benkyō shiyō to omoimasu.
2. Ashita haretara, tenisu o suru tsumori desu.

ÜBUNGEN TEIL A

I.   Bilden Sie die Wunschform der Verben wie in den Beispielen.

   Beispiel :   kaku → kakō, iu → iō, taberu → tabeyō, okiru → okiyō, kuru → koyō, suru → shiyō
   1. kaeru (return) 2. oyogu 3. yasumu 4. oboeru 5. azukeru 6. miru
   7. kariru 8. katte kuru 9. ryōri suru

II. Bilden Sie Dialoge, indem Sie die unterstrichenen Satzteile ersetzen.

   Beispiel :   F: <u>Kyō Tanaka-san ni ai</u>masu ka.
   A: Ee, <u>aō</u> to omoimasu.
   1. tabako o yameru 2. shachō ni sōdan suru 3. tomodachi ni kodomo o azukeru 4. hikōki de ikimasu

III. Bilden Sie Dialoge, indem Sie die unterstrichenen Satzteile ersetzen.

   Beispiel :   <u>Kono purojekuto ga owattara natsu-yasumi o torō</u> to omoimasu.
   1. raishū tenki ga yokereba Fuji-san ni noboru 2. kodomo ga dekitara shigoto o kaeru 3. hima ga dekita toki kono hon o yomu 4. daigaku no nyūgaku-shiken ni shippai shita baai wa mō 1-nen ganbaru

IV. Üben Sie die folgenden Satzmuster, indem Sie die unterstrichenen Satzteile ersetzen.

   A. F: Kaisha o yamete nani o suru n desu ka.
      A: <u>Hitori de shigoto o hajimeru</u> tsumori desu.
      1. daigaku ni haitte mō ichido benkyō shimasu 2. kuni ni kaette shōrai no koto o kangaemasu 3. dezainā ni natte jibun no mise o mochimasu 4. motto kyūryō no ii shigoto o sagashimasu

   B. F: <u>Kekkon shinai</u> n desu ka.
      A: Ee, <u>kekkon shinai</u> tsumori desu.
      1. mō tabako o suimasen 2. dare nimo misemasen 3. kamera o motte ikimasen 4. kodomo o tsurete ikimasen

   C. F: Sumimasen ga, <u>shio o totte</u> kudasaimasen ka.
      A: Hai.

1. sono kamera o miseru   2. koko de matte iru   3. kūrā o kesu   4. isu o hakobu no o tetsudau

1. Kachō: Kaeri ni dō? Ippai nomō.
   Ogawa: Kyō wa kanai ga kaze o hiite iru node . . .
   Kachō: Chotto nara ii darō.
   Ogawa: Ie, yappari dame na n desu.
   Kachō: Sō ka. Ja, akirameyō.

2. Katō: Kotoshi no Nihon-go supīchi kontesuto ni demasu ka.
   Buraun: Ee, sono tsumori desu ga, jūbun junbi ga dekinakereba, rainen ni suru kamo shiremasen.

I. Lesen Sie den Lektionstext und beantworten Sie die folgenden Fragen.
    1. Zontāku-san wa onna no tomodachi e no purezento ni tsuite dōshite Suzuki-san ni sōdan shimashita ka.   2. Zontāku-san wa dare ni purezento o okurō to omotte imasu ka.   3. Zontāku-san ga katta bara wa 20-pon de ikura desu ka.   4. Keiko-san wa doko ni sunde imasu ka.

II. Bilden Sie die Wunschform der folgenden Verben.
    1. hanasu   2. todokeru   3. au   4. yameru   5. tsukuru   6. aruku   7. wakareru   8. harau   9. shitsumon suru   10. matsu   11. dēto suru   12. mottekuru

III. Vervollständigen Sie die Sätze durch die passenden Verbformen.
    1. Nani o ( ) iru n desu ka. /Tana no ue no hako o ( ) to omou n desu ga, te ga ( ) n desu. (shimasu, torimasu, todokimasen) 2. Donna pasokon o ( ) tsumori desu ka. /Chiisakute, tsukaiyasui pasokon o ( ) to omou n desu ga, dore ga ii deshō ka. (kaimasu, kaimasu) 3. Ima kara yūbinkyoku e ( ) to omou n desu ga, nani ka yōji ga arimasen ka. /Sumimasen ga, kono tegami o ( ) kudasaimasen ka. (itte kimasu, dashimasu) 4. Hontō ni kare to ( ) n desu ka. /Ee, mō ( ) tsumori desu. ( ) ba, mata kenka shimasu kara. (wakaremashita, aimasen, aimasu) 5. Nihongo no benkyō o ( ) to omou n desu ga, dokoka ii gakkō o ( ) kudasai masen ka. (hajimemasu, oshiemasu)

IV. Welcher Satz passt am besten zur Situation?
    A. Sie gratulieren einem Freund zum Bestehen der Prüfung.
       1. Gōkaku suru deshō.   2. Gōkaku omedetō gozaimasu.   3. Gōkaku shimashita.
    B. Sie fragen Ihren Abteilungsleiter, ob Sie ihn morgen Abend spät anrufen dürfen.
       1. Ashita no ban osoku o-denwa kudasaimasen ka.   2. Ashita no ban osoku kaette kara denwa suru.   3. Ashita no ban osoku denwa o shite mo yoroshii desu ka.
    C. Sie telefonieren mit der Frau Ihres Bekannten und fragen, wann er nach Hause kommt.
       1. Go-shujin wa nan-ji goro kaerimashita ka.   2. Go-shujin wa nan-ji goro o-kaeri deshō ka.   3. Shujin wa nan-ji goro kaeru tsumori desu ka.
    D. Sie haben die Nase voll von Ihrer jetzigen Firma. Sie werden gefragt und antworten, dass sie Ihren Job wirklich kündigen wollen.
       1 Hai, hontō ni yameru tsumori desu.   2. Hai, tabun yameta to omoimasu.   3. Hai, tabun yameru darō to omoimasu.

V. Beantworten Sie die folgenden Fragen.

1. Anata wa ashita nani o shiyō to omoimasu ka.   2. Nihon-go no benkyō ga owattara, Nihon no kaisha de hataraku tsumori desu ka.   3. Anata wa sekai-jū o ryokō shitai to omoimasu ka.   4. Anata no raishū no yotei o hanashite kudasai.

Lektion 19 Die Bibliothek

Chan: Are wa nan desu ka.
Daisuke: Toshokan desu.
Chan: Dare demo riyō dekimasu ka.
Daisuke: Ee, mochiron desu. Dare demo hairemasu yo. Asoko wa jibun de hon o te ni
            totte miraremasu kara, totemo riyō shiyasui desu yo.
Chan: Sore wa ii desu ne. Boku wa kādo o mite erabu no wa nigate na n desu.
Daisuke: Demo, Chan-san wa kanji ga yomeru deshō.
Chan: Ee, imi wa wakarimasu. Demo, boku wa jibun de hon o minagara eraberu
            toshokan ga sukina n desu.
Daisuke: Chotto fubenna tokoro ni aru kedo, hiroi shi shizuka da shi, ii desu yo.
Chan: Hon o karitari kopī shitari suru koto mo dekimasu ka?
Daisuke: Ee, tetsuzuki o sureba kariraremasu. Boku mo ima 2-satsu karite imasu.
Chan: Shinbun ya zasshi mo kariraremasu ka?
Daisuke: Iie, hon shika kariraremasen. Demo shinbun ya zasshi wa kopī o tanomemasu. 2, 3-pun de ikemasu kara, korekara issho ni ikimasen ka.

EINFACHE SATZSTRUKTUREN ZUM EINPRÄGEN

1. Buraun-san wa Nihon-go ga hanasemasu.
2. Tetsuzuki o sureba, dare demo hon ga kariraremasu.
3. Watanabe-san wa yasai shika tabemasen.

ÜBUNGEN TEIL A

I. Bilden Sie die Potentialform der Verben und prägen Sie sich diese gut ein.
   Beispiel: kaku → kakeru, kakenai; iru → irareru, irarenai; kuru → korareru, korarenai; kau → kaeru, kaenai; oboeru → oboerareru, oboerarenai; suru → dekiru, dekinai
   1. kiku 2. tobu 3. arau 4. hairu 5. oshieru 6. okiru 7. tsutomeru
   8. mottekuru   9. renshū suru

II. Bilden Sie Dialoge, indem Sie die unterstrichenen Satzteile ersetzen.
   A. *F*: Gaikoku-go de uta ga/o utaemasu ka.
      A: Hai, utaemasu.
        1. kono kanji o yomu   2. ashita asa 7-ji ni dekakeru   3. gaikoku-jin no namae o sugu oboeru 4. Nihon-go de setsumei suru
   B. *F*: Eki mae ni kuruma ga/o tomeraremasu ka.
      A: Iie, tomeraremasen.
        1. sugu shiryō o atsumeru 2. ano hito no hanashi o shinjiru 3. kono denwa de kokusai-denwa o kakeru 4. 100-mētoru o 10-byō de hashiru
   C. *F*: Hiragana mo kanji mo kakemasu ka.
      A: Hiragana wa kakemasu ga, kanji wa kakemasen.
        1. jitensha, ōtobai, noru 2. sakana, niku, taberu 3. Tanaka-san, Yamamoto-san, kuru 4. tenisu, gorufu, suru
   D. *F*: Nan-ji goro kaeremasu ka.

A: <u>8-ji made ni kaereru</u> to omoimasu.

    1. dare ga naosu, Tanaka-san ga naosu   2. dare ni azukeru, dare nimo azukenai 3. itsu Tanaka-san ni au, raishū no moku-yōbi ni au 4. doko de kariru, toshokan de kariru 5. nan-mētoru oyogu, 10-mētoru mo oyoganai

E. *F*: <u>Nihon de Igirisu no shinbun ga kae</u>masu ka.

  A: <u>Hoteru ni ike</u>ba <u>kae</u>masu.

    1. Nihon-go no shinbun o yomu, jisho o tsukau 2. konpyūtā o tsukau, setsu-mei o yomu 3. ashita pātī ni iku, shigoto ga nai 4. kono kaiwa o oboeru, mō sukoshi mijikai

F. *F*: <u>Tetsuzuki</u> wa <u>itsu</u> ga ii desu ka.

  A: <u>Konshū-chū nara itsu</u> demo ii desu.

    1. ryōri, nani, butaniku de nakereba 2. tomaru tokoro, doko, benri na toko-ro dattara 3. atsumaru jikan, nanji, heijitsu no yūgata nara 4. uketsuke o tetsudau hito, dare, Eigo ga dekireba

G.*F* <u>O-ko-san wa nan-nin imasu</u> ka.

  A: <u>Hitori</u> shika <u>i</u>masen.

    1. ima o-kane o takusan motte iru, 500-en 2. yoku renshū dekita, 1-jikan 3. nan demo taberu, yasai 4. ano toshokan wa dare demo riyō dekiru, 15-sai ijō no hito

KURZER DIALOG

A: Kaigi no uketsuke ga hitori tarinai n desu ga, asatte tetsudai ni korareru hito wa inai deshō ka.

B: Watashi de yokereba o-tetsudai shimasu.

A: Tasukarimasu. Zehi onegai shimasu.

ÜBUNGEN TEIL B

I. Lesen Sie den Lektionstext und beantworten Sie die folgenden Fragen.

    1. Chan-san wa donna toshokan ga suki desu ka.   2. Kono toshokan wa hirokute shizuka desu ka.   3. Hon o karitai hito wa dō sureba kariraremasu ka.   4. Tosho-kan dewa shinbun ya zasshi mo kariraremasu ka.

II. Ergänzen Sie, falls nötig, die fehlenden Partikeln.

    1. Kaiin shika sono supōtsu kurabu o riyō dekimasen ka./Iie, dare ( ) riyō dekimasu. 2. Kono heya wa hiroi ( ) kireida ( ), kimochi ga ii. 3. Kono hana wa Zontāku-san kara Keiko-san ( ) no purezento desu. 4. Koko ( ) Ginza ( ) donogurai kakarimasu ka./15-fun ( ) ikemasu yo. 5. Yūbe wa 1-jikan ( ) benkyō shimasen deshita. 6. Samui kedo kūki ga warui ( ), mado ( ) akemashō.

III. Setzen Sie die folgenden Verben in die Potentialform, ohne die Höflichkeitsstufe zu verändern.

    1. machimasu 2. kakimasen 3. hanashimasu 4. yakusoku shimasen 5. iimasen 6. erabimasu   7. utau   8. awanai   9. wasurenai   10. kiru (Kleidung tragen) 11. motte kuru 12. yasumanai

IV. Ergänzen Sie die folgenden Fragen.

    1. ( ) oyogemasu ka./100-mētoru gurai oyogemasu. 2. Tsugi no kaigi wa ( ) ga ii desu ka./Itsu demo kekkō desu. 3. ( ) ni ikeba kaemasu ka./Depāto de utte imasu yo.   4. ( ) kyō wa hayaku kaeru n desu ka./Tsuma no tanjōbi na node, hayaku kaerimasu.

V. Vervollständigen Sie die Sätze mit der Potentialform der Verben.

267

1. Koko wa chūsha kinshi na node, kuruma wa (   ). (tomemasen)   2. Sukī ni itte kega o shita node (   ). (arukimasen)   3. 1-nen ni nan-nichi kaisha o (   ) ka. (yasumimasu)   4. Rainen (   ) ka. (sotsugyō shimasu)   5. Ima sugu (   ) ka. (dekakemasu)   6. Howaito-san wa misoshiru ga (   ) ka? (tsukurimasu)   7. Uketsuke ni aru denwa wa (   ) ka. (tsukaimasu)   8. Doko ni ikeba oishii sushi ga (   ) ka. (tabemasu)   9. Shiken ni gōkaku shinakereba, kono daigaku ni (   ). (hairimasen) 10. Terebi de Nihon no furui eiga ga (   ). (mimasu)

VI. Beantworten Sie die Fragen

1. Anata wa Furansu-go ga hanasemasu ka.   2. Anata wa kanji ga ikutsu gurai yomemasu ka.   3. Anata wa yūbe yoku neraremashita ka.   4. Anata wa Nihon-go no jisho ga hikemasu ka.   5. Anata wa Nihon-go de tegami ga kakemasu ka.

Lektion 20 Die Kirschblüte

Sakura zensen to iu kotoba o kiita koto ga arimasu ka.

Nihon no haru o daihyō suru hana wa nan to itte mo sakura deshō. Hito-bito wa haru ga chikazuku to, sakura no saku hi o yosoku shitari, tomodachi to o-hanami ni iku hi o yakusoku shitari shimasu.

Tokorode, Nihon wa minami kara kita e nagaku nobite iru shima-guni desu. Kyūshū, Shikoku, Honshū, Hokkaidō dewa, zuibun kion no sa ga arimasu kara, sakura no saku hi mo sukoshi-zutsu kotonatte imasu. Kyūshū no nanbu dewa, 3-gatsu no sue goro sakimasu ga, Hokkaidō dewa 5-gatsu no hajime goro sakimasu. Kono yō ni yaku 40-nichi mo kakatte, Nihon rettō o minami kara kita e hana ga saite iku yōsu o sen de arawashita mono ga sakura zensen desu.

Sakura zensen no hoka ni ume zensen ya tsutsuji zensen nado no hana zensen mo arimasu. Ume wa sakura yori zutto hayaku Kyūshū o shuppatsu shimasu ga, Hokkaidō ni tsuku no wa daitai sakura to onaji koro desu. Desukara, 5-gatsu no jōjun kara chūjun ni kakete Hokkaidō e ryokō sureba, ichido ni haru no hana ga mirareru no desu. Kore to wa hantai ni, aki ni naru to, kōyō zensen wa yama no ki-gi o aka ya kiiro ni somenagara, kita kara minami e susunde ikimasu.

Hito-bito wa haru niwa o-hanami, aki niwa momiji-gari nado o shite, kisetsu o tanoshimimasu.

ÜBUNGEN TEIL B

I. Lesen Sie den Lektionstext und beantworten Sie die folgenden Fragen.

1. Nihon no haru o daihyō suru hana wa sakura desu ka, tsutsuji desu ka.   2. Nihon-jin wa haru ni naru to yoku nani o shimasu ka.   3. Kyūshū no nanbu dewa itsu goro sakura ga sakimasu ka.   4. Kyūshū dewa sakura to ume to dochira ga saki ni sakimasu ka.   5. Hokkaidō dewa itsu goro ume ga sakimasu ka.   6. Sakura zensen to iu no wa nan desu ka.   7. Kōyō zensen mo minami kara kita e susumimasu ka.

II. Berichten Sie über die Jahreszeiten in Ihrem Land.

KANJI (CHINESISCHE SCHRIFTZEICHEN)

Jedes Kanji hat einen Bedeutungsinhalt. Die meisten Zeichen haben mindestens zwei Lesungen. Die Zahl in Klammern gibt die Strichzahl an.

BAND 1

一 . . . . (1)
二 . . . . (2)
三 . . . . (3)
四 . . . . (5)
五 . . . . (4)
六 . . . . (4)
七 . . . . (2)
八 . . . . (2)
九 . . . . (2)
十 . . . . (2)
百 . . . . (6)
千 . . . . (3)
万 . . . . (3)
日 . . . . (4)
月 . . . . (4)
火 . . . . (4)
水 . . . . (4)
木 . . . . (4)
金 . . . . (8)
土 . . . . (3)

BAND 2 A

Lektion 1

会 . . . . (6)
社 . . . . (7)
来 . . . . (7)
行 . . . . (6)
中 . . . . (4)

時 . . . . (10)
本 . . . . (5)
語 . . . . (14)

Lektion 2

電 . . . . (13)
車 . . . . (7)
分 . . . . (4)
前 . . . . (9)
大 . . . . (3)
東 . . . . (8)
京 . . . . (8)
駅 . . . . (14)
話 . . . . (13)

Lektion 3

見 . . . . (7)
人 . . . . (2)
年 . . . . (6)
気 . . . . (6)
入 . . . . (2)
名 . . . . (6)
住 . . . . (7)
所 . . . . (8)

Lektion 4

支 . . . . (4)
店 . . . . (8)
町 . . . . (7)
市 . . . . (5)
内 . . . . (4)

銀 . . . . (14)
知 . . . . (8)

Lektion 5

課 . . . . (15)
古 . . . . (5)
新 . . . . (13)
安 . . . . (6)
部 . . . . (11)

Lektion 6

薬 . . . . (16)
度 . . . . (9)
早 . . . . (6)
休 . . . . (6)
後 . . . . (9)
用 . . . . (5)
事 . . . . (8)

Lektion 7

私 . . . . (7)
間 . . . . (12)
仕 . . . . (5)
着 . . . . (12)
出 . . . . (5)
発 . . . . (9)

Lektion 8

都 . . . . (11)
思 . . . . (9)
家 . . . . (10)

270

二十課　桜　前　線

桜前線という言葉を聞いたことがありますか。

日本の春を代表する花は何といっても桜でしょう。人々は春が近づくと、桜の咲く日を予測したり、友達とお花見に行く日を約束したりします。

ところで、日本は南から北へ長く延びている島国です。九州、四国、本州、北海道ではずいぶん気温の差がありますから、桜の咲く日も少しずつ異なっています。九州の南部では、三月の末ごろ咲きますが、北海道では五月の始めごろ咲きます。このように約四十日もかかって、日本列島を南から北へ花が咲いていく様子を線で表したものが桜前線です。

桜前線のほかに梅前線やつつじ前線などの花前線もあります。梅は桜よりずっと早く九州を出発しますが、北海道に着くのはだいたい桜と同じころです。ですから、五月の上旬から中旬にかけて北海道へ旅行すれば、一度に春の花が見られるのです。これとは反対に、秋になると、紅葉前線は山の木々を赤や黄色に染めながら、北から南へ進んでいきます。

人々は春にはお花見、秋には紅葉狩りなどをして、季節を楽しみます。

花　屋　つけて届けてくれませんか。

花　屋　はい。お届け先はどちらですか。

ゾンターク　横浜です。

花　屋　送料が五百円かかりますが、よろしいですか。

ゾンターク　ええ。じゃ、お願いします。

十九課　図書館

チャン　あれは何ですか。

大　介　図書館です。

チャン　だれでも利用できますか。

大　介　ええ、もちろんです。だれでも入れますよ。あ
そこは自分で本を手に取って見られますから、
とても利用しやすいですよ。

チャン　それは、いいですね。僕はカードを見て選ぶの
は苦手なんです。

大　介　でもチャンさんは漢字が読めるでしょう。

チャン　ええ、意味は分かります。でも僕は自分で本を

見ながら選べる図書館が好きなんです。

大　介　ちょっと不便な所にあるけど、広いし静かだし、
いいですよ。

チャン　本を借りたりコピーしたりすることもできます
か。

大　介　ええ。手続きをすれば借りられます。僕も今二
冊借りています。

チャン　新聞や雑誌も借りられますか。

大　介　いいえ、本しか借りられません。でも、新聞や
雑誌はコピーを頼めます。二、三分で行けますか
ら、これから一緒に行きませんか。

十七課　大みそかとお正月

十二月三十一日（水）晴れのち曇り

今日は大みそかだ。隣の大野さんのうちでは、朝から家族全員で掃除をしていた。みんなで塀や車や、そして犬まで洗っていた。

午後は日本語で年賀状を書いたが、字が下手だから読みにくいだろう。夕方、田中さん一家とそばを食べに行った。夜はふだんはあまり見ないテレビを見た。チャンネルを次々に変えると、騒がしいショーや侍の時代劇をやっていた。先日、中村さんが「毎年、十二月になると日本各地で『第九』を演奏するんですよ」と言っていたが、おもしろい国だ。

一月一日（木）晴れ

日本で新年を迎えた。町は人も車も少なくて、たいへん静かだ。工場も会社も休みなので、いつもは汚れている東京の空が、今日はきれいで気持ちがいい。近所の店もスーパーもみんな休みだった。あのラッシュアワーのサラリーマンや学生はどこに行ったのだろうか。

日本人の同僚や友達から年賀状が届いた。業者からも来た。印刷のものが多いが、筆で書いたものもある。やはり美しい。もらった年賀状はほとんど全部くじ付きである。

十八課　花を送る

ゾンターク　鈴木さん、ちょっと。

鈴　木　何でしょう。

ゾンターク　日本の習慣を知らないので教えてくださいませんか。友達の誕生日に花をあげようと思うんですが、おかしくないですか。

鈴　木　女の人ですか。

ゾンターク　ええ、でも特別の友達ではないんですが・・・。

鈴　木　おかしくないですよ。大丈夫です。デートですか。

ゾンターク　うーん、まあ。

ゾンターク　友達に花を送ろうと思うんですが、お願いできますか。

花　屋　はい。お届けですね。できます。何日のお届けでしょうか。

ゾンターク　あした届けてください。

花　屋　かしこまりました。

ゾンターク　このばらはいくらですか。

花　屋　一本二百五十円です。

ゾンターク　じゃ、これを二十本お願いします。誕生日のプレゼントにするつもりですから、このカードを

受付　たら受付に預けます。

ブラウン　おはようございます。

受付　おはようございます。山本太郎さんは今日来ますか。

ブラウン　会員の山本様ですね。今日は山本様は夕方六時にいらっしゃいます。

受付　そうですか。これ、山本さんの傘なんですが、今預けてもいいですか。

ブラウン　はい、どうぞ。

受付　じゃ、彼が来たら渡してください。

ブラウン　六時に来るなら、今預けてもいいですか。

受付　はい、確かに。

十六課　早ければ早いほどいいです

山川　もしもし、林部長ですか。こちらは、M設計事務所の山川ですが、ご依頼のショールームの設計ができあがりました。

林　ああ、さっきファックスで図面をいただきました。なかなかいいですね。

山川　何か問題はありませんか。来週から工事を始めれば、来月中にできあがります。

林　そうですねえ。

山川　もし問題がなければ、早速始めたいと思いますが・・・。

林　年末になると業者も忙しくなりますからね。

山川　ええ。早ければ早いほどいいと思うんですが・・・。

林　すみませんが、始める前にちょっと相談したいことがあるんですが、そちらのご都合がよければ、これから伺います。

山川　わかりました。

林　できれば、そうしてください。六時になると表の入口は閉まります。反対側に回ると裏口がありますから、そこから入ってください。

山川　わかりました。

林　裏口は十時まで開いています。じゃ、よろしくお願いします。

十四課　行司の権限

メーナー　わあ、すごい人ですね。

田中　相撲の初日はいつも満員です。人がたくさんいて、リンダさんや奥さんがよく見えませんね。

メーナー　あ、あそこにいました。ほら、相撲を見ながら焼き鳥を食べているのが見えますよ。

田中　さあ、私たちもあそこへ行って、ビールでも飲みながら座って見ましょう。

メーナー　ええ、でもこの取り組みが終わるまでここでいいです。うるさくてアナウンスがよく聞こえませんが、土俵の上にいるのは？

田中　富士の嶺と桜龍です。

メーナー　派手な着物を着て、土俵の上で動き回っているのはどういう人ですか。

田中　あれは行司です。

メーナー　ああ、ジャッジですね。

田中　ええ、でも黒い着物を着て、土俵の周りに座っているのが本当のジャッジです。あの人たちは力士のOBで、偉いんですよ。

メーナー　じゃ、行司はジャッジではないんですか。

田中　ええ、実は決定権はないんです。

メーナー　そうですか。ちょっと納得できませんね。

田中　でも発言権はありますよ。

メーナー　それを聞いて安心しました。

十五課　預かりもの

ブラウン　きのうスポーツクラブに行ったら山本さんに会いました。

渡辺　山本さん？　おとといここに来た山本さんですか。

ブラウン　ええ、彼もそこの会員だと言っていました。

渡辺　あっ、そうそう、山本さんが傘を忘れて帰りましたが、どうしましょうか。

ブラウン　私がその傘を預かりましょう。また会うかもしれませんから。今度スポーツクラブへ行く時、持っていきます。

渡辺　じゃ、これ、お願いします。

ブラウン　山本さんに会ったら渡します。もし会わなかっ

276

予約係り　はい、わかりました。八時より遅くなる場合は、必ずご連絡ください。

メーナー　はい。それで、料金はいつ払いましょうか。

予約係り　恐れ入りますが、内金として一万八千円お送りください。

メーナー　わかりました。

十三課　ギリチョコって何ですか

チャン　ゾンタークさん、これ、渡辺さんからゾンタークさんへのプレゼントですよ。きのうゾンタークさんがいなかったので、僕が預かりました。カードもありますよ。

ゾンターク　どうもありがとう。渡辺さんの贈り物、うれしいですね。

チャン　中身はチョコレートでしょう。開けたんですか。

ゾンターク　カードはラブレターかもしれませんよ。

チャン　えっ、読んだんですか。

ゾンターク　ははは・・・。じつは僕も同じものをもらった

んです。鈴木君ももらっただろうと思いますよ。

ゾンターク　えっ？　みんなもらったんですか。

チャン　ギリチョコですよ、ギリチョコ。

ゾンターク　ギリチョコって何ですか。

チャン　義理のチョコレートです。日本のバレンタインデーの習慣です。職場でもよく女性から男性の上司や同僚にチョコレートをプレゼントします。

ゾンターク　「いつもお世話になっています。これからもよろしく。まゆみ」

チャン　やっぱりギリチョコでした。

ゾンターク　残念でした。

チャン　でも、ギリチョコをたくさんもらった人はどうするんでしょうか。

ゾンターク　たぶん奥さんやガールフレンドが食べるんでしょう。

チャン　じゃ、喜ぶ人は女性と菓子屋ですね。

十一課　面接

林　　中村さんはおととし大学を卒業したんですか。

中村　はい。卒業してから商社に勤めていました。

林　　なぜ辞めたんですか。

中村　私の専門の仕事ができませんでしたから、おもしろくなかったんです。

林　　どうしてこの会社を選んだんですか。

中村　こちらではコンピューターを使う仕事が多いと聞いたからです。私は大学でコンピューターサイエンスを勉強していました。この会社では私の好きな仕事ができると思ったんです。

林　　会社に入ってから一か月研修しなければならないことを知っていますか。

中村　ええ、知っています。

林　　それに外国に出張することも多いですよ。

中村　はい、大丈夫です。

林　　そうですか。では結果は後で連絡します。

十二課　旅館の予約

予約係り　みやこ旅館でございます。

メーナー　もしもし、来月の四日と五日に予約をお願いしたいんですが、部屋は空いていますか。

予約係り　はい、ございます。何名様ですか。

メーナー　二人です。いくらですか。

予約係り　一泊二食付きで、お一人一万八千円でございます。税金とサービス料は別でございます。

メーナー　はい、じゃ、それでお願いします。

予約係り　お名前とお電話番号をどうぞ。

メーナー　メーナーと言います。電話番号は東京〇三―三四〇五―三六三六です。そちらは京都の駅から近いですか。

予約係り　駅から車で十分ぐらいです。駅までお迎えに行きますが・・・。

メーナー　じゃ、駅に着いた時、電話をしますから、よろしくお願いします。

予約係り　はい、かしこまりました。ご到着は何時ごろですか。

メーナー　四時ごろです。

278

Wörterverzeichnis Japanisch - Deutsch

あ

あ	Ah!
<ruby>挨拶<rt>あいさつ</rt></ruby>	Gruß
アイスクリーム	Eiscreme
<ruby>相手<rt>あいて</rt></ruby>	der andere, der Partner, andere Partei, Opponent
<ruby>会<rt>あ</rt></ruby>いましょうか	Sollen wir uns treffen?
<ruby>会<rt>あ</rt></ruby>います（<ruby>会<rt>あ</rt></ruby>う）	treffen
<ruby>合<rt>あ</rt></ruby>う	passen
<ruby>青<rt>あお</rt></ruby>い	blau
<ruby>青山<rt>あおやま</rt></ruby>	Stadtviertel von Tōkyō
<ruby>赤<rt>あか</rt></ruby>	Rot
<ruby>赤<rt>あか</rt></ruby>い	rot
<ruby>赤<rt>あか</rt></ruby>ちゃん	Baby
<ruby>明<rt>あか</rt></ruby>るい	fröhlich, hell（い-Adj.）
<ruby>秋<rt>あき</rt></ruby>	Herbst
<ruby>諦<rt>あきら</rt></ruby>めます（<ruby>諦<rt>あきら</rt></ruby>める）	aufgeben
<ruby>空<rt>あ</rt></ruby>く	frei werden, leer werden
<ruby>開<rt>あ</rt></ruby>けましょうか	Soll ich ...öffnen?
<ruby>開<rt>あ</rt></ruby>けます（<ruby>開<rt>あ</rt></ruby>ける）	öffnen
あげました	gegeben haben
あげます（あげる）	geben
<ruby>上<rt>あ</rt></ruby>げる	heben, steigen lassen, anheben, hochheben
<ruby>朝<rt>あさ</rt></ruby>	der Morgen
<ruby>朝<rt>あさ</rt></ruby>ご<ruby>飯<rt>はん</rt></ruby>	Frühstück
<ruby>朝<rt>あさ</rt></ruby>ご<ruby>飯<rt>はん</rt></ruby>の<ruby>前<rt>まえ</rt></ruby>に	vor dem Frühstück
あさって	Übermorgen
<ruby>麻布<rt>あざぶ</rt></ruby>	Ortsname in Tōkyō
<ruby>明日<rt>あした</rt></ruby>	morgen
<ruby>A社<rt>エーしゃ</rt></ruby>	(Hersteller-) Firma A
<ruby>足<rt>あし</rt></ruby>	Bein
<ruby>預<rt>あず</rt></ruby>かる	aufbewahren (intr.)
<ruby>預<rt>あず</rt></ruby>けます（<ruby>預<rt>あず</rt></ruby>ける）	anvertrauen, abgeben
あそこ	dort
<ruby>阿蘇山<rt>あそさん</rt></ruby>	Berg Aso
<ruby>遊<rt>あそ</rt></ruby>ぶ	spielen
<ruby>暖<rt>あたた</rt></ruby>かい	warm（い-Adj.）
<ruby>頭<rt>あたま</rt></ruby>	Kopf
<ruby>頭<rt>あたま</rt></ruby>がいい	intelligent
<ruby>新<rt>あたら</rt></ruby>しい	neu, frisch
<ruby>新<rt>あたら</rt></ruby>しいの	ein neues
<ruby>当<rt>あ</rt></ruby>たる	gewinnen, treffen
あちら	dort drüben, der Herr/ die Dame dort drüben
あつい	heiß
あつくなかった	es war nicht heiß
<ruby>集<rt>あつ</rt></ruby>まる	sich versammeln, zusammenkommen
<ruby>集<rt>あつ</rt></ruby>める	versammeln, sammeln
あと	der Rest
あとで	später, danach
アナウンサー	(Rundfunk) Sprecher, Ansager
アナウンス	Ansage

あなた	bei Anrede: du, Sie	アルバイト	Aushilfsjob (deutsch: Arbeit)
姉 （あね）	(meine) ältere Schwester	アルバム	Album
アーネスト・ヘミングウェイ	Ernest Hemingway	あれ	das dort drüben
あの	jene, jener, jenes	安心 （あんしん）	Erleichterung, Beruhigung
あのー	ähm, mmmh	安心する （あんしん）	erleichtert sein, beruhigt sein
アパート	Wohnung, Apartement	安全（な） （あんぜん）	sicher (な -Adj.)
浴びます（浴びる） （あ）	baden, duschen	案内 （あんない）	das Führen, Führung
アフリカ	Afrika	案内します （あんない）	zeigen, führen
危ない （あぶ）	gefährlich	（案内する） （あんない）	
甘い （あま）	süß, nachsichtig	あんまり	(umgangssprachlich für) あまり
あまり ...	nicht sehr,		
ない／ません	nicht allzu	**い**	
雨 （あめ）	Regen	胃 （い）	Magen
アメリカ人	Amerikaner	いいえ	Negation, nein
あら （あら）	Oh, Ah	いいえ、 もう結構です （けっこう）	Nein, danke. („Es ist schon gut")
洗う （あら）	waschen		
嵐 （あらし）	Sturm	言います（言う） （い）	sagen, nennen
表す （あらわ）	zeigen, ausdrücken, anzeigen, bezeichnen	言う （い）	sagen
		家 （いえ）	Haus (je nach Kon-text auch: Familie, Eltern)
ありがとうございます	Danke.	いかが	wie?
あります	es gibt (je nach Zusammenhang zu übersetzen mit „befinden sich", „stehen", „liegen", „sind" etc.)	いかがですか	Wie wäre es mit...?
		行き （い）	das Gehen
		- 行き （い）	Richtung ..., nach ... fahrend
		イギリス	Großbritannien, England
ありません	hat nicht	いくつ	wie viele
ありませんでした	war nicht	いくら	was? wie viel (kostet das)?
ある	haben		
歩きました （ある）	ist gelaufen, lief	生け花 （い）（ばな）	Ikebana (Blumen-steckkunst)
歩く （ある）	laufen		

行ける	gehen können, erreichen können	一緒に	zusammen mit
石	Stein	五日	der Fünfte eines Monats
医者	Arzt	五つ	fünf
以上	mehr als	言ってください	Bitte sagen Sie, Bitte nennen Sie mir
椅子	Stuhl		
忙しい	beschäftigt sein	行って参ります	Auf Wiedersehen („Ich gehe und komme wieder")
急ぐ	sich beeilen		
痛い	schmerzen, weh tun	いつでも	jederzeit
いただきました	(höflich für) もらいました	いってらっしゃい	Auf Wiedersehen („geh und komm wieder")
いただきます	guten Appetit (wörtl.: ich empfange), essen (höflich für) たべます	いっぱい	eine Tasse / ein Glas voll
		いつも	immer
いただく	empfangen, erhalten (höflicher als もらう)	伊藤	jap. Nachname
		いとこ	Cousin, Cousine
		犬	Hund
いただく	essen (höflich für) たべる	今	jetzt
		居間	Wohnzimmer
イタリア	Italien	います	sich befinden (nur für Lebewesen gebräuchlich)
一	eins		
一億	hundert Millionen		
一度	einmal	います	sein, hier: bleiben
一日	ein Tag, an einem Tag	今のうちに	sofort, bevor es zu spät ist
一年中	das ganze Jahr über		
一番	Nr. 1, am meisten	意味	Bedeutung
一万	zehntausend	イーメール	E-mail
一郎	männlicher Vorname (Ichirō)	妹 さん	jüngere Schwester (handelt es sich um die eigene Schwester, fällt - さん weg)
いつ	wann?		
一家	Haushalt, Familie		
一階	Erdgeschoss	いや（な）	eklig, unangenehm
一ヶ月	einen Monat lang	イヤホーン	Kopfhörer (engl.: earphone)
一生	sein Leben (lang)		
一生懸命	mit aller Kraft	いらっしゃいました	(höflich für) ist gekommen, kam

いらっしゃいます (höflich für) kommen,

（いらっしゃる） gehen, sein

いらっしゃいませ herzlich Willkommen

入口 Eingang

要る benötigen

いる sein, sich befinden

入れる hinein geben, hinein legen

色 Farbe

色々な verschiedene, viele

色々な事 verschiedene Dinge

いろはかえで eine Ahornsorte

印刷 Druck

インストラクター Trainer, Lehrer, (engl.: Instructor)

隕石 Meteorit

インターナショナル international

インターネット Internet

インテリアデザイン Innendesign, Inneneinrichtung

う

ウィスキー Whiskey

ううん nein (ugs.)

ううん mmh

上 auf, über, oben

ウェイトレス Kellnerin

上野 Stadtviertel von Tōkyō

伺う besuchen, fragen, hören (bescheiden höflich), hören (bescheidene Form)

浮世絵 Ukiyoe, Holzschnitte (wörtl. „Bilder der flüchtigen Welt")

受付 Empfang, Rezeption

受ける sich einer Prüfung unterziehen

動き回る herumgehen, umhergehen (zusammengesetzt aus うごく＋まわる)

動く sich bewegen, in Betrieb sein

牛山 Herr Ushiyama (Name)

後ろ hinten, Rückseite

歌 Lied

歌う singen

家 Zuhause, Heim, Privatwohnung

内金 Deposit, Anzahlung

うちの unser

宇宙 Weltraum

宇宙人 Marsmensch

美しい schön, hübsch

売っています ... verkauft gerade

馬 Pferd

生まれる geboren werden

海 Meer, Ozean

梅 japanische Pflaume

裏 Rückseite

裏口 Hintereingang

浦安 Urayasu (Ortsname)

〜売場 Verkaufsstelle

売り切れ ausverkauft

売る	verkaufen
ウール	Wolle
うるさい	laut, lärmend
嬉しい	glücklich, froh
うん	ja (ugs.)
運転手	Fahrer, Chauffeur
運転する	fahren, ein Fahrzeug lenken
運動	Bewegung, körperl. Training
運動する	sich bewegen

え

ええ	Oh
絵	Bild
エアコン	Klimaanlage (in einem Zimmer)
エアロビクス	Aerobics
英会話	Englische Konversation
映画	Film
映画館	Kino
英語	Englisch
えぇ？	was? so?
ええ	ja (höflicher als „うん", weniger höflich als „はい")
駅	Bahnhof
駅員	Bahnhofspersonal; Bahnbeamter/-tin
エジプト	Ägypten
えーと	hm, lass mich überlegen
江戸	Edo (alter Name von Tōkyō)
江戸時代	Edo-Zeit

エービーシー	ABC (ein Firmenname)
エミュー	Emu
偉い	wichtig, angesehen
選ぶ	auswählen
選べる	auswählen können
円	Yen
演奏	Aufführung, Spiel
演奏する	Spielen, Aufführen (Musikstück)
鉛筆	Bleistift
遠慮	Zurückhaltung
遠慮なく	ohne Zurückhaltung

お

お -	Höflichkeitspräfix
おいくつ	wie alt?
おいしい	wohlschmeckend, lecker
多い	viel (e)
大きい	groß
大勢	(Menschen) Menge, viele (Leute)
大野	Nachname
大晦日	letzter Tag des Jahres
お母様	die Mutter (eines anderen)
お母さん	Mutter eines anderen; direkte Anrede der eigenen Mutter
おかえりなさい	Grußfloskel
おかけください	Bitte, setzten Sie sich.
おかげさまで	Danke, (Ihnen habe ich es zu verdanken, dass...)

お菓子	Süßigkeiten, Plätzchen	おしゃべりする	tratschen, geschwätzig sein
おかしい	komisch, lustig	お正月	Neujahr
お金	Geld	押す	drücken, schieben
小川	ein Name	お好きなもの	Dinge, die Sie mögen
沖縄	Okinawa	お寿司	Sushi (Gericht mit fein gesäuertem Reis)
起きます (起きる)	aufstehen		
お客さん	Kunde, Gast, Besucher	オーストラリア	Australien
起きる	sich ereignen	お世話になる	jdm. gegenüber zu Dank verpflichtet sein
置く	setzen, stellen, legen		
億 (一億)	hundert Millionen	遅い	spät
奥様	Ehefrau (eines anderen)	お葬式	Beerdigung, Bestattung
奥さん	Ehefrau	恐れ入ります	entschuldigen Sie (höflich für) すみません
送りたい	schicken wollen		
送ります (送る)	schicken	お大事に	gute Besserung
贈り物	Geschenk	落合	jap. Nachname
送る	schicken, begleiten	落ちてくる	auf einen fallen, „heruntergefallen kommen"
遅れる	sich verspäten		
お元気で	Bleiben Sie gesund./ Alles Gute.	落ちます (落ちる)	(hin) fallen, durchfallen
お子さん	Kind (eines anderen)	お茶	Tee
怒っている	verärgert sein, wütend sein	お釣り	Wechselgeld
起こる	vorkommen	お手洗い	WC, Toilette
怒る、怒ります	wütend werden, böse werden	お寺	Tempel (buddhistisch)
お先に失礼します	Auf Wiedersehen, ich gehe jetzt	音	Laut, Klang
お酒	japanischer Reiswein	お父さん	Vater eines anderen; direkte Anrede des eigenen Vaters
教えます	unterrichten, etw. mitteilen	弟	jüngerer Bruder (der eigene)
教える	unterrichten	男	ein Mann, männlich
押します	schieben		

男の子	Junge
男の人	Mann
落とします（落とす）	fallen lassen
一昨日	vorgestern
お届け	Auslieferung
お届け先	Lieferadresse, Empfänger
一昨年	vorletztes Jahr
大人	Erwachsener
オートバイ	Motorrad
驚く	erstaunt sein, sich wundern, über- rascht sein
おなか	Bauch
同じ	der/ die/ dasselbe
お兄さん	der ältere Bruder (eines anderen)
お願いします	bringt eine Bitte zum Ausdruck
お入りください	Bitte, treten Sie näher.
お話します	(über etwas) reden,
お花見	Betrachten der Kirschblüte
オープンエア	Freilicht..., unter freiem Himmel (engl.: open air)
オペラ	Oper
お弁当	Lunch-Box
覚える	auswendig lernen, erinnern
お盆	das buddhistische Totenfest
お待ちください	warten Sie bitte
お招きありがとう ございます	Vielen Dank für Ihre Einladung.

お見舞い	Krankenbesuch, persönl. Anteilnahme
お土産	Souvenir
おめでとう ございます	herzlichen Glückwunsch
重い	schwer（い -Adj.）, ernst (-haft)
思い出	Erinnerung
思う	denken, meinen, finden
表	Vorderseite
おもしろい	interessant, lustig
泳ぎます（泳ぐ）	schwimmen
オリエント・ エクスプレス	Der Orient- Express
降りる	aussteigen
オリンピック	die Olympischen Spiele
お礼	Dank, Dankgeschenk
おろす	abheben
終わる, 終わります	beenden
音楽	Musik
温水	warmes Wasser
温水プール	beheiztes Schwimmbad
温泉	heiße Quelle, Thermalbad, japanisches Onsen
女	Frau, Weib
女の子	Mädchen
女の人	Frau

か

課 (か)	Abteilung	変える (かえる)	ändern, wechseln
火 (か)	Dienstag	顔 (かお)	Gesicht
か	oder (Partikel)	顔色 (かおいろ)	Gesichtsfarbe
か	Fragepartikel, dient im Japanischen als Fragezeichen	係 / ～係 (かかり)	der Zuständige
		かかります	dauern
～課 (か)	Lektion (Zählsuffix)	かかる	dauern
		鍵 (かぎ)	Schlüssel
が	Partikel	書留 (かきとめ)	Einschreiben
が	aber, jedoch	書きましょうか (か)	soll ich ... aufschreiben?
階 (かい)	Geschoss, Etage		
～回 (かい)	Mal	書きます (か)	schreiben
会員 (かいいん)	Mitglied	書く (か)	zeichnen, schreiben
開花日 (かいかび)	Tag, an dem die Blüte beginnt	家具 (かぐ)	Möbel
		学生 (がくせい)	Student(in)
貝殻 (かいがら)	Muschel	各地 (かくち)	überall, an allen Orten
会議 (かいぎ)	Konferenz		
会議をしています (かいぎ)	eine Konferenz abhalten	～ヶ月 (かげつ)	Zählsuffix für Monate
会議をします (かいぎ)	Meeting abhalten	掛けます (か)	sich setzen
会議室 (かいぎしつ)	Konferenzraum	かけます	anrufen
外国 (がいこく)	Ausland	（かける）	(das Wählen)
外国語 (がいこくご)	Fremdsprache	かける	begießen, dara. . .tun
改札口 (かいさつぐち)	Sperre (am Bahnhof)	かける	(Brille) tragen, aufsetzen
会社 (かいしゃ)	Firma, Unternehmen	掛ける (か)	sich setzen
会社員 (かいしゃいん)	Angestellte(r)	かご	Korb
会費 (かいひ)	Gebühren, Mitgliedsbeitrag	傘 (かさ)	Regenschirm
		家事 (かじ)	Haushaltsarbeit, Hausarbeit
買い物 (かいもの)	Einkäufe		
会話 (かいわ)	Konversation, Gespräch	かしこまりました	gewiss, jawohl, habe verstanden
帰り (かえり)	das Zurückkommen	カジノ	Spielkasino, Spielbank
帰ります（帰る）(かえ)	zurückkehren, nach Hause fahren	菓子屋 (かしや)	Konditorei, Bonbongeschäft

Japanisch	Deutsch	Japanisch	Deutsch
貸す	(jemandem etwas) leihen	髪	Haar, Haare
風	Wind	髪が長い	langhaarig
風邪	Erkältung	カメラ	Fotoapparat
風邪をひく	sich erkälten	カメラ屋	Fotogeschäft, Verkäufer im Fotogeschäft
家族	Familie		
〜かた	Art und Weise	画面	Bildschirm
〜型	-Typ, Größe...	かもしれません	vielleicht
硬い	hart	火曜	Dienstag
片付ける	aufräumen	火曜日	Dienstag
カタログ	Broschüre	空	leer
課長	(Unter-) Abteilungsleiter	から	seit
〜月	Monat	から	von ... ab
がっかりする	enttäuscht sein	から	weil
学校	Schule	カラオケ	Karaoke, Playbackmusik
家庭用品店	Haushaltswarengeschäft	カラオケバー	Bar mit Karaoke
		体	Körper
角	Ecke	体にいい	gut für den Körper, gesund
カード	(Gruß) Karte, (Kredit) Karte	体の具合	das Befinden, Gesundheit
家内	(meine) Frau		
カナダ	Kanada	から ... にかけて	von...bis
悲しい	traurig, unglücklich, erbärmlich, armselig	狩り / 〜狩り	die Jagd
		カリフォルニア	Kalifornien
		借りられる	leihen können
悲しむ	traurig sein	借りる	(von jm. etwas) leihen, mieten, ausleihen
必ず	unbedingt		
彼女	sie, Freundin	軽い	leicht (い -Adj.)
花瓶	Blumenvase	ガールフレンド	Freundin (engl.: girlfriend)
歌舞伎	Kabuki-Theater, Kabuki-Aufführung	彼	er
我慢する	ertragen, sich gedulden	皮	Leder
		川	Fluss
紙	Papier	〜側	Seite

かわいい	süß, niedlich
変わる	sich ändern
～間	drückt eine Zeitspanne aus
癌	Krebs (Krankheit)
考え方	Denkweise
考える	denken
環境	Umwelt
関係	Beziehung, Verbindung, mit ... zu tun haben
歓迎会	Begrüßungsparty
感激する	beeindruckt sein, tief bewegt/ gerührt/ ergriffen sein
観光客	Tourist
韓国	Republik Südkorea
看護婦（さん）	Krankenschwester
漢字	Kanji, dem Chinesischen entlehnte Schriftzeichen
乾燥機	Wäschetrockner
簡単（な）	einfach (な -Adj.)
乾杯	Prost!
頑張る	sein Bestes geben, sich anstrengen
管理人	Hausmeister

き

気	Gefühl
木	Baum
黄色	gelb
キーウェスト	Key West
消える	ausgelöscht werden, ausgehen, (ver) löschen
気温	Lufttemperatur
機械	Maschine, Ausrüstung
気が付く	wieder zu sich kommen, bemerken, das Bewusstsein wieder erlangen
機関	Mittel, System
木々	Bäume
聞きます	hören, fragen
聞く	hören
聞こえる	hörbar sein
記事	Artikel, Stoff
記者	Reporter
帰省	nach Hause zurück
季節	Jahreszeit
規則	Regel
北	Norden
汚い	schmutzig (い -Adj.)
喫茶店	Cafe
キッチン	Küche
切手	Briefmarke
きっと	gewiss, bestimmt, sicherlich
切符	Fahrkarte
切符売り場	Fahrkartenschalter
気に入りました	war zufrieden, hat gefallen
絹	Seide
昨日	gestern
寄付する	spenden
気分	Befinden
来ました	ist gekommen, kam
着ます	tragen, anziehen

288

来ます（来る）	kommen	義理チョコ	giri-Schokolade
君	du	切ります	schneiden
木村	jap. Vorname	切る	schneiden, abschneiden
決める	entscheiden		
気持ち	Gefühl	着る	tragen, anziehen
着物	Kimono	きれいな	schön; sauber
客	Kunde	キロ、キログラム	Kilogramm
キャビネット	Truhe, Schränkchen	気をつけて	Kommen Sie gut nach Hause.
キャンディー	Bonbons (engl.: candy)	気をつけます	aufpassen, vorsichtig sein
キャンプ	Camp, Lager, Camping	禁煙ガム	Kaugummi zum Abgewöhnen des Rauchens
九	neun		
九州	(die Insel) Kyūshū	金庫	Safe, Tresor
急に	plötzlich	銀行	Bank
牛肉	Rindfleisch	銀座	Ginza (Gebiet in Tōkyō)
給料	Gehalt		
今日	heute	近所	Nachbarschaft
教科書	Lehrbuch	金曜日	Freitag
教師	Lehrer		
行司	Sumō-Schiedsrichter		

く

業者	werbetreibender, Geschäftsmann	九	neun
教授	Professor	具合	Zustand, das Befinden
今日中に	heute (im Tagesverlauf)	空港	Flughafen
		臭い	stinkend（い-Adj.）
きょうだい	Geschwister	九時	neun Uhr
興味	Interesse	くじ	Lotterie, Glücksziffer
去年	letztes Jahr	くじ付き	mit Los
嫌い（な）	nicht mögen（な-Adj.）, verhasst	薬	Medizin
		薬屋	Apotheke
嫌う	nicht mögen, nicht gerne haben	下さい	bitte
		果物	Früchte, Obst
義理	Verpflichtung	靴	Schuhe
ギリシャ	Griechenland	クッキー	Plätzchen

靴下（くつした）	Socken
クッション	Kissen
靴べら（くつべら）	Schuhlöffel
国（くに）	Land, Heimatort (im Sinne von Familie, Eltern)
熊本（くまもと）	Stadt und Präfektur Kumamoto
曇り（くもり）	bewölkt
クーラー	Klimaanlage
暗い（くらい）	dunkel
ぐらい	ungefähr, zirka
クラシック	klassisch (-e Musik), Klassik
クラシック音楽（おんがく）	klassische Musik
暮す（くらす）	leben
クラス	die Klasse
クラブの人	jemand vom Club, Angestellter
クリスマスカード	Weihnachtskarte
クリスマスツリー	Christbaum, Weihnachtsbaum
クリーニング	Reinigung
グループ	Gruppe
車（くるま）	Wagen, Auto
くれる	geben (jemand gibt mir etwas)
黒（くろ）	schwarz, das Schwarz
黒い（くろい）	schwarz
詳しい（くわしい）	genau (い -Adj.)
詳しく（くわしく）	genau (Adv.)
君（きみ）	Herr (ugs.)

け

警官（けいかん）	Polizist
恵子（けいこ）	(weibl.) Vorname
経済（けいざい）	Wirtschaft
警察（けいさつ）	Polizei
計算（けいさん）	Rechnung, Berechnung
契約（けいやく）	Vertrag
経歴（けいれき）	Lebenslauf
けが	Verletzung
けがをする	sich verletzen
ケーキ	Kuchen
劇（げき）	-Stück, -Spiel, -Drama
今朝（けさ）	heute morgen
消しゴム（けし）	Radiergummi
消す（けす）	ausschalten, abschalten, löschen
ケース	Schaukasten, Vitrine
結果（けっか）	Ergebnis
結構（な）（けっこう）	in Ordnung, gut
結婚（けっこん）	Hochzeit
結婚相手（けっこんあいて）	Ehepartner
結婚記念日（けっこんきねんび）	Hochzeitstag
結婚式（けっこんしき）	Hochzeitsfeier
決定（けってい）	Entscheidung
決定権（けっていけん）	Autorität, Entscheidungsrecht
～権（けん）	Recht
月曜日（げつようび）	Montag
～けど	aber, jedoch
ゲーネン	Geenen (ein Name)
-ければ / -ば	wenn
券（けん）	Ticket, Fahr-, Eintrittskarte
喧嘩（けんか）	Streit

玄関	Eingang, (Bereich um die) Haustür	航空会社	Luftfahrtgesellschaft
元気な	gesund	航空便	Luftpost
研究	Forschung, Studien	高校 (= 高等学校)	Oberschule, Senior High School
現金	Bargeld		
現金書留	Geldsendung (Brief)	交差点	Kreuzung
		工事	Bauarbeiten
健康	Gesundheit	工場	Fabrik
研修	Training, Praktikum	紅茶	schwarzer Tee
		交通	Verkehr
研修する	lernen, trainieren	交通事故	Verkehrsunfall
見物	Besichtigung	交番	Polizeihäuschen
見物する	besichtigen	広報部	Abteilung für Öffentlichkeits- arbeit, Presse- abteilung

こ

		紅葉	(rote) Herbstblätter
子	Kind	紅葉日	Tag, an dem sich die ersten Blätter färben
五	fünf		
ご	Höflichkeitspräfix	声	Stimme
〜語	Sprache	国際	international
...後	nach... (zeitlich)	国際道場	Internationale Judo-(Trainings) Halle
ご案内します	(höflich für)zeigen, herumführen		
小泉	Koizumi (Name)	国際的 (な)	international (な -Adj.)
ご依頼	Wunsch (eines anderen), Bestellung, Anfrage	国際電話	Auslandsgespräch
		九日	der Neunte eines Monats
コインロッカー	Schließfach	ございます	(höflich für) あります
〜港	Hafen		
公園	Park	五十分	fünfzig Minuten
後悔する	bedauern, (jeman-dem) leid tun	ご紹介します	Darf ich vorstellen...
合格	das Bestehen	午前	Vormittag
合格する	Prüfung bestehen	ご相談	(höflich für) Beratung, Rat
交換手	Vermittlung, Telefonistin	答え	Antwort

コーチ	Trainer
ごちそうさまでした	Danke (für das Essen)
こちら	dies hier (höflich , auch für Personen gebraucht), diese Person, dieser Herr, diese Dame
こちらに	Hier entlang, bitte.
コップ	Tasse
事	Ding, Sache
コート	Mantel
ことがある	schon einmal...
ことができる	können
今年	dieses Jahr
異なる	verschieden sein
言葉	Wort
子供	Kind
断る	ablehnen
この	diese/dieser/dieses
この辺	in dieser Gegend
このように	auf diese Art und Weise
コーヒー	Kaffee
コピー	Kopie
コピーをする	kopieren
ご無沙汰	Säumigkeit (bei Besuch, Brief)
ご無沙汰しています	ich habe lange nicht geschrieben
困る	Schwierigkeiten haben, verärgert sein
ごみ	Müll, Abfall
ごみ箱	Mülleimer
混みます（混む）	voll sein, überfüllt sein

ご迷惑	Unannehmlich-keiten
ごめんなさい	es tut mir leid
ご両親	Eltern (nicht die eigenen)
ゴルフ	Golf
ゴルフ練習場	Golfübungsbahn, Übungsplatz
これ	dies
これから	ab jetzt, von nun an; gleich
コレクション	Sammlung, (engl.: collection)
これは	dies ist
頃	(zur) Zeit (als)
今月	dieser Monat, diesen Monat
コンコルド	Concorde
コンサート	Konzert
今週	diese Woche
混んでいます	es ist voll
コンテスト	Wettbewerb
今度	nächstes Mal, in einiger Zeit, bald
こんな	ein (e) solche (r,s)
コンビニ	24-Stundenladen (engl.: convenience store), Nachbar-schaftsladen
コンピューター	Computer
婚約	Verlobung
婚約者	Verlobte(r)
婚約する	sich verloben

さ

差	Unterschied

さぁ	los	さくらりゅう	Name eines Sumō ringers
さぁ	Laut, der ein Nachdenken ausdrückt, da der Sprecher in dem Moment die Antwort auf die ihm gestellte Frage nicht weiß.	酒	japanischer Reiswein
		座席	Sitzplatz
		- 冊	Zählsuffix für Bücher
～歳	Alter, x Jahre alt	サッカー	Fußball
サイエンス	Wissenschaft (engl.: science)	さっき	vor kurzem, gerade eben
最近	in letzter Zeit	雑誌	Zeitschrift
サイクリング	Radfahren (engl.: cycling)	早速	sofort, ohne Verzögerung
最高	der/die/das Beste	札幌	Sapporo
サイコロ	Würfel	佐藤先生	(Lehrer) Satō
サイズ	Format, Größe	サバイバルキット	Überlebenspaket, Erdbeben-Vor-sorgepaket (engl.: survival kit)
咲いていく	blühen (die Blüte zieht durch)		
財布	Geldbörse, Portemonnaie	サービス	Service, Bedienung
		サービス料	Kosten für Bedienung, Service
サイン	Unterschrift (engl.: sign)	- 様	(höflich für) - さん
サウナ	Sauna	サマーコース	Sommerkurs
サウンド・オブ・ミュージック	The Sound of Music (Filmtitel)	サミット	Gipfeltreffen
		寒い	kalt
探す	suchen	寒かった	es war kalt
魚	Fisch	侍	Samurai
魚屋	Fischgeschäft	さようなら	auf Wiedersehen
酒屋	Spirituosenhändler	サラダ	Salat
先	vor, vorher	サラダオイル	Salatöl
先	Zukunft	サラリーマン	Angestellter („salaried man")
咲く	blühen		
桜	Kirsche, Kirschblüte	騒がしい	laut, unruhig
		- さん	Herr, Frau, Fräulein (wird an jeden Vor- und
桜前線	Kirschblütenfront		

	Nachnamen angehängt, außer innerhalb der Familie oder unter sehr engen Freunden)
-山	Bezeichnung für Berg (nach Bergnamen, wie engl. Mount ..)
三か月分	(der Teil) für drei Monate
残業	Überstunde
サングラス	Sonnenbrille
三千円	3.000 Yen
サンドイッチ	Butterbrot, Sandwich
残念	leider
残念ですが	es tut mir leid, aber...
残念（な）	leider, schade
サンフランシスコ	San Francisco
散歩	Spaziergang
散歩をする	spazierengehen

し

し	und, darüber hinaus
字	Schriftzeichen, Buchstabe, Handschrift
～時	Uhr bei Angaben der Uhrzeit
試合	Wettkampf, Spiel
Jドライビングスクール	Fahrschule J
シェークスピア	Shakespeare
塩	Salz
シカゴ	Chicago
しかし	aber, allerdings
しか...ない	nur

時間	Zeit
～時間	Zählsuffix für Stunden
式	Zeremonie, Feier
試験	Prüfung
事故	Unfall
四国	Shikoku (Insel Japans)
仕事	Arbeit
仕事の後で	nach der Arbeit
仕事をしています	gerade arbeiten
事故に遭う	einen Unfall haben, einem Unfall / Ungeschick begegnen
時差	Zeitunterschied
支社	Zweigstelle
支社長	Leiter der Zweigstelle
辞書	Wörterbuch
辞書がなくても	ohne Wörterbuch
事情	Umstände, Situation, Bedingungen, Lage
地震	Erdbeben
静かな	ruhig (な-Adjektiv)
システム	System
システム部	Systemabteilung
自然	Natur
下	unter
時代劇	Samurai-Film
親しい	befreundet, nahe stehen
～室	Raum, Zimmer
知っています	kennen

失敗 しっぱい	Misserfolg, Fehlschlag	者 しゃ	die Person, die...
失敗する しっぱい	keinen Erfolg haben; fehlschlagen; etw. falsch machen, Misserfolg haben	じゃあ	nun/wenn das so ist...
		社員 しゃいん	Angestellte(r)
		社会 しゃかい	Gesellschaft, Soziales
質問 しつもん	Frage	ジャケット	Jacke
失礼します しつれい	Ich bin so frei.	写真 しゃしん	Foto
実は じつ	eigentlich, in Wahrheit	写真を撮っても しゃしん と いいですか	Darf man hier fotografieren?
指定 してい	reservierter Platz, Reservierung	写真を撮る しゃしん と	fotografieren
指定券 していけん	Platzkarte	ジャズ	Jazz
支店 してん	Zweigstelle, Niederlassung	社長 しゃちょう	Firmenchef
		シャツ	Hemd
自転車 じてんしゃ	Fahrrad	ジャッジ	Schiedsrichter
シドニー	Sydney	ジャーナリスト	Journalist
市内 しない	innerhalb der Stadt	車両 しゃりょう	Auto, Wagen
死ぬ し	sterben	シャワー	Dusche
芝居 しばい	(Theater) Stück	シャワーを浴びる あ	duschen
芝生 しばふ	Rasen, Gras	シャンパン	Sekt, Champagner
支払い しはら	Bezahlung	十 じゅう	zehn
自分 じぶん	man selbst	～中 じゅう	überall in...
自分で じぶん	selbst (etwas machen)	- 中 /- 中に じゅう ちゅう	während (des Tages, der Woche etc.)
島 しま	Insel	- 中 じゅう	hindurch, über (Zeitraum)
しま	Streifen	十一 じゅういち	elf
島国 しまぐに	Inselland	集会 しゅうかい	Versammlung, Zusammenkunft
閉まる し	geschlossen sein, schließen (intrans.)	習慣 しゅうかん	Brauch, Sitten, Gewohnheiten, Tradition
ジム	Sporthalle, Turnhalle	- 週間 しゅうかん	Zählsuffix für Wochen
事務室 じむしつ	(Zimmer im) Büro	週刊誌 しゅうかんし	Wochenzeitschrift
事務所 じむしょ	Büro	十時 じゅうじ	zehn Uhr
閉める し	(ab)schließen (transitiv)	住所 じゅうしょ	Adresse

渋滞	Stau	少々	ein wenig
柔道	Judo	上手な	geschickt, gut
十八	achtzehn	招待	Einladung
十分	genug	招待状	Einladungskarte
週末	Wochenende	招待する	einladen
十四日	der Vierzehnte eines Monats	冗談	Witz
授業	Unterricht	冗談を言う	einen Witz reißen
授業料	Unterrichtsge-bühren	消防士	Feuerwehrmann
宿題	Hausaufgabe	醤油ドレッシング	Soja-Salatsoße, Dressing mit Sojasoße
主人	Ehemann, Besitzer, Hausherr, Wirt	将来	Zukunft
ジュース	Saft	ジョギングを します（する）	joggen
首相	Premierminister	～食	Zählsuffix für Mahlzeiten
出席	Teilnahme	食事	Mahlzeit
出席する	teilnehmen	食事をします	essen, eine Mahl-zeit einnehmen
出張	Geschäftsreise		
出張する	eine Geschäftsreise machen	食堂	Speisesaal
出発	Abfahrt	食堂車	Speisewagen
出発する	abfahren	職場	Arbeitsstätte, Arbeitsplatz
準備	Vorbereitung	女性	Frau, weiblich
～所	-Amt	初日	der Eröffnungstag
～書	Formular, Papier	女優	Schauspielerin
ショー	Schau („Show"), Aufführung	書類	Unterlagen, Papier, Dokument
使用	Anwendung	ショールーム	Ausstellungsraum, „Showroom"
状	Brief (Suffix)		
紹介する	jemanden vorstellen	ジョーンズ	Jones (Name)
小学校	Grundschule	知らせる	mitteilen, wissen lassen, benach-richtigen
上司	Vorgesetzter		
商社	Handelsfirma	知らない人	ein Fremder, jemand, den man nicht kennt
上旬	erstes Drittel des Monats		

調べる	untersuchen, prüfen	空いています	leer sein
資料	Papiere, Unterlagen, Dokumente	ずいぶん	sehr, ziemlich
		吸います	rauchen, einatmen
汁	Suppe	水曜日、水曜	Mittwoch
知る	kennen, wissen	吸う	rauchen, einatmen
白	weiß, das Weiß	末	das Ende
～人	Suffix, das der Nationalität nachgestellt wird	スカーフ	(dünner) Schal
		スキー	skifahren
新幹線	Shinkansen (bullet train)	スキー場	Ski-Ort
		好きな	etwas, das man mag, Lieblings-
信号	Verkehrsampel	空きます（空く）	leer werden, sich leeren
新宿	Shinjuku (Eines der Stadtzentren von Tōkyō)		
		すき焼き	jap. Gericht
信じる	glauben	すぐ	sofort
親切な	freundlich	少ない	wenig
新入社員	neue(r) Angestellte(r)	すごい	wunderbar, super
		少し	ein wenig, etwas
新年	Neujahr	少しずつ	Stück für Stück
心配	Sorge, Unruhe, Angst	すし屋	Sushi-Restaurant
		すしまさ	Sushimasa (Name eines Restaurants)
心配（な）	Sorge, besorgt, Beunruhigung		
		涼しい	kühl
心配している	besorgt sein, sich Sorgen machen	勧める	empfehlen
		進んでいく	voranschreiten
心配する	sich sorgen, keine Ruhe haben, sich Sorgen machen um / wegen, beunruhigt sein	スーツ	Anzug
		～ずつ	je (Suffix)
		ずっと	die ganze Zeit über, dauernd
新聞	Zeitung	ステーキ	Steak
		捨てる	wegwerfen
す		スト（＝ストライキ）	Streik
水泳	das Schwimmen	ストーブ	Ofen
スイス料理	schweizerische Küche	ストライキ	Streik
		ストロベリーケーキ	Erdbeerkuchen

スーパー	Supermarkt
すばらしい	wunderschön
スピーチ	Rede
スピーチコンテスト	Redewettstreit
スープ	Suppe
スプーン	Löffel
スペイン語	Spanisch
スポーツ	Sport
スポーツクラブ	Sportclub, Fitnessclub
ズボン	Hose
済ませる	beenden
すみません	Entschuldigung
済む	vorübergehen, zu Ende sein
住む	wohnen, leben
図面	Skizze, Blaupause
相撲	Sumō (Ringkampf)
スライド	Dias
スリップ	(aus) rutschen, gleiten (engl.: to slip)
スリに遭う	bestohlen werden
吸わないで下さい	bitte rauchen Sie nicht
座る	sich setzen
住んでいます	wohnen, leben

せ

背	Rücken
～製	hergestellt in ...
背が高い	groß (gewachsen)
背が低い	nicht groß, von kleiner Gestalt
生活	das Leben
税金	Steuer

政治	Politik
贅沢	luxuriös, üppig, Luxus
税務署	Finanzamt
セイリング	Segeln
世界	Welt
世界中	in der ganzen Welt
せき	Husten
せきをする	husten
セーター	Pullover
設計	Planung, Design
石鹸	Seife
絶対	absolut
絶対に	ganz bestimmt, absolut, unbedingt
説明	Erklärung, Erläuterung
説明します	erklären
背中	Rücken
セーヌ川	(der Fluß) Seine
是非	bitte, gewiss, unbedingt, auf jeden Fall
狭い	eng (い -Adj.)
セール	Ausverkauf, Sonderangebot (engl.: sale)
セールス	Verkauf
セールスの人	Verkäufer, Vertreter
ゼロ	Null
世話	Hilfe, Freundlichkeit, Unterstützung
線	Linie, Strich, (Bahn-) Linie
全員	alle Personen, alle Mitglieder
先月	letzter Monat

せんじつ 先日	neulich, vor kurzem	そちら	dort, der Herr / die Dame dort drüben
せんしゅう 先週	letzte Woche	そつぎょう 卒業	Graduierung, Schulentlassung
せんせい 先生	Anrede für Lehrer, Ärzte, Rechtsanwälte, Politiker	そつぎょう 卒業します そつぎょう （卒業する）	(Schule, Univ.) beenden, graduieren, die Schule abschließen
ぜんせん 前線	Front		
ぜんぜん 全然 … ない	überhaupt nicht, gar nicht, nie	そと 外	draußen, außen, das Draußen
せんそう 戦争	Krieg	その	diese / dieser / dieses (dort)
せんたくき 洗濯機	Waschmaschine	じかん その時間	diese Zeit
ぜんぶ 全部	alles	そば	bei, in der Nähe von
せんもん 専門	Spezialisierung, Hauptfach	そば	Buchweizen-Nudeln

そ

そうか	＝ そうですか	そふ 祖父	Großvater
そうじ 掃除	das Säubern, Reinigen	ソファー	Sofa
そうしたら	und (was) dann?	ソフト	Software
そうじ 掃除をする	reinigen, putzen	そめい よしの 染井 吉野	eine Kirschsorte
そうすれば	wenn Sie es so machen, wenn es so geschieht	そ 染める	färben
		そら 空	Himmel
そうそう	übrigens	それ	dies dort
そうだん 相談する	befragen, um Rat bitten	それから	außerdem, und dann
そうですね	Lassen Sie mich einmal sehen.	それじゃ	wenn das so ist, nun denn
そうべつかい 送別会	Abschiedsparty	それで	und dann, deshalb
そうりょう 送料	Porto, Transportkosten	それでは	nun dann
		それなら	wenn es das ist, was du willst...
ソウル	(Stadt) Seoul	それに	darüber hinaus
そこ	dort	そろ 揃う	sich versammeln, zusammenkommen
そして	und dann		
そだ 育てる	erziehen, (Kinder) aufziehen		

そろばん	Soroban, japanischer Abakus, Rechenbrett
ゾンターク	Sonntag (Name)
そんなに	so sehr

た

タイ	Thailand
第 -	Nummer... (Präfix)
大会	großes Treffen
大学	Universität
大学生	Student
大金	große Geldsumme
第9	Neunte Sinfonie
退屈（な）	langweilig, Langeweile
大使	Botschafter
大使館	Botschaft
たいした	wichtig
大事な	wichtig
大丈夫（な）	OK, in Ordnung
大臣	Minister
だいすけ	männl. Vorname
大切だ	es ist wichtig
大切	wichtig
体操	Turnen, Gymnastik
だいたい	ungefähr, fast
たいてい	meist, gewöhnlich
大統領	Präsident
台所	Küche
代表	Repräsentant, (ein) Vertreter (für alle)
代表する	repräsentieren, typisch sein
だいぶ	beträchtlich, erheblich

タイプ	tippen
大変	sehr (anstrengend)
大変（な）	schwer, schwierig（な -Adj.）
高い	hoch; teuer
高野さん	Nachname mit dem Zusatz Herr/ Frau/ Fräulein
宝くじ	Lotterie, Los
たくさん	viele
タクシー	Taxi
タクシー乗場	Taxistand
だけ	nur
確かに	gewiss
確かめる	sich vergewissern
出す	(Post) abschicken, aufgeben
ダース	Dutzend
助かる	helfen, retten
訪ねる	besuchen
ただいま	Grußfloskel (da bin ich wieder)
- 達	Pluralsuffix für Menschen
立ちます	stehen, aufstehen
立つ	stehen
たった	bloß, nur
たった一つ	nur ein (e,s)
建物	Gebäude
棚	Regal
田中	Tanaka (Name)
楽しい	fröhlich, lustig
楽しかったです	es war schön; es hat mir gefallen
楽しみにしています	ich freue mich darauf

楽しみます	sich (auf etw.) freuen, etw. genießen	誕生日	Geburtstag
楽しむ	genießen, sich erfreuen	たんす	Schrank
頼む	bitten	ダンス	das Tanzen
頼める	fragen können	男性	Mann, männlich
～たばかり	gerade ... gemacht	だんだん	allmählich, Schritt für Schritt
タバコ	Zigarette	担当者	der Zuständige
多分	vielleicht	担当する	zuständig sein
食べます	essen		
食べる	essen		

～たほうがいい	es wäre besser zu	小さい	klein
卵	Ei	チェック	prüfen, (engl.: check)
田町	Tamachi (Bhf. in Tokyo)	チェックインカウンター	Check-in Schalter
たまに	gelegentlich	地下	Untergeschoss, Keller
駄目	das geht nicht, das darf man nicht	近い	nah
駄目（な）	nicht gut	地下一階	erstes Untergeschoss
- たら	als	近く（に / へ）	Nähe, nahe bei
- たり …- たりする	mehrere Dinge tun, ... und ...	違います	Das ist falsch.
足りる	genug sein, reichen	違う	falsch sein
誰か	(irgend) jemand	近付く	näher kommen
誰でも	jedermann	地下鉄	U- Bahn
誰の	wessen	地球	Erde, Globus
誰も ...- ません	niemand	地図	Landkarte, Stadtplan
太郎	Tarō (männlicher Vorname)	父	(mein) Vater
だろう	es wird wohl sein（でしょう）	チップ	Trinkgeld (engl.: tip)
（の）だろうか	wird wohl, ich frage mich, ob	茶	Tee
タワー	Turm	チャン	Chang (chines. Name)
タワーリング インフェルノ	Flammendes Inferno (Filmtitel)	チャンネル	Kanal
		注意	Vorsicht, Vorsichts- maßnahme
		注意する	vorsichtig sein

中華料理	Chinesische Küche
中国	China
中国人	Chinese / Chinesin
中止	Absage, Unterbrechung
駐車禁止	Parkverbot, Halteverbot
駐車場	Parkplatz
中旬	mittleres Drittel des Montats
昼食	Mittagessen
注文	Bestellung
注文する	bestellen
チョウ	Chow (ein Vorname)
丁	chō Bestandteil jap. Adressen, etwa: Gemeinde
- 丁目	chōme Bestandteil jap. Adressen, Stadtteil
貯金	Ersparnisse
チョコレート	Schokolade
ちょっと	ein bisschen

つ

ツアー	Tour
ツアーガイド	Reiseführer, Reiseleiter, Fremdenführer
一日	der Erste eines Monats
通勤します	zur Arbeit fahren
通行人	Passant
通訳	Dolmetschen, Dolmetscher
使い方	Bedienung

使います（使う）	benutzen
使ってもいいです	Sie dürfen benutzen
疲れる	ermüden, müde werden
月	Mond
- 付き	mit, inklusiv
次	nächste/r/s
次々に	einer nach dem anderen, nach und nach
着きました（着く）	ankommen
机	Tisch
つくります（つくる）	gründen, bilden
作る	herstellen
つけてもいいですか？	Darf ich ... anschalten?
つける	anschalten, einschalten, anmachen,
つける	beifügen, beinhalten
都合	Umstände
都合が悪いです	leider passt es mir nicht; ich kann dann nicht
伝える	überliefern, übergeben, mitteilen
続ける	weiter machen, etwas fortsetzen
ツツジ	Azalee
って	＝ というのは (umgangssprachl.)
.... って何ですか	was ist..., was heißt...?

勤めます（勤める）	beschäftigt sein (bei)
津波	Tsunami, Flutwelle
妻	(die eigene) Ehefrau
つまらない	langweilig
冷たい	kalt（い-Adj.）, kühl
つもり	Absicht
強い	stark（い-Adj.）
釣り	das Angeln
釣りをする	angeln
連れて行く	(Person) mitnehmen
連れる	mitnehmen (nur bei Personen)

て

手	Hand, Arm
で	mit (Instrumentalis)
ディスコ・アポロ	Discothek Apollo
ディスプレイ	Anzeige, Display
ティービーチューナー	Fernseh-Tuner, Empfangsteil
手入れ	Pflege, Reparatur
出かける	ausgehen
手紙	Brief
～てから	nachdem
-てき	so wie (Suffix)
出来上がる	fertig sein
テキスト	Lehrbuch
適当（な）	passend
できます（できる）	können, fertig sein
（時間が）できる	sich Zeit nehmen können
（子供が）できる	schwanger werden
できるだけ早く	so schnell wie möglich
出口	Ausgang
～てくる	wörtl. „hingehen, dort etwas tun und wieder zurückkommen"
でございます	bescheiden höflich (für です): hier ist
デザイナー	Designer
デザイン	Design
デザート	Nachtisch
でした	war (Imperfekt von sein)
でしょうか	wird wohl...
です	(Grundform: である) sein
ですから	deshalb (wie だから)
手伝い	Hilfe
手伝う	helfen
手続き	Formalitäten
出てくる	herauskommen
デート	Verabredung, Date, Rendez-Vous,
テニス	Tennis
テニスクラブ	Tennisclub
テニスコート	Tennisplatz
手にとる	in die Hand nehmen, erhalten
では	nun, wenn das so ist
では / じゃありません	ist nicht
-てはいけない	nicht dürfen
デパート	Kaufhaus
テープ	(Ton) Band

テーブル	Tisch
テープレコーダー	Kassettenrekorder
手前	kurz vor (Ortbestimmung)
でます	abfliegen
でも	so etwas wie ... (Partikel)
でも	aber, jedoch
でもいい	es ist in Ordnung, das geht
でる	herausgehen; abschließen (Schule)
出る	teilnehmen, hingehen
テレビ	Fernseher
手を貸して	helfen, „eine Hand leihen"
点	Punkt
店員	Verkäufer/in
天気	Wetter
電気	Licht
電気スタンド	Tischlampe
電気屋	Elektrogeschäft, Angestellter in einem Elektrogeschäft
転勤する	(beruflich) versetzt werden
電車	Zug, Bahn
電卓	Taschenrechner
電池	Batterie (nur im Sinne von Trockenbatterie)
伝統的（な）	traditionell (な -Adj.)
てんぷら	Tempura
電話	Telefon

電話がとおい	Ich kann Sie nicht hören
電話をかける	telefonieren, anrufen
電話番号	Telefonnummer
電話をしています	gerade telefonieren
電話をします （電話をする）	telefonieren

と

と	wenn (Partikel)
と	und
度	Grad, Mal
ドア	Tür
問い合わせる	anfragen
ドイツ	Deutschland
ドイツ語	Deutsch
ドイツ人	Deutsche(r)
-トイレ	Toilette
どう	wie?
どういたしまして	keine Ursache, nichts zu danken.
どうかする	etwas passiert, irgendetwas machen
東京駅	Tōkyō Hauptbahnhof
東京大学	Universität Tōkyō
東京タワー	Tōkyō Tower
東京 ディズニーランド	Tōkyō Disneyland
東京電気	Tōkyō Electric (Firmenname)
東京電気 でございます	Hier ist Tōkyō Electric.
東京ホテル	Tōkyō Hotel (Name)

道具	Werkzeug	ところで	übrigens
どうして	warum	～として	als
どうしましたか	Was fehlt Ihnen? Was ist los?	図書館	Bibliothek
登場します	erscheinen, auftreten	戸棚	Schrank
どうぞ	Bitte sehr.	どちら	welche (r,s)
どうぞお大事に	Gute Besserung.	どちら	wo? (höflich)
どうぞよろしく	Sehr angenehm.	どちらさま	wer (höflich)
(ご -) 到着	die Ankunft	どちらでも	egal welche (r,s)
どうでしたか	Wie war es?	どちらも	beide
どうなりましたか	Was wurde daraus?	どっか	= どこか (ugs.)
豆腐	Tōfu, Sojabohnengallerte	特急	Schnellzug
どうも	irgendwie	どっち	welche (r,s)?
どうも	sehr, viel	とても	sehr
どうもありがとうございます	Vielen Dank.	と ... と	Vergleichspartikel
		届いています	ist angekommen (hier: ist abgegeben worden)
どうやって	wie	届きます (届く)	ankommen
どういう	was für ein	届けましょうか	Sollen wir liefern?
同僚	Mitarbeiter/in	届ける	liefern
遠い	weit entfernt	どなた	wer? (sehr höflich)
十日	der Zehnte eines Monats	トーナメント	Turnier
遠く	weit weg	隣	benachbart, nebenan, der Nachbar, die Nachbarin, neben, direkt daneben
通る	hindurchgehen		
時	Zeit, wenn		
ときどき	manchmal	どの	welche, welcher, welches ... ?
独身	unverheiratet, ledig, single	どのぐらい	wie lange?
特別の / な	besonders, außergewöhnlich	土俵	Ring (beim Sumō)
		飛ぶ	fliegen
時計	Uhr	トーマス	Herr Thomas (Name)
どこ	wo?	トマト	Tomate
どこにも	nirgendwo	止まる	aufhören, stoppen
所	Platz, Ort		

泊まる	übernachten	中ごろ	etwa in der Mitte
～とみて	erachten, ansehen als, vermuten	長崎	Stadt u. Präfektur Nagasaki
止めてください	bitte halten Sie an	なかなか	sehr, wirklich
止めないで下さい	Bitte parken Sie nicht.	なかなか～ない	gar nicht, ...einfach nicht (Ausdruck der Ungeduld)
止めます（止める）	anhalten, parken	長野	(Stadt) Nagano
友達	Freund, Freundin	中身	Inhalt
ドライブ	eine Vergnügungsfahrt mit dem Auto	眺め	Sicht
取り組み	Rundenfolge, Austellung	中山	ein Nachname
取りに行きます	abholen gehen	- ながら	...machen während man ... macht
鶏肉	Hühnerfleisch	泣きます	weinen
取引先	Geschäftspartner, Kunde	泣く	weinen, einen Laut von sich geben
取ります（取る）	holen, nehmen	- なくてもいい	nicht müssen
取る	reichen, nehmen	亡くなる	sterben, verschwinden
どれ	welches?	- なければならない	müssen
ドレッシング	(Salat) Dressing	なぜ	warum?
どれでも	egal was	夏	Sommer
トレーニング	Training	納豆	gegorene Sojabohnen
どんな	was für ein/eine ... ?	納得	Einverständnis, Einsicht
		夏休み	Sommerferien

な

なあ	Verstärkungs-partikel (informell)	など	und andere, usw.
内線番号	Durchwahl	などの	solche wie...
- ないほうがいい	es ist besser nicht zu ...	七	sieben
直す	reparieren, verbessern	何か	irgendetwas, irgend-
治る	(ab) heilen, gesund werden	何も ..- ません	nichts
中	in, das Innere	七日	der Siebte eines Monats
長い	lang (い -Adj.)	名前	Name
		悩み相談	Beratung (bei privatem Kummer)

〜なら	wenn	に	an (z.B. am Sonntag, um x Uhr)
奈良	Nara (Stadt)		
習います (習う)	lernen	に	Dativ, z.B. jemandem etwas geben (Partikel)
成田空港	Flughafen Narita		
鳴る	klingeln, läuten	に	in, im, in der
なる	werden	にがい	bitter (い -Adj.)
なるほど	ich verstehe, das leuchtet ein	苦手	schwierig, ungeschickt
慣れる	sich gewöhnen	にぎやかな	belebt
なん	was	〜に興味	an ... interessiert
何歳	wie alt? (nur für Menschen und Tiere)	があります	sein
		肉	Fleisch
何時	wie viel Uhr?	〜にくい	schwer zu ...
何時までに	bis wie viel Uhr	肉屋	Fleischer, Metzger
何で	wie? womit?	西宮	Nishimiya (Name)
なんと言っても	unzweifelhaft	〜にする	sich entscheiden für
何度も	oftmals	〜日	Tag
何日	Welcher Tag (des Monats)?	〜について	über, hinsichtlich
		日記	Tagebuch
何人	wie viele Personen?	日光	Ortsname, in Nikkō befindet sich das Grab von Tokugawa Ieyasu
何人様	wie viele Personen?		
何年	In welchem Jahr?, Welches Jahr?	2 パック	zwei Kisten
		日本 / 日本	Japan
何番	welche, wie lautet ... ?	日本銀行	Bank of Japan
南部	der südliche Teil	日本語	Japanisch
何本	wie viele (Flaschen)	日本中	in ganz Japan
		日本人	Japaner
何枚	wie viele (Blätter)	日本橋	Stadtviertel von Tōkyō
何曜日	Welcher Tag (der Woche)?		
		荷物	Gepäck
		入学	in eine Schule eintreten
に			
に	nach (Partikel)	入学金	Immatrikulationsgebühr
に	von (Partikel)		

入社式 (にゅうしゃしき)	(Firmen) Eintritts-zeremonie
入社試験 (にゅうしゃしけん)	Firmeneintritts-prüfung, (Firmen) Aufnahmeprüfung, Einstellungstest
ニュース	Nachrichten
ニューヨーク	New York
～によろしく	viele Grüße an
庭 (にわ)	Garten
～人 (にん)	Person, Mensch
人気がある (にんき)	beliebt sein

ぬ

脱ぐ (ぬ)	ausziehen

ね

ね	Steht am Satzende. Der Sprecher erwartet Zustimmung. Je nach Situation kann es mit „nicht wahr?" oder „Sehen Sie ...?" wieder-gegeben werden.
ネクタイ	Krawatte
ネクタイをします	eine Krawatte tragen
値段 (ねだん)	Preis
熱 (ねつ)	Fieber
熱心（な） (ねっしん)	eifrig, enthusiastisch
寝袋 (ねぶくろ)	Schlafsack
寝ます (ね)	schlafen
眠い (ねむ)	müde, schläfrig
眠る (ねむ)	(ein) schlafen
寝る (ね)	schlafen

年 (ねん)	Jahr
年賀状 (ねんがじょう)	Neujahrskarte
年末 (ねんまつ)	Jahresende

の

の	ersetzt ein Substantiv zur Vermeidung von Wiederholungen
の	von (Possessivpartikel, im Deutschen häufig Genitiv)
の後で (あと)	nach (zeitlich)
農薬 (のうぎょう)	Pflanzenschutz-mittel, Pestizide
残る (のこ)	zurückbleiben
ので	weil
ノート	Notizheft, hier: Notebook-Computer
のど	Hals
～の中で (なか)	darin, darunter, unter...
延びる (の)	sich ausdehnen, ausbreiten
ノーベル賞 (しょう)	Nobelpreis
のほうが	Steigerungsform (mehr ... als)
～の他に (ほか)	darüber hinaus, außerdem
登る (のぼ)	klettern, steigen
～の前に (まえ)	vor
～の周りに (まわ)	um ... herum
飲みます (の)	trinken
飲み物 (の) (もの)	Getränk
飲む (の)	trinken

乗り換えます	umsteigen
乗り場	Haltestelle (Stelle zum Einsteigen)
乗る	einsteigen
のんびりする	gemächlich, sorglos, ausspannen

は

歯	Zahn
- ば / - ければ	wenn
バー	Bar
場合	Fall
はい	Bestätigung, ja
- 杯	eine Füllung, ein Glas voll
(- ばい , - ぱい)	
杯 (- ばい , - ぱい)	Zählwort für volle Tassen / Gläser
ハイキング	Wanderung
バイク	Motorrad
灰皿	Aschenbecher
入って来る	hereinkommen
売店	Stand, Bude, Laden
入ります（入る）	beinhalten, hinein passen, eintreten, Mitglied werden, hereinkommen, hineinpassen
入れる	hineinpassen
パイロット	Pilot
ハガキ	Postkarte
履きやすい	leicht anzuziehen
履く	(Schuhe, Socken usw.) anziehen, tragen

〜泊 / 泊	Zählsuffix für ernachtungen
バーゲン・セール	Ausverkauf
箱	Kiste
箱根	Hakone (Ortsname)
運ぶ	tragen
はし	Ess-Stäbchen
始まる	anfangen (intr.)
- 初め	Anfang
初めて	zum ersten Mal
はじめまして	„Darf ich mich vorstellen...", „Guten Tag"
始める	anfangen, beginnen (transitiv)
場所	Ort, Platz, Stelle
走る	laufen
バス	Bus
バス乗り場	Bushaltestelle
パスポート	Reisepass
バスルーム	Badezimmer, (engl.: bathroom)
パソコン	PC (Personal-Computer)
働く	arbeiten
八	acht
八時	acht Uhr
- 発	...Abfahrt
二十日	der Zwanzigste eines Monats
はっきり	genau, klar
発言	Äußerung, sein Wort

発言権	Recht auf Meinungs-äußerung, Stimmrecht, Rederecht
バッテリー	Akku
発表	Veröffentlichung
発表する	veröffentlichen
派手（な）	aufgetakelt, auffällig, schreiend
パーティー	Feier, Party
ハドリー	Hadley (Name)
花	Blume
話をします（する）	sprechen
話す	sprechen
花束	Blumenstrauß
バナナ	Banane
花屋	Blumenladen
花見	Blütenschau, das Betrachten der (Kirsch) Blüte
母	Mutter (die eigene)
ははは	Ha, ha
バーベキュー	Grillen, Barbecue
ハムレット	Hamlet
速い	schnell
早い	früh
早くから	seit früher
林	ein Nachname
早めに	frühzeitig
払う	bezahlen
バラ	Rose
ハリソン・フォード	Harrison Ford
晴れ	klares, schönes Wetter
晴れる	aufklaren

バレンタイン	Valentinstag
春	Frühling
はるこ	Mädchenname
半	halb, die Hälfte
晩	der Abend
- 番	Nummer
パン	Brot
ハンコ	Stempel
番号	Nummer, Hausnummer
晩御飯	Abendessen
ハンサム（な）	schön aussehend (engl.: handsome)
- 番線	Gleis (Zählsuffix)
反対	Gegenteil
反対側	entgegengesetzte Seite
番地	Bestandteil jap. Adressen, etwa „Häuserblock"
ハンバーガーショップ	Hamburger-Restaurant
ハンバーグ	der Hamburger
半分	halb
- 番目	der...-te (Zählsuffix)
ハンメス	Hammes (Name)
パン屋	Bäcker

ひ

日	Tag
ピアニスト	Pianist
ピアノ	Klavier
東	östlich, Osten
ピカソ	Picasso

弾く	(Klavier) spielen
引く	ziehen
引く	nachschlagen
ひく	(Erkältung, Virus usw.) (ein) fangen, ziehen
ピーク	Höhepunkt (eng.: peak)
飛行機	Flugzeug
飛行士	Pilot, der Flieger
ビザ	Visum
ピザ	Pizza
久しぶり	seit langem mal wieder
ビジネス	Business
美術館	Kunstmuseum
秘書	Sekretär(in)
ヒーター	Heizöfchen, Ofen
左	links
左側	linke Seite
ビーチ	Strand
引っ越す	umziehen
必要（な）	notwendig
ビデオ	Video
人	Mensch
ひどい	furchtbar, schlimm
一つ	ein
人々	Leute
一人	eine Person
一人で	alleine, selbständig
ビートルズ	die Beatles
暇な	Freizeit haben
ひまわり	Sonnenblume
百	hundert

- 秒	Sekunden (Zählsuffix)
病院	Krankenhaus
病気	Krankheit
ひらがな	Hiragana, japanisches Silbenalphabet
開きます	öffnen
開く	öffnen
昼	Mittag
ビル	Gebäude, Hochhaus
ビール	Bier
昼ご飯	Mittagessen
昼休み	Mittagspause
広い	breit, weit
拾います（拾う）	aufheben, auflesen
広尾	Hiroo (Stadtteil von Tōkyō)
貧乏（な）	arm（な -Adj.）

ふ

部	(Haupt) Abteilung, Division
ファックス	FAX
ファッショナブル	schick, modisch (engl.: fashionable)
フィリップ	Philipp (ein Familienname)
フィルム	Film
夫婦	Ehepaar
夫婦喧嘩	Ehekrach
フェリー	Fähre
増える	wachsen, zunehmen, sich vermehren

服	Kleidung
複雑（な）	kompliziert (な -Adj.)
袋	Tüte
富士山	Berg Fuji
ふじのみえ	Name eines Sumō-ringers
婦人	Frau, Dame
双子	Zwillinge
二つ	zwei
二つ目の角	zweite Kreuzung
豚肉	Schweinefleisch
二人	zwei Personen
普段（は）	gewöhnlich (な -Adj.)
部長	Abteilungsleiter
普通	normal, gewöhnlich
二日	der Zweite eines Monats
ペット	Haustier
筆	Pinsel
不動産屋	(Immobilien) Makler
太る	dick (und fett) werden, (Gewicht) zunehmen
船便	Seepost
船	Schiff, Boot
不便（な）	unpraktisch, schlecht zu erreichen
踏みます	treten
冬	Winter
冬物	Winterkleidung
ブラウン	Braun (ein Name)
ブラジル	Brasilien
フラワーショー	Blumenausstellung
フランクフルト	Frankfurt

フランス	Frankreich
フランス語	Französisch
振り込む	überweisen
降る	fallen (Schnee, Regen)
プール	Becken, Schwimmbad
古い	alt
フルーツ	Obst
プレゼント	Geschenk
フレックスタイム	gleitende Arbeits-zeit
フレンチ	französische Art, (engl: French)
風呂場	Badezimmer
プロジェクト	Projekt
フロリダ	Florida
フロント	(Hotel) Rezeption
分、分	Minute
- 分	Anteil, Portion
分	Teil, Minute
文化	Kultur

へ

へー	Na so was, wirklich? Oh!
塀	Zaun, Mauer
平日	Werktag
ベイブリッジ	Tōkyō Bay Bridge
下手（な）	ungeschickt
別（な / の）	extra
別の	ein (e) andere (r, s)
ベッドルーム	Schlafzimmer, (engl.: bedroom)
ベートーベン	Beethoven

ベビーシッター	Babysitter	欲しい	wünschen, verlangen (い -Adj.)
部屋	Raum, Zimmer		
辺	Gegend, Umgebung	ポスト	Briefkasten
		蛍	Glühwürmchen
ペン	Stift	ボタン	Knopf
勉強しています	lernend	北海道	Hokkaidō (Präfektur, Insel)
勉強する	lernen (=べんきょうをする)		
		坊ちゃん	Sohn
勉強をします（する）	lernen, studieren	ホテル	Hotel
		ボート	Boot
弁護士	Rechtsanwalt	ほとんど	fast
返事	Antwort	ほら	Sieh! Schau mal!
便利な	praktisch	ポーリン	Pauline
		ボール	Ball
ほ		ボールペン	Kugelschreiber
		本	Buch
保育園	Kinderhort, Kindertagesstätte	～本	Zählwort für lange, runde Gegenstände
方	wörtl. die Seite, die Partei	香港	Hongkong
貿易	Handel	香港支社	Filiale Hongkong
冒険	Abenteuer	本社	(Firmen)Zentrale, Hauptgeschäftsstelle
方法	Methode		
ボウル	Schüssel, (engl.: bowl)	本州	Hauptinsel Japans
		本当	wirklich
他	andere, weitere	本当に	ja wirklich, in Wahrheit
他に	außerdem, neben...		
僕	ich (Männersprache, informell)	本当（の）	wirklich
		本箱	Bücherregal
ポケット	Tasche (in der Kleidung)	本屋	Buchladen
保険に入る	eine Versicherung abschließen	翻訳ソフト	Übersetzungsprogramm
保険料	Versicherungsprämie	**ま**	
星	Stern	- まい	Zählsuffix für flache Gegenstände

毎朝	jeder/n Morgen
毎週	jede Woche
毎月	jeden Monat
毎度	jedes Mal
毎年	jedes Jahr
毎年	jedes Jahr
毎晩	jeder/n Abend
前	vor (zeitlich u. örtlich), Vorderseite
曲がってください	Bitte biegen Sie ab.
曲がる	abbiegen
孫	Enkel
マーサ	Martha
真面目（な）	ernst (haft), strebsam
マシーン	Maschine
まず	zuerst, vorher
まずい	unappetitlich, schmeckt schlecht
まずい	schlecht, dumm
マスタード	Senf
また	wieder
まだです	noch nicht
町	Stadt, Stadtviertel
待ちます（待つ）	warten
まっすぐ	geradeaus
待ってください	Bitte warten Sie.
祭り	Fest
まで、までに	bis
窓	Fenster
窓口	Schalter
まとまる	zusammenkommen, zusammenbringen

間に合う	pünktlich sein, es (zeitlich) schaffen
マニュアル	Handbuch
マフラー	Schal
守る	einhalten
まゆみ	(weibl.) Vorname
マラソン	Marathonlauf
マレーシア	Malaysia
回す	etwas drehen
周り	die Umgebung, drum herum
回る	umhergehen, herumgehen
満 -	voll... (Präfix)
満員	voller Leute
マンション	Etagenhaus, Wohnblock
真ん中	Mitte

み

見える	sichtbar sein
磨く	bürsten
みかん	Mandarine
右	rechts
短い	kurz (い -Adj.)
ミス	Irrtum, Fehler (engl.: to miss; mistake)
水	Wasser
店	Geschäft
見せてください	Bitte zeigen Sie (mir) ...
店について	über das Geschäft
見せる	zeigen
味噌	Miso, gegorene Sojabohnen

味噌汁	Miso-Suppe	難しい	schwierig
道	Weg, Straße	息子	Sohn (der eigene)
道を説明する	den Weg erklären	息子さん	Sohn (nicht der eigene)
三日	der Dritte eines Monats, drei Tage	娘	Tochter (die eigene)
見つかる	gefunden werden	娘さん	Tochter (nicht die eigene)
三つ	drei Stück	六つ	sechs
ミディアム	medium, halb durchgebraten	胸	Brust
緑	grün	無理	unmöglich
緑の窓口	Schalter für Karten der Ersten Klasse	無理をする	sich überanstrengen
皆様にどうぞよろしく	Viele Grüße an alle.		

め

皆さん	alle
港署	Polizeiamt Minato
皆, みんな	alle
南	Süden, Süd-
ミネラルウォーター	Mineralwasser (in Japan meist ohne Kohlensäure)
ミュージカル	Musical
ミュージカルスター	Musicalstar
見られる	sichtbar sein
ミルク	Milch
みんな	alle, alles

目	Auge
姪	Nichte
-名（様）	Zählsuffix für Personen (höflich)
名刺	Visitenkarte
眼鏡	Brille
目黒	Meguro (Ortsname)
召し上がって下さい	greifen Sie zu
珍しい	selten
メートル	Meter
メーナー	Mähner (Name)
メニュー	Speisekarte
目の前	vor den Augen, vor der Nase
メリー	Mary
メロン	Melone
免許	Lizenz, Erlaubnis (Schein)
面倒（な）	lästig (な -Adj.)

む

六日	der Sechste eines Monats
迎えに行く	abholen gehen / fahren
迎える	entgegengehen, abholen
昔	früher, in alter Zeit

も

も	auch, sogar
も … も	sowohl...als auch...
もう	noch ein(e)
もう	schon
申し込み	Anmeldung
申込書	Antragsformular, Anmeldeformular
申し込む	beantragen
申し訳	Entschuldigung
申し訳ありません	entschuldigen Sie
もうすぐ	sehr bald
もう … ない	nicht mehr
木曜日	Donnerstag
もし	wenn
もしもし	Anrede für Unbekannte, je nach Tonfall „hallo" oder „he Sie"
もちろん	natürlich, selbstverständlich
持つ	halten, haben
モーツァルト	Mozart
持っていく	mitnehmen
持ってきて ください	bitte bringen Sie, bitte liefern Sie
持ってきます (持ってくる)	bringen, liefern
もっと	mehr
モデム	Modem
物	Ding, Sache
もみじ	Ahorn
もみじ狩り	Suche nach Ahornblättern
模様	Muster

もらいました	erhalten haben
もらいます	erhalten, (geschenkt) bekommen
もらう	erhalten, (geschenkt) bekommen
問題	Problem, Angelegenheit
モンマルトル	Montmartre

や

や	und (unvollständige Aufzählung)
- 屋	...Geschäft, ...Laden, ...Verkäufer
やぁ	Hallo, Ah, oh (Männersprache)
八百屋	Gemüsehändler
焼き鳥	gebratenes Hühnchen (auf Spießchen)
焼き物	Töpferwaren
野球	Baseball
約	etwa
焼く	braten, rösten
役員	Vorstandsmitglied, Mitglied der Geschäftsführung
約束	Versprechen
野菜	Gemüse
やさしい	einfach, nett
安い	billig
～やすい	einfach zu...
休み	Ferien, Urlaub, Ruhezeit, Pause
休みます (休む)	sich ausruhen, ruhen

休みをとる	Urlaub nehmen	ゆで卵	gekochtes Ei
痩せる	abnehmen, schlank werden	ユーフォー	UFO
家賃	Miete	揺れる	schwanken, schaukeln
八つ	acht Jahre alt		
やっぱり	wie erwartet, also doch		

よ

やはり	= やっぱり, wie erwartet	よ	Dient zur Verstärkung der Aussage. „Natürlich", „Gewiss"
山	Berg	よう	Art und Weise
山登り	Bergsteigen	八日	der Achte eines Monats
山本	Yamamoto (Name)	用事	Angelegenheit, Arbeit, Aufgabe
やむ	aufhören (intrans.)	様子	der Zustand
やめます	aufhören	～曜日	..tag
やめる	aufhören, (Stelle) kündigen	洋服	(westliche) Kleidung, Kleider
やる	(umgangssprachlich) tun, geben (する, あげる), aufführen, machen	よく	gut, viel
		よく	oft
		よく いらっしゃい ました	Herzlich Willkommen.

ゆ

郵便	Post	横浜	Stadt Yokohama
郵便局	Postamt	横浜工場	Werk Yokohama
昨夜	letzte Nacht	汚れる	schmutzig werden
夕方	später Nachmittag, früher Abend	予測	Vorausberechnung, Vermutung
優勝する	gewinnen, siegen, einen Preis erhalten	予測する	vermuten, vorhersagen
夕日	Abendsonne	四日	der Vierte eines Monats
有名（な）	berühmt	四つ	vier
雪	Schnee	ヨット	Yacht
雪が降る	es schneit	予定	Plan, Absicht
ゆっくり	langsam, gemütlich, in aller Ruhe	夜中	Mitternacht
		予備校	Paukschule

呼ぶ	rufen
読む	lesen
読める	lesen können
予約	Reservierung
予約係	der für die Reservierungen zuständige Angestellte
より	von...
より	als (bei Komparativ)
寄る	vorbeigehen, vorbeifahren
夜	Abend, Nacht
喜ぶ	sich freuen
喜んで	mit Vergnügen, sehr gerne
よろしい	gut, in Ordnung
よろしく	gut, dürfte ich Sie darum bitten (Floskel, die auf eine Bitte folgt)
ヨーロッパ	Europa

ら

来月	nächsten Monat
来週	nächste Woche
ライス	Reis
ライター	Feuerzeug
来年	nächstes Jahr
ラジオ	Radio
ラッシュ	(engl.: Rush) Hauptverkehrs-, Hauptreisezeit
ラッシュアワー	Hauptverkehrszeit, Rush Hour
ラブレター	Liebesbrief

り

力士	Sumoringer
離婚する	sich scheiden lassen
リサーチ	(Nach) Forschung, (engl.: research)
リッティー	Litti (gemeint ist der Fußballstar Pierre Littbarski)
リットル	...Liter
リフト	(Ski) Lift
利用	Gebrauch
〜料	Gebühren
料金	Gebühr
領収書	Quittung
両親	Eltern
利用する	ausnutzen
料亭	japanisches Restaurant, Teehaus
料理	Essen
料理する	kochen
料理を作る	kochen
旅館	jap. Gasthaus
旅行	Reise
旅行会社	Reisebüro
旅行をする	reisen
りんご	Apfel

る

留守	nicht da sein, abwesend

れ

レア	selten (engl.: rare)
零	Null

冷蔵庫	Kühlschrank	わざわざ	extra, besonders
歴史	Geschichte	わざわざする	extra etwas machen
レコード	Schallplatte	忘れます（忘れる）	vergessen
レシート	Kassenbon	忘れ物	verlorener Gegenstand
レストラン	Restaurant	私	ich
レストラン フジ	Restaurant Fuji	私たち	wir
レストラン・ローマ	Restaurant Rōma	私の	mein/e
レッスン	Unterrichtsstunde	渡す	überreichen, übergeben
列島	Inselkette	渡辺	jap. Familienname
レバー	Hebel (engl.: lever)	ワープロ	Word-Processor (Textverarbei- tungssystem), elek- tronische Schreib- maschine für japanische Schrift
レポート	Bericht		
練習	Übung		
練習する	üben		
連絡	Kontakt	笑う	lachen
連絡する	kontaktieren, informieren	悪い	schlecht, schlimm

ろ

老後	im Alter
六	sechs
ロビー	Vorhalle, Lobby
ロンドン	London
ロンドン証券	London securities (Name eines Wert- papierhauses)
論文	Aufsatz

を

を	Partikel, vergleichbar mit dem Akkusativ im Deutschen

ん

～んですか	Es ist (nämlich) so, dass...

わ

わぁ	Oh
ワイン	Wein
若い	jung (い-Adj.)
わかりました	Zustimmung („ich habe verstanden")
分かる	verstehen
わかれる	sich trennen

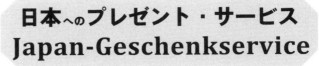